"城市更新与人文遗产"
上海系列

从工部局大楼到上海市人民政府大厦

一幢大楼与一座城市的变迁

马学强　朱亦锋·主编

上海社会科学院出版社

编委会成员

周旭民　蒋振华　马学强

朱亦锋　彭晓亮　蓝　天

主　编

马学强　朱亦锋

副主编

李东鹏　梁春生

撰稿人

马学强　李东鹏　彭晓亮

尹　敏　龚　浩　等

摄　影

鲍世望

目 录

导　读 1

第一节　工部局、工部局大楼及相关研究 4
第二节　地图中的变迁 8

第一章　工部局新大楼的筹建 29

第一节　工部局董事会的决策 30
第二节　设计师特纳与工部局大楼 47
第三节　营造工部局大楼的公司 51
第四节　第一次世界大战带来的影响 55

第二章　工部局新大楼的启用 67

第一节　举行"开幕"仪式 68
第二节　建筑的营造与风格 72
第三节　新大楼里的那些机构 73
第四节　名人来访 77

第三章　1930年代的工部局大楼 ... 89

第一节　工部局的那些总办与董事们 ... 89

第二节　万国商团的演变 ... 96

第三节　日本人的觊觎 ... 103

第四章　动荡时局中的市政大楼 ... 111

第一节　汪伪政权交接"闹剧" ... 111

第二节　成为国民党上海市政府大楼 ... 116

第三节　蒋介石、宋美龄、白崇禧等人到访 ... 121

第五章　成为上海市人民政府大厦 ... 129

第一节　军管会入驻 ... 130

第二节　新旧政权的交接 ... 139

第三节　人民的上海 ... 145

第六章　城市更新中的上海老市府大厦 ... 153

第一节　上海市政府搬迁后的大楼变化 ... 154

第二节　留存在大楼里的职能机构 ... 159

第三节　留住城市的重要人文遗产 ... 166

附　录

附录1　大事记 ... 175

附录2　上海公共租界工部局董事名录 ... 204

附录3　《申报》相关记载（节选） ... 216

附录4	中共中央电贺上海解放	251
附录5	新任上海市长	252
	陈毅出任新任上海市长，接管顺利进行	254
附录6	图片索引	257
附录7	主要参考文献	266

后　记 271

导 读

近代的上海，是一个集合城市，可分为三大区域，分别是公共租界、法租界、华界，也被称为"三界"，它们各由三个不同的市政机构管辖，彼此独立，"各该机关又按照其自有之特殊法规而行使职权"①。这些都市区域，都是按照那个时代最新方式而发展起来的。在这座巨大的城市中，"城市的核心由公共租界、法租界组成，且由少数的一些外国人控制并管理着"②。工部局管理公共租界，公董局管理法租界，其背后分别代表着不同的势力，采取不同的管理模式。

由于公共租界位于近代上海城市的核心区域，作为其管理机构的工部局备受关注。"公共租界之工部局设于江西路二十三号，为处理市政之机关，如吾国之地方自治公所也。"③公共租界工部局有董事会，设立总办处、财务处、工务处、警务处、火政处、卫生处、学务处、华文处、万国商团、音乐队各职能机构。工部局的办公场所也在不断变化。早在清光绪元年（1875年），工部局就有了自己的办公楼。工部局曾购置位于汉口路、江西中路、福州路、河南中路四条马路所围成区域的地块，建造了中央巡捕房、中央救火站等建筑，工部局的部分机构在此办公。清光绪二十二年（1896年），工部局在今南京路、广西路西首和云南路东首建造了工部局市政厅，整个建筑占地3 994.4平方米，④部分缓解了工部局的办公问题。虽然工部局通过建房、租赁等措施安排办公场所，办公面积也比以前有所扩大，但各部门的办公地点分散，无法集中进行办公。同时，随着公共租界人口增

---

① 工部局华文处译述：《费唐法官研究上海公共租界情形报告书》（第一卷），1931年版，第二编第25页。
② The Building of "Greater Shanghai"（《建设"大上海"》），*The China Weekly Review*，Vol.39 No.1,1926.12.04。
③ 陈伯熙：《上海轶事大观》，上海书店出版社1999年据上海泰东图书局1924年印本整理出版，第150—151页。
④ 陈从周、章明主编：《上海近代建筑史稿》，上海三联书店1988年版，第36页。

图0-1，上海工部局大楼旧址（或称"老市府大厦"），摄于2018年8月5日

长，城市面积拓展，租界内商业日趋繁荣，商业建筑、民居建筑、公共设施日趋增多，公共管理日益繁复，工部局也需要不断拓展自身职能，壮大管理队伍。因此，工部局新扩充了不少机构、委员会，但由于办公场所有限都只能临时安置或租赁场所。陈旧的办公设施，局促的办公空间，已无法满足工部局职员的需求，工部局对扩大及改善办公场所有着强烈的需求，建设工部局新办公大楼势在必行。

　　1914年初，上海公共租界工部局兴建新楼。该大楼经历了从构想到方案设计，从招标建造到方案变动的过程，最终完成了大楼的建造。1922年11月，位于汉口路、江西路的工部局新大楼（也称新大厦）竣工，这幢拥有400个房间的新楼，迅速成为上海公共租界的权力中枢。工部局董事会会议室就设在大楼内。1929年，工部局设总裁，

为执行机构最高行政首脑。1941年12月太平洋战争爆发后,工部局被日军接管改组。1943年租界被取缔,工部局结束,这幢大楼也易主。抗战胜利后,由国民党的上海市政府在这里办公。1949年5月上海解放,在这里举行了新旧政权的交接仪式。此后一段时间,这幢大楼成为上海市人民政府的所在地,颇具象征意义。

由此可见,工部局大楼是一处对近现代上海城市发展具有重要影响的历史建筑,对这幢大楼及其所在街区的变迁进行梳理与考察,可以从独特的视角丰富上海史研究的内涵,对近现代中国城市史研究也是一种推进。置于当今城市更新的大背景下,这种梳理与考察对切实守护与合理利用上海工部局大楼旧址,更赋予了特殊的价值与意义。

第一节
工部局、工部局大楼及相关研究

管辖近代上海公共租界的工部局（The Municipal Council），是上海英租界、英美租界（后合并为公共租界）的市政机关，其前身为道路码头委员会，成立于清咸丰四年（1854年）。该机构几经演变，逐渐拥有警务、人事、税收、公地管理、市政建设等权力。工部局主要职责为保障租界安全和管理租界。其内部由决策、执行两部分组成。董事会为其决策机构，由若干名经纳税人会议选举产生的董事组成，设总董一人。董事会对租界行政事务有最高决定权，下设若干咨询性质的委员会。执行机构由万国商团、警务、火政、卫生、工务、教育、总办、华文、财务等各处，以及公共图书馆、书信馆、音乐队等若干事业单位组成，按董事会决议，各司其职。

关于工部局的研究，一直是近代上海城市史研究的重点和热点，相关研究成果甚多。就通论而言，唐振常主编的《上海史》[①]、张仲礼主编的《近代上海城市研

图0-2，上海工部局乐队老照片

---
① 唐振常主编：《上海史》，上海人民出版社1989年版。

究》①、熊月之主编的《上海通史》②，都有大量篇幅涉及"工部局"。以张仲礼主编的《近代上海城市研究》为例，该书以上海城市、经济的近代化为切入点，以此对近代上海的经济、政治、文化嬗变进行详尽梳理，很好地把握了近代上海城市演变的关节点与发展特点。在以"三权分立的租界政权体系"中，该书对"工部局"的组织体系、运行特点、功能作用都做了深入解读。③

从制度史的视角来解析工部局的论著，无论是徐公肃、邱瑾璋所著的《上海公共租界制度》④、阮笃成的《租界制度与上海公共租界》⑤、夏晋麟的《上海租界问题》⑥，还是王揖唐的《上海租界问题》⑦，等等，均涉及租界管理中的立法、司法、行政，而这些也都需要围绕"工部局"等机构具体展开。在工部局华文处1931年译述的《费唐法官研究上海公共租界情形报告书》一书中，更是对公共租界治制的范围与组织进行了详细阐述，其中包括大量关于"工部局"的内容，并有附录"工部局各机关组织及业务之叙述"，涉及万国商团、警务处、火政处、卫生处、工务处、学务处等。⑧

海内外学者专门以"工部局"为专题的论著、论文也有不少。如袁燮铭的《工部局与上海早期路政》一书⑨，将工部局经历的早期路政划分为初创、完善、丕变三个阶段，并注意到工部局在路政管理中与华人社会发生的冲突，或源于工部局路政的殖民性质，或是因华人社会不适应近代化的路政管理方法而引起的，后者实质上是近代中西文化冲突的表现。工部局早期的路政管理，促进了上海城市的畸形近代化，并对上海华界路政的近代化起了推动作用。樊果的《陌生的

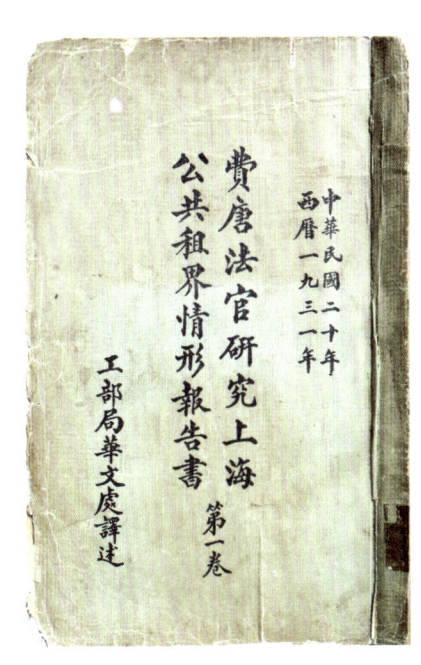

图0-3，《费唐法官研究上海公共租界情形报告书》（第一卷），工部局华文处译述，1931年版

---

① 张仲礼主编：《近代上海城市研究》，上海人民出版社1990年版。
② 熊月之主编：《上海通史》，上海人民出版社1999年版。
③ 张仲礼主编：《近代上海城市研究》，上海人民出版社1990年版，第607—614页。
④ 徐公肃、邱瑾璋：《上海公共租界制度》，国立中央研究院社会科学研究所专刊第八号，中华民国二十二年。
⑤ 阮笃成：《租界制度与上海公共租界》，《民国丛书》第四编，上海书店出版社1989年版。
⑥ 夏晋麟：《上海租界问题》，《民国丛书》第四编，上海书店出版社1989年版。
⑦ 王揖唐：《上海租界问题》，上海聚珍仿宋印书局1919年版。
⑧ 工部局华文处译述：《费唐法官研究上海公共租界情形报告书》（第一卷），1931年版，第296—331页。
⑨ 袁燮铭：《工部局与上海早期路政》，《上海社会科学院学术季刊》1988年第4期。

"守夜人"——上海公共租界工部局经济职能研究》①一书，通过对上海工部局财政制度深入细致地分析探究，认为工部局具有维护稳定市场秩序、制定公共政策、运用公共财政管理租界等方面的功能。此外还有以工部局乐队为研究对象的，如英国学者毕可思撰写的论文《上海工部局乐队与公共乐队的历史与政治（1881—1946）》②，该文分几部分阐述了工部局乐队的历史：包括马尼拉来的人（1881—1899）、艺术的出现（1906—1919）、艺术的胜利（1919—1935）、工部局乐队最后的岁月（1935—1942）等，其见解独特，一些内容颇可回味。王艳莉等编著的《上海工部局乐队研究》，从工部局乐队的早期历史沿革、乐队的职业化历程、乐队辉煌时期的艺术成就、乐队的经营状态以及乐队与中国近代音乐的紧密联系等几个方面对工部局乐队进行了专题考察。③邱燕的论文《五卅运动与上海工部局研究》④，利用《工部局董事会会议录》等材料，梳理了上海工部局在五卅运动中的作为及影响，考察了五卅外交交涉过程中工部局与北京外交公使团之间既一致又相互制约的复杂关系，并试图通过以五卅运动期间上海工部局这一个案研究，加深读者对近代各种侵华势力的相互交合与冲突的认识。

从20世纪初开始，工部局就一直在谋划建造新办公大楼。工部局新大楼于1914年正式动工，不久后因第一次世界大战爆发，工程进展缓慢，战后大楼设计方案又屡次修改，直至1922年11月才竣工，前后历时8年。围绕工部局大楼，也有一些专门论述。陈从周、章明主编的《上海近代建筑史稿》⑤，王绍周编著的《上海近代城市建筑》⑥，郑时龄所著的《上海近代建筑风格》⑦，伍江编著的《上海百年建筑史（1840—1949）》⑧，均涉及"工部局大楼"。如在《上海近代建筑史稿》中，有一节为近代"上海的公共建筑"，其中提到了工部局新大厦（今上海市劳动局、民政局）："建于江西中路、汉口路转角处，1913年开始兴建，中途因第一次世界大战停工，……"，文中详细介绍了该大厦的建筑结构。⑨书内配有"工部局新厦修改后立面图""工部局新厦原

---

① 樊果：《陌生的守夜人——上海公共租界工部局经济职能研究》，天津古籍出版社2012年版。
② [英]毕可思（Robert Bickers）撰，黄婷译：《上海工部局乐队与公共乐队的历史与政治（1881—1946）》，收入熊月之、马学强、晏可佳选编：《上海的外国人（1842—1949）》，上海古籍出版社版2003年版，第40—63页。
③ 王艳莉等：《上海工部局乐队研究》，上海音乐学院出版社2015年版。
④ 邱燕：《五卅运动与上海工部局研究》，清华大学2004年硕士学位论文。
⑤ 陈从周、章明主编：《上海近代建筑史稿》，上海三联书店1988年版。
⑥ 王绍周编著：《上海近代城市建筑》，江苏科技出版社1989年版。
⑦ 郑时龄：《上海近代建筑风格》，上海教育出版社1999年版。
⑧ 伍江编著：《上海百年建筑史（1840—1949）》(第二版)，同济大学出版社2008年版。
⑨ 陈从周、章明主编：《上海近代建筑史稿》，上海三联书店1988年版，第36、40页。

设计立面图""工部局新厦落成后外貌图"。[1]近年来,也陆续有研究工部局大楼的专题论文发表,如马长林的《一幢见证历史的建筑——原上海公共租界工部局大楼略影》[2],吴晨的《原上海工部局大楼研究》[3],其论述视角不一,侧重亦有别,有的介绍了大楼的变迁,有的具体围绕发生在这幢大楼里的重大历史事件予以考察,还有的从建筑史角度,结合建造的原因、基地形成的条件与基础,还原了工部局大楼设计及建造的过程,等等。

在工部局及工部局大楼的研究中,涉及不少重要的档案文献。在这里,介绍其中的几种:一、《工部局年报》。该年报创刊于清咸丰十一年(1861年),每年1册,至1943年停刊。早期的年报主要登载驻沪领事团会议记录、纳税人会议记录、工部局董事会会议记录、工部局布告,以及工部局财政、税收、上诉委员会年度报告,警备委员会年度报告,工务委员会年度报告及工部局年度预、决算表,以来往函件、表格等形式记载的公共租界和工部局的重要事项。清同治八年(1869年)后,工部局年报备有索引。随着工部局行政机构的陆续增多,《工部局年报》的形式也逐渐规范,以登载纳税人会议年会记录、与工部局订有特许合约的各公用事业公司年度报告、工部局各行政机构年度工作报告及财务预决算等。1930年后,《工部局年报》出版中文本,1941年、1942年还出版过日文本。二、《工部局公报》。该公报创刊于清光绪三十四年(1908年)1月,至1943年停刊。公报每周1期,逢周五出版。主要刊登工部局布告,工部局董事会、各委员会、各行政机构人事变动情况,警务、工务、卫生、火政等部门工作月报及工部局乐队演出通知等。每逢纳税人会议年会召开,公报还出版特刊,登载与会的纳税外侨名册及纳税人会议记录。自1930年起,《工部局公报》出版中文本。三、《工部局董事会会议录》。上海公共租界工部局董事会是公共租界的最高决策机构,成立于1854年7月,至1943年止。其间,董事会从最初每月一次到后来每周一次的例会,都有会议记录留存。历届董事会记录中,较完整地保存了上海公共租界内有关政治、经济、市政、文化等事务的讨论和决策过程,弥足珍贵。经上海市档案馆多年的翻译与整理,全28册的《工部局董事会会议录》,于2001年由上海古籍出版社正式出版,中英文对照,中文译文达700多万字。我们以这些档案文献为基础,同时参考大量地方志书、报刊杂志、文集笔记等,广泛搜罗历史图片乃至影像资料,将工

---

[1] 陈从周、章明主编:《上海近代建筑史稿》,上海三联书店1988年版,第39页。
[2] 马长林:《一幢见证历史的建筑——原上海公共租界工部局大楼略影》,《世纪》2002年第2期。
[3] 吴晨:《原上海工部局大楼研究》,同济大学2009年硕士学位论文。

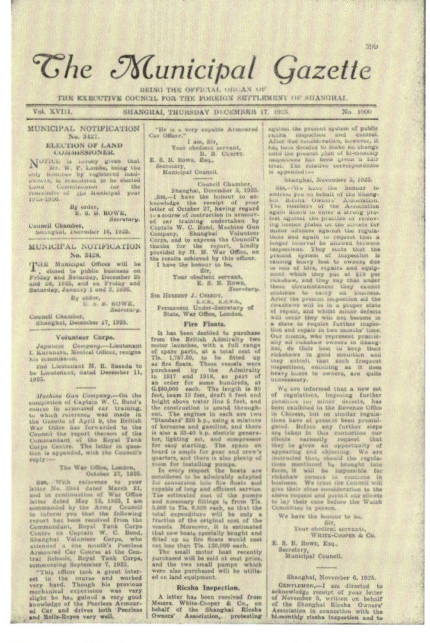
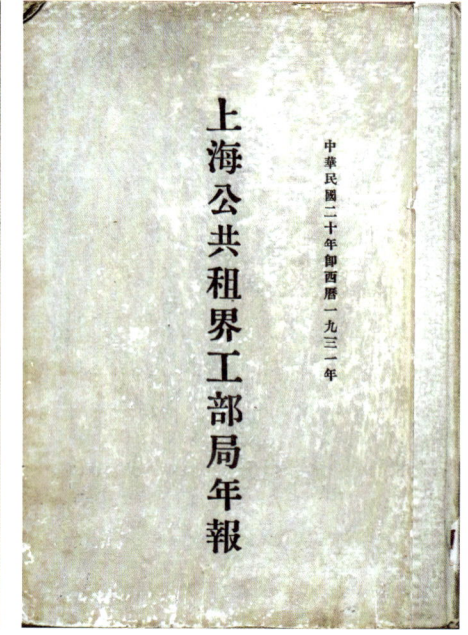

图0-4,《上海公共租界工部局公报》(英文版)　　图0-5,《上海公共租界工部局年报》(1931年)

部局大楼的酝酿筹备、规划建造及其使用情况置于宏大的历史视野中,并与上海的近现代变迁结合起来考察。

第二节

地图中的变迁

考察工部局大楼与上海城市的变迁,有多种路径和维度。借助不同时期、不同类型的"地图",结合一定区域内、较长时段的景观、空间演变,来分析上海工部局大楼及所在街区的形成与演变,便是一种很好的研究思路与方法。近年来,我们从海内外陆续搜集到与工部局大楼及所在街区相关的各类地图数十幅,这些地图绘制的时间跨度很大,有的是方志中绘制的传统地图,有的是上海开埠后运用近代绘制技术绘制的地图,均有各自不同的构图特点。通过对各种空间构图的解析,这一带的空间形态、功能结构等得以充分显示。

一、上海县城北的早期景观

明清时期,地方志绘制的几幅地图反映了当时上海城北一带的景象。如明弘治十七年（1504年）《上海志》曾附一幅"上海县地理图",这是上海的早期地图。该图无比例尺之设,也无方位之定,只反映大致轮廓,环绕县治内外,旁有黄浦、吴淞江,内有上海县衙、儒学、城隍、社坛、馆驿等。综合其他文献记载,其时上海县城未筑,县治之北、吴淞江边还是一片荒地,人口稀少,当时属高昌乡。

清代所修地方志中,均绘有上海县城图,四周设防,设敌楼、平台。城北处标注"老闸市",西北为"新闸市"。图0-6是清嘉庆《上海县志》"乡保区图"图,这一带属上海县高昌乡。

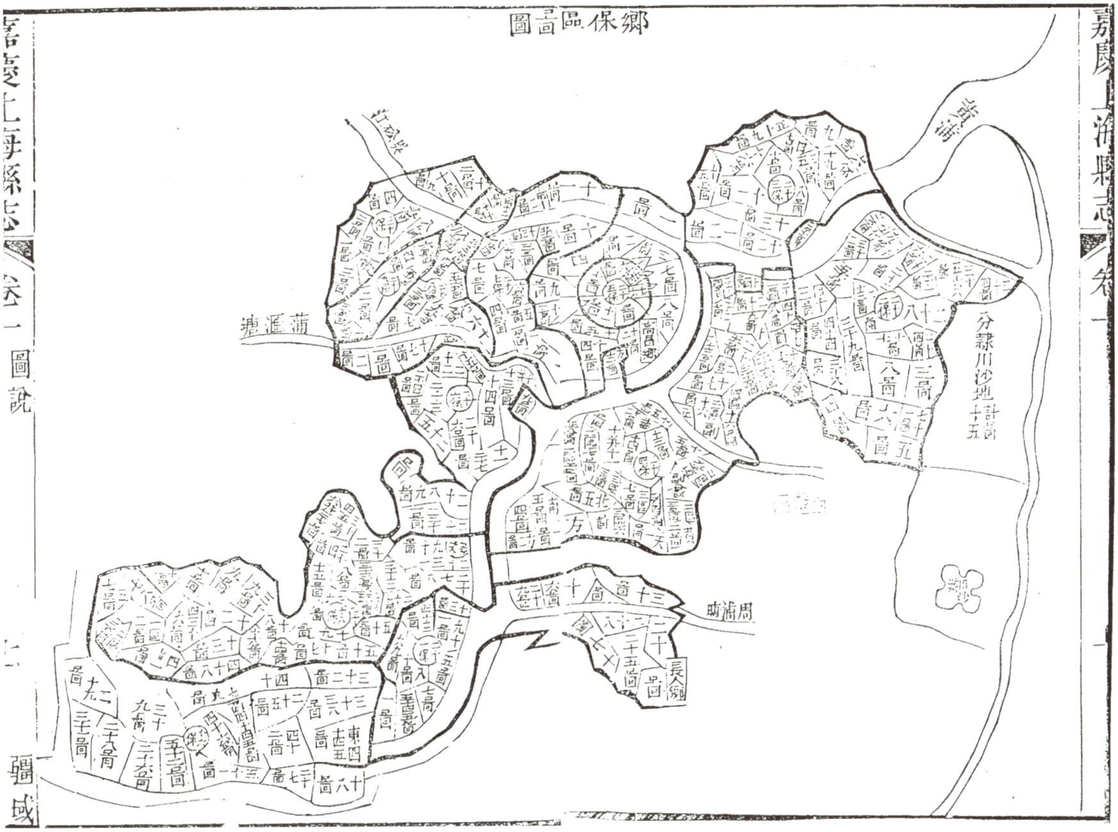

图0-6,清嘉庆《上海县志》"乡保区图"

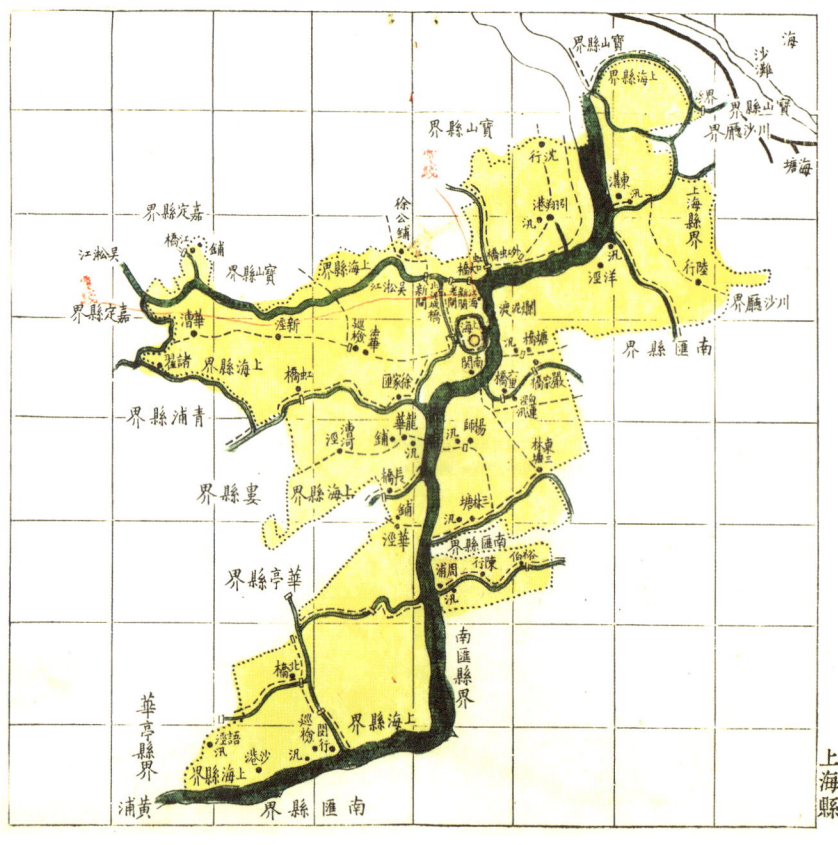

图0-7，清光绪二十一年（1895年）《江苏全省舆图》中的"上海县图"，标示"老闸"

清光绪二十一年（1895年）《江苏全省舆图》中有一幅"上海县图"，图中清晰标注黄浦、吴淞江，出现"老闸""江海新关""北泥城桥"等地名。老闸，跨吴淞江，位于新闸以东。

从清嘉庆到同治年间，这一带乡保区图的格局基本保持不变。

结合地方志书的记载，继续考察上海县城及四郊的图区分布情况。从辖区来说，上海县城及周围地区属高昌乡二十五保，划分为十六图，大致是：

一图老闸北，二图老闸南，三图旧军工厂，四图晏公庙，五图城隍庙，六图侯家浜，七图小东门，八图大东门，九图西门外，十图西门内，十一图大小南门，十二图陆家浜，十三图斜桥头，十四图五里桥头，十五图草堂头，十六图大东门内。①

---

① 详见〔清〕同治《上海县志》卷一，"建置·乡保"。

工部局大楼旧址一带,在明清时期的地籍上属于上海县二十五保。

在清道光二十三年(1843年)开埠以前,县城是上海一县的中心。上海县城内除官署、庙宇外,还有大量的店肆街巷。至清乾嘉道年间,因沿海贸易的兴起,县城内外有所拓展,特别是县城东南隅,"人烟稠密,几于无隙地"①。那里临近港口,是上海最为繁盛的地方,沙船号子都集中于此,各地运载的南北货物也在这里集散,行号、店铺林立,货物琳琅满目,但市面显得有些拥挤而嘈杂。

与上海县城、东门外港口一带商贸繁荣的情形相映照,同样位处黄浦江畔、县城北面的那块地方却仍是乡村景象,冷落萧条。有一片农田,零星地分布着几个小村落,沿浦之地有几家旧式船厂、木行,"余者卑湿之地,溪涧纵横,一至夏季,芦草丛生,田间丘墓累累"②。从相关地契上看,黄浦江与吴淞江交汇处往南,注明"东至黄浦"的地块,除建了一些营垒兵防设施外,大多为农民的田地,在清道光二十年(1840年)前后,其业主分别是:奚尚德、奚尚宾、吴金盛、吴建勋、石成山、吴会元、施万兴、石炳荣、吴思本、陈圣章、姚恒源、吴秀昌、吴恺亭、王协忠、吴大德、吴襄、陈茂林、瞿吉夫、方锯、石

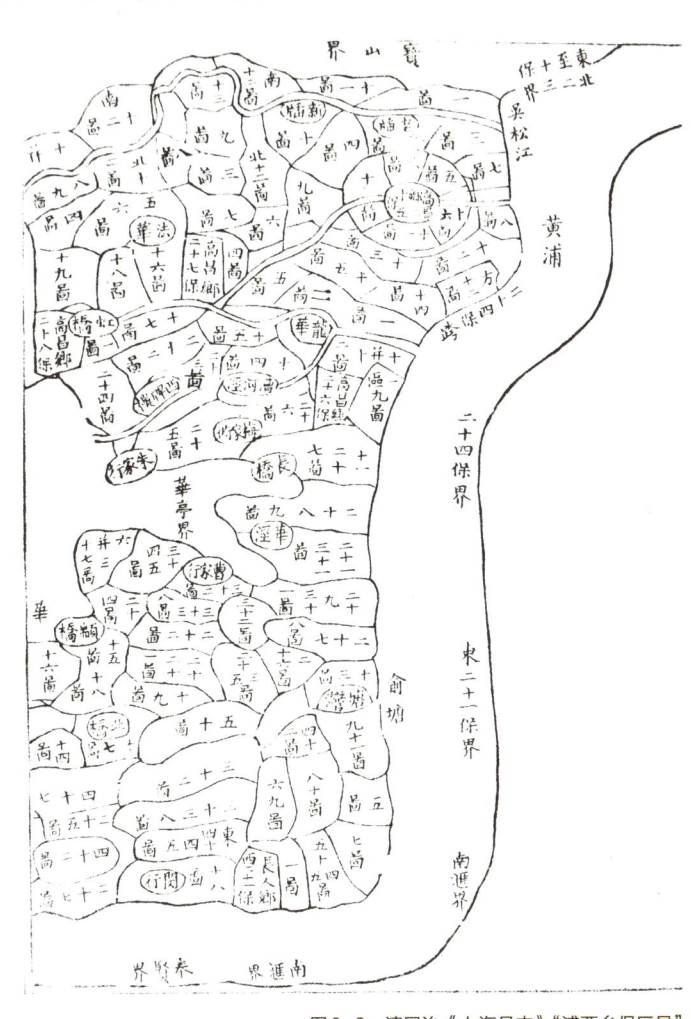

图0-8,清同治《上海县志》"浦西乡保区图"

① 张春华著:《沪城岁事衢歌》。
② 岑德彰:《上海租界略史》,第2页。

姓、周远兰等。[①]这些业主拥有的田地多寡不等，或几亩、或数十亩，少数人家达到数百亩。今西藏路桥南块也是如此，其地属二十五保二图过字圩，土名泥城桥东，在一块面积为23.15亩的土地上，分别为周、俞、徐、王、奚诸姓占有，如周朝昆原契内基地有1.189亩，王正英、徐明皋、奚锦堂原契内基地有2.973亩。[②]从这一带的田单名册上看，业主分散，地块零碎。农户们大多种稻植棉，从事农业生产。清道光十二年（1832年），英国东印度公司派出的"阿美士德号"到达上海，当其船员驾驶着小艇驶进吴淞口时，看到的是这样一幅场景：

> 江岸两边一马平川，寂静无声，河渠纵横交错，土地精耕细作，与荷兰几有异曲同工之妙……时值麦收，人们都忙碌于收割。土地看来都分成小块经营，因为在每家农舍前我们都看到妇孺将从地里运回的麦子脱粒、扬净。当地的植棉十分普遍，是中国商品性棉业生产的最主要地区。[③]

这些西方人当时怎么也想不到数十年后这里会变成近代上海城市的主体，远东闻名的"十里洋场"。

二、"工部局"所在街区的形成

自近代通商开埠以来，上海城市快速发展，各地区的景观发生着眼花缭乱的变化，"四围马路各争开，英法花旗杂处来。怅触当年丛冢地，一时都变作楼台"[④]。这是上海洋场竹枝词中的一段，形象地表达了近代上海城市的发展。英租界靠近黄浦滩一带也在快速发生着变化，开辟马路，兴筑楼台，从乡村到城市，几十年间，景观大异。

工部局作为英租界的行政机构，其早期的机构和所在街区的演变，与英租界的辟立与扩充直接相关。

清道光二十二年（1842年），中英《南京条约》签订，上海列为通商口岸，准允英人在这里贸易居留。从1843年起，围绕租地边界、租地手续以及外侨应遵守事宜等

[①] 参见《上海道契》第一卷相关契号，上海古籍出版社1997年版。目前已出版的《上海道契》第一卷，收录英册道契第1—300号（中间略有缺省，如缺第8、10、30、105等号），此注。
[②] 见英册道契第791号，原藏于上海市房屋土地资源管理局档案馆。
[③] 参见胡夏米著，张忠民译：《"阿美士德号"1832年上海之行纪事》，载《上海研究论丛》（第2辑），上海社会科学院出版社1989年版。
[④] 葛其龙：《前后洋泾竹枝词》，参见顾柄权编著：《上海洋场竹枝词》，上海书店出版社1996年版，第356页。

问题，巴富尔与宫慕久屡次磋商，谈判也时断时续。与此同时，英国商人、传教士乃至领事官员一直在与黄浦滩上、吴淞江畔的业主直接接触，私下达成土地转让协议，并订立了一批租地议单。如宝顺洋行的颠地·兰士禄（Lancelot-Dent）于清道光二十四年（1844年）4月在二十五保三图必字圩向业主奚尚德等人租地13亩8分9厘4毫。随后，麦都思、怡和行、和记行、仁记行、义记行、融和行、英商梭、公平行、大英国官署、花旗国商人德记行、太平行、公易行、长利行、名利行等也陆续向中国业主租地。①当时所立的那些租地议单，实际上就是上海民间签订的租地契约。

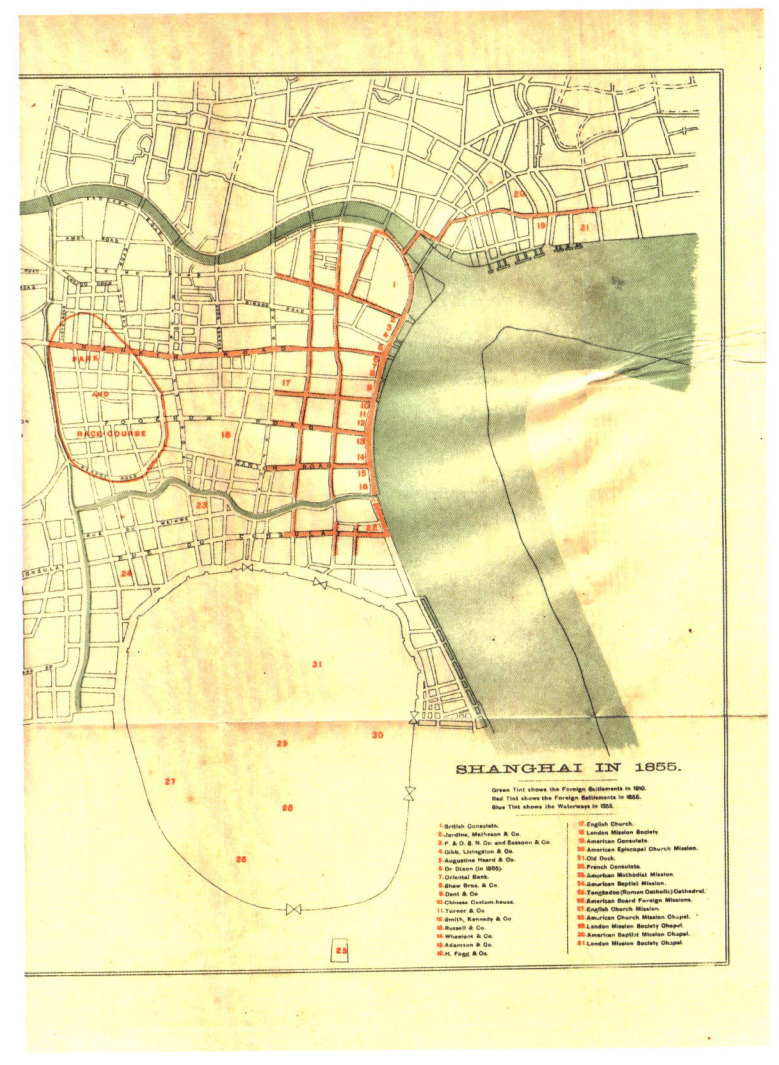

图0-9，清咸丰五年（1855年）黄浦江畔（外滩）"洋行分布图"

清道光二十五年（1845年）11月29日，宫慕久以上海道台的名义发布一项告示，这个告示就是他与巴富尔"依约商妥"的《上海土地章程》（The Shanghai Land Regulations），习称《第一次租地章程》。《上海土地章程》以告示形式公布，前有"晓

---

① 时值开埠之初，一些人名或洋行在道契登记中很有意思：如义记行，旁注即"荷利地，威士公司"；融和行，即"位第"；仁记行，即"吉，利永墩公司"；英商梭，即"托玛士，李百里公司"；太平行，即"季勒曼，波文公司"；花旗国商人德记行，即"吴鲁国，北士公司"，等等，另有一些，前后译名并不统一，但译音相近，此外，将道契中的租地人（洋名）与1855—1857年的外滩地图所列洋行名单相互参照，则基本符合。

从工部局大楼到上海市人民政府大厦
——一幢大楼与一座城市的变迁

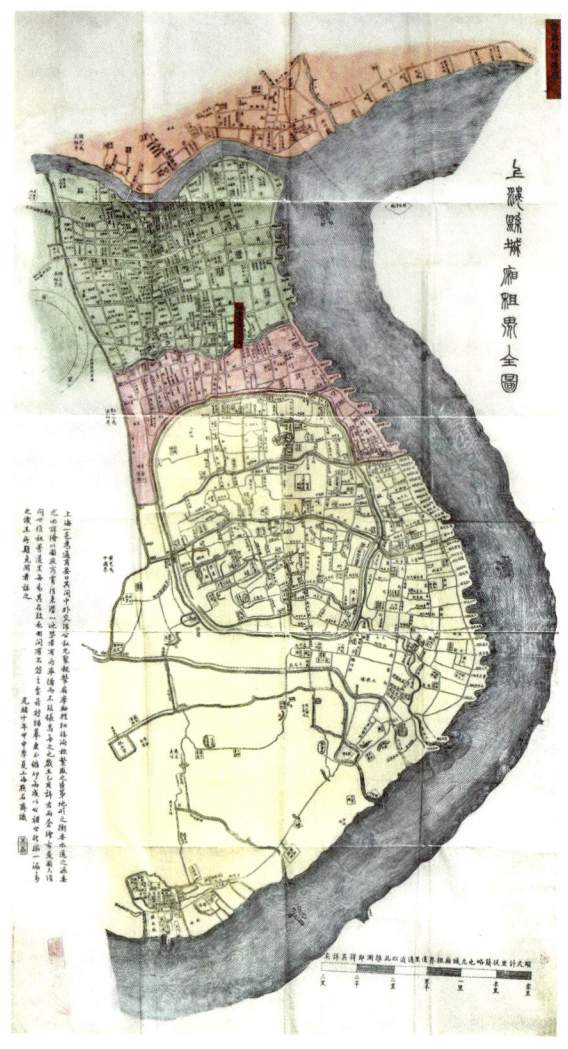

图0-10，清光绪十年（1884年）《上海城厢租界全图》

喻"，后列23条。首先确定租地界址，就"上海地势民情"，议定洋泾浜（一作"杨泾浜"，即今延安东路）以北，李家厂（有作"李家庄"或"李家场"，即今北京东路）以南地基租给英商建房居住。清道光二十八年（1848年），扩充英租界地界，北以吴淞江（即苏州河）为界，西以泥城浜（Defence Creek，今西藏路）为界。称为"英租界"（British Settlement）。

清同治二年（1863年），英租界与美租界合并，称英美公共租界。从1895年开始，英美租界谋求扩充，于清光绪二十五年（1899年）实现扩张计划，并正式改称国际公共租界。而管理公共租界的市政机构、办公地点本身也在不断变化中。工部局的市政厅建于1896年，在今南京路、广西路西首，云南路东首。后来的工部局新大楼，位于江西中路、汉口路转角处一带。从市政厅到工部局新大楼，围绕这一带街区的成型，经历了一个过程。下面有一组地图，从各个视角反映了工部局机构（场所）及其街区的景观与空间变化。

图0-11，为清光绪十年（1884年）《上海城厢租界全图》的局部图，图中显示：福建路已开辟；苏州河以南，主要的马路厦门路、南京路、九江路、汉口路、福州路、广东路、北海路等也已陆续修筑，西藏路开辟出其中的一段，旁有河流，西即为跑马场。其时洋泾浜还没有填没。这一带街区的雏形已形成，街巷格局初具。

今江西中路，辟筑于1855年，初因西侧有清道光二十七年（1847年）英国圣公

图0-11,《上海城厢租界全图》(局部图)

会所建圣三一堂,英文路名作Church Street,中文译为教堂街或教会路。清同治四年(1865年)英租界工部局以中国省名命该路为江西路。英租界的工部局、巡捕房等设在这一带。清光绪六年(1880年)后陆续建有上海第一家发电厂上海电力公司、第一家自来水公司等管理机构,还耸立起一座自来水水塔。

今汉口路,路址开埠前为通向黄浦滩的几条土路之一,开埠后,始修筑今中山东一路外滩至河南中路段,因东端外滩处有江北海关而得名海关路。1855年后西延至今湖北路,清同治元年(1862年)第二跑马场拆除后继续西延至今西藏中路。1865年英租界工部局以中国湖北省城市名将该路更作现名。汉口路因在"大马路"南京路、"二马路"九江路之南,又俗称"三马路"。路东段,陆续开设了一批洋行。在江西中路口建圣三一堂。

今河南中路,修筑之初因位于英租界西界而称界路,1865年英租界工部局以中国省名命该路为河南路,1945年更作现名。

今福州路,路址开埠前为通向黄浦滩的几条土路之一,开埠后,始修辟今中山东一路外滩至今河南中路段,工部局以其附近有基督教伦敦会传教机构,英文路名作

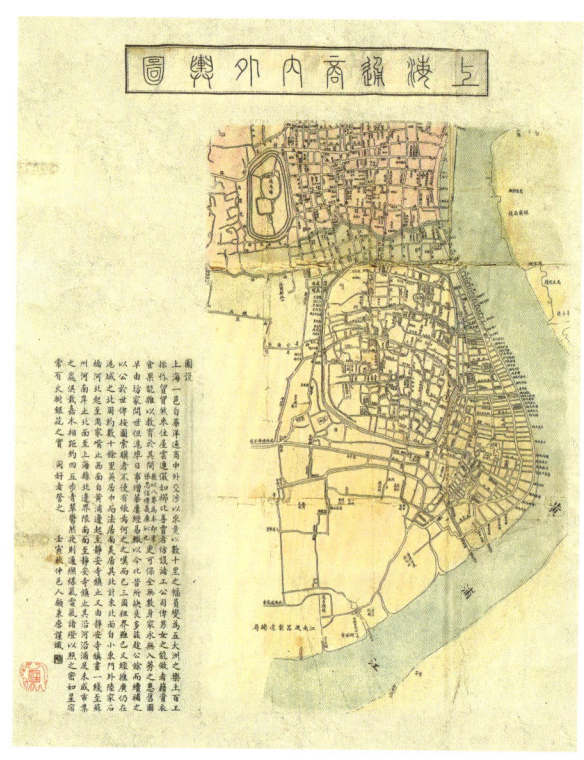

Mission Road，中文译布道路或教会路。清咸丰六年（1856年），该路西延至今湖北路。第二跑马场拆除后，清同治三年（1864年）该路延筑至今西藏中路。1865年英租界工部局以福建省城市名将该路更作现名，亦俗称"四马路"（以其为南京路南侧第四条并行道路而名）。

图0-12为《上海通商内外舆图》，刊印于清光绪二十八年（1902年）。图0-13，为该图的局部图，图上的"英工部局"、"英捕房"标注非常清晰，周边的大礼拜堂、申报馆等也一一注出。

图0-12，清光绪二十八年（1902年）《上海通商内外舆图》

图0-13，《上海通商内外舆图》（局部图），图中标注"英工部局"、"英捕房"

在图0-15中,清晰标注出"工部局及总巡捕房",在以工部局与总巡捕房为中心的街区局部图中,四周:汉口路(三马路)有大礼拜堂;福州路(四马路)有茂盛洋行、中国图书公司印刷所、五洲药房;河南路一侧有中和里、北福里等住宅;江西路有老公茂洋行、福华里等。

1914年,工部局开始建造新大楼,但不久因爆发第一次世界大战而工程进展缓慢,这一时期的街区景象在这幅图中有较清晰的反映。

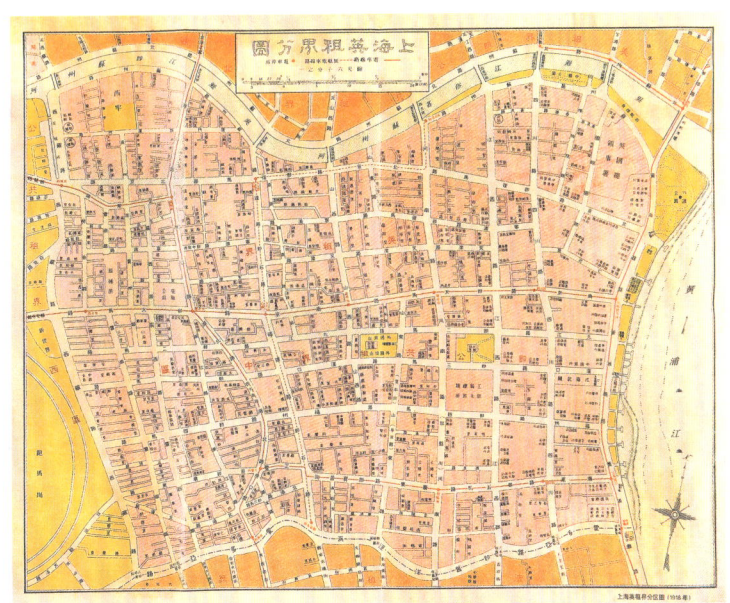

图0-14,1917、1918年间《上海英租界分图》

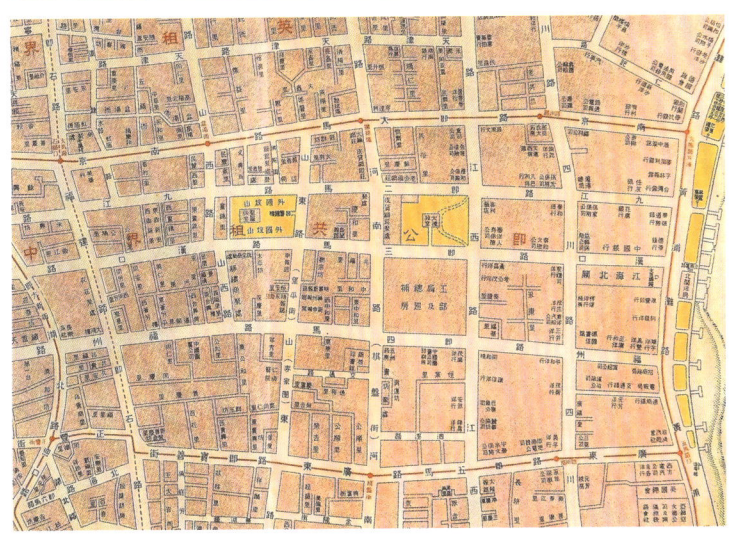

图0-15,《上海英租界分图》(局部图),图中有"工部局及总巡捕房"

三、工部局新大楼竣工后的街区及其演变

1922年11月,工部局新大楼正式竣工。此后,该大楼一直是上海城市的标志性建筑,备受关注。"工部局",在20世纪三四十年代的上海市地图中均有明显的标识。

至20世纪30年代,公共租界区域内尤其是中区一带大小马路已呈网格状分布,市政建设、交通线路均自成体系。在1937年绘制的《上海市区域现状图》中,我们看到一个以"工部局"为中心,集政治、商业、娱乐、服务等功能于一体的城市核心区变得更加成熟。

图0-16,1937年《上海市区域现状图》(局部图),标注"英工部局"

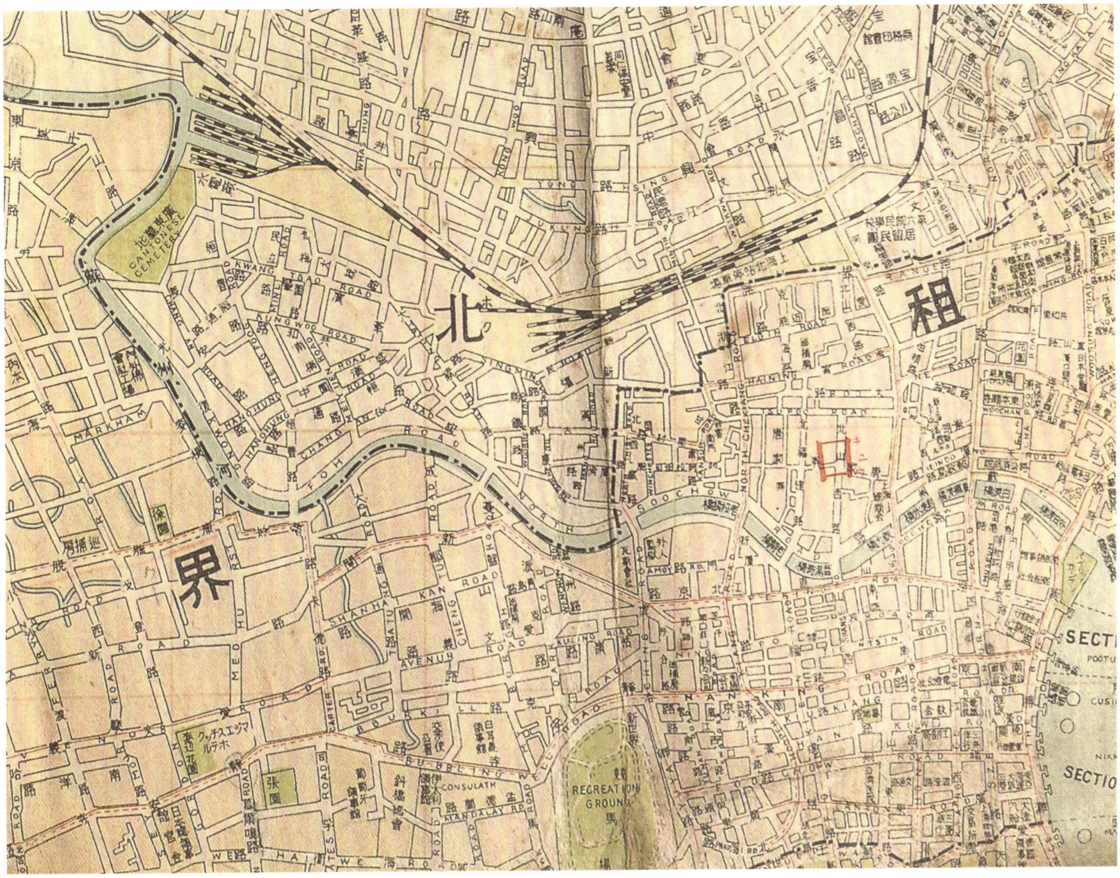

图0-17,1941年《最新大上海地图》(局部图),公共租界中标注有"工部局"

  1941年的《最新大上海地图》由日本人绘制,按二万四千分之一缩尺。初版发行于昭和十四年(1939年),昭和十六年(1941年)订正再版,由日本堂书店发行。该图反映了日军占领上海时期的状况。图0-17为该图的局部图,其中标注有"工部局"。

  抗战胜利后,该大楼成为国民党上海市政府大厦。图0-18,选自《上海市行号路图录》(上册)"第二图"。[①]

[①] 详见鲍士英测绘,顾怀冰等编辑:《上海市行号路图录》(上册)"第二图",福利营业股份公司1947年再版。

在该街区图中，国民党上海市政府及其所辖的财政局、工务局、卫生局等标注一目了然。教堂、金城银行、都城饭店、美国总会、五洲大药房等附近街区的机构、景观等也有清晰反映。图0-19，也是关于这一带的街区图，选自《袖珍上海里弄分区精图》"第四图"。①周边的街市体现得更为详细。

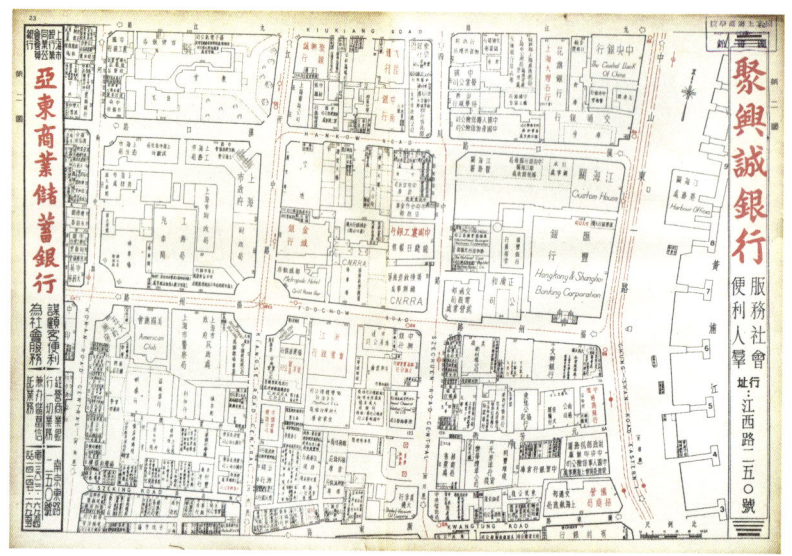

图0-18，国民党上海市政府所在街区图，选自《上海市行号路图录》（上册）"第二图"，1947年版

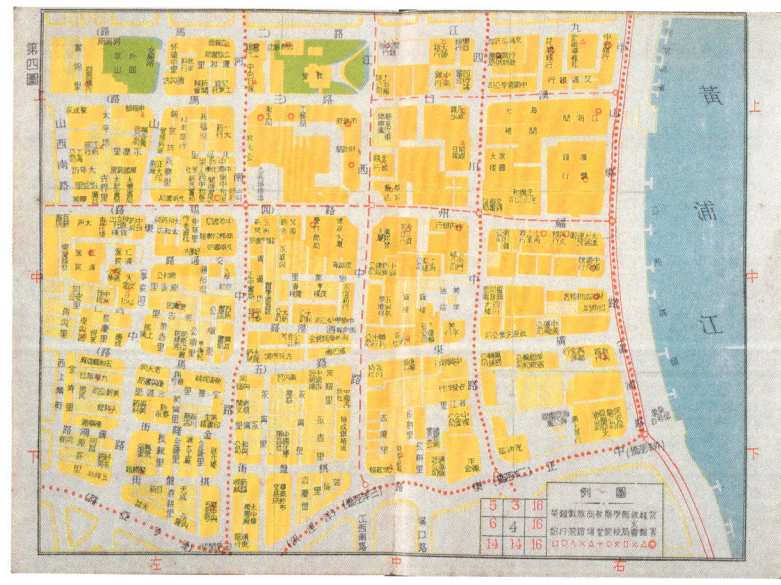

图0-19，国民党上海市政府所在街区图，选自《袖珍上海里弄分区精图》"第四图"，国兴舆地社1946年版

---

① 葛石卿等编纂绘制：《袖珍上海里弄分区精图》"第四图"，国光舆地社1946年版，作者书社发行。

图0-20，为金城银行上海总行的照片，选自1937年刊印的《金城银行创设二十周年纪念刊》。

图0-20，金城银行上海总行

四、1949年以后上海市政府大厦所在街区的变化

1949年5月，上海解放，原工部局大楼成了上海市人民政府的办公楼，这一带街区也发生了重大变化。

图0-22为1950年《最新上海市街图》的局部图，标注"市政府"，周边的空间、景观显示得也更为直观。

图0-23，为1953年《上海分区街道图》。

从图0-24《上海分区街道图》的局部图中看到，此时的体育场已改名"人民公园"、"人民广场"。当时的上海市人民政府在江西路、汉口路口原工部局大楼旧址办公。上海解放后，人民政府立即组织力量，整治城市环境，迅速修复损坏严重的市政工程设施，1951年至1953年间，将租界时期的跑马厅改建成人民广场和人民公园。

1955年2月5日至12日，上海市第一届人民代表大会第二次会议在市政府大礼堂

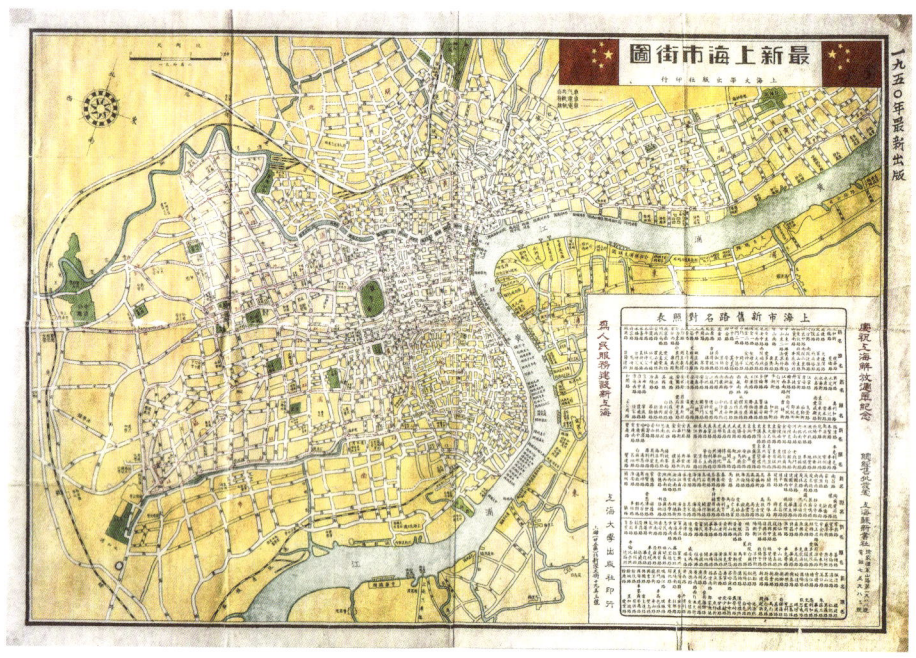

图 0-21，1950年《最新上海市街图》

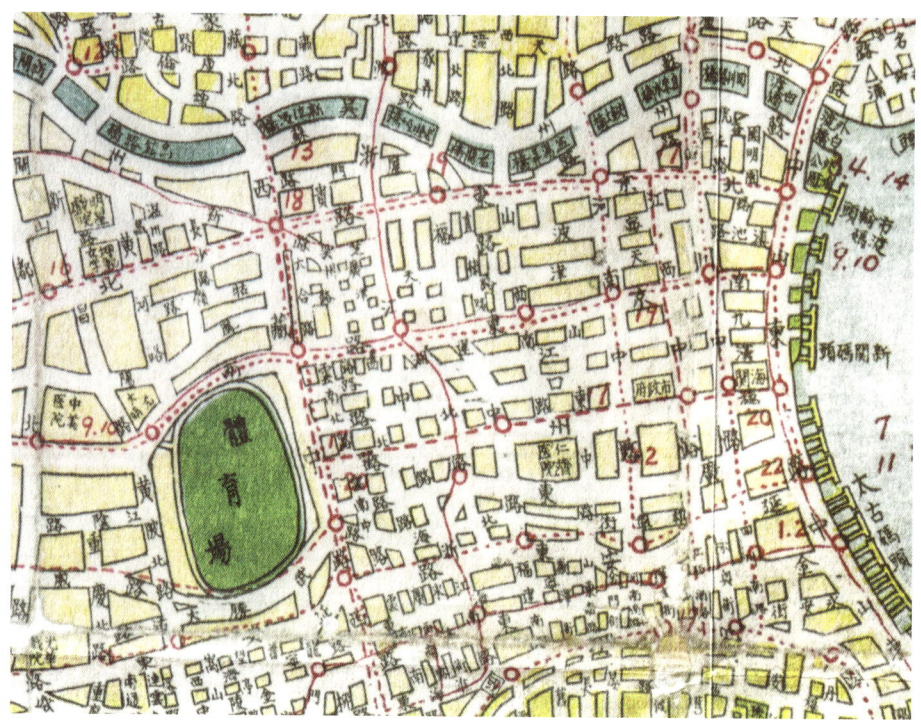

图 0-22，1950年《最新上海市街图》（市政府周边局部图）

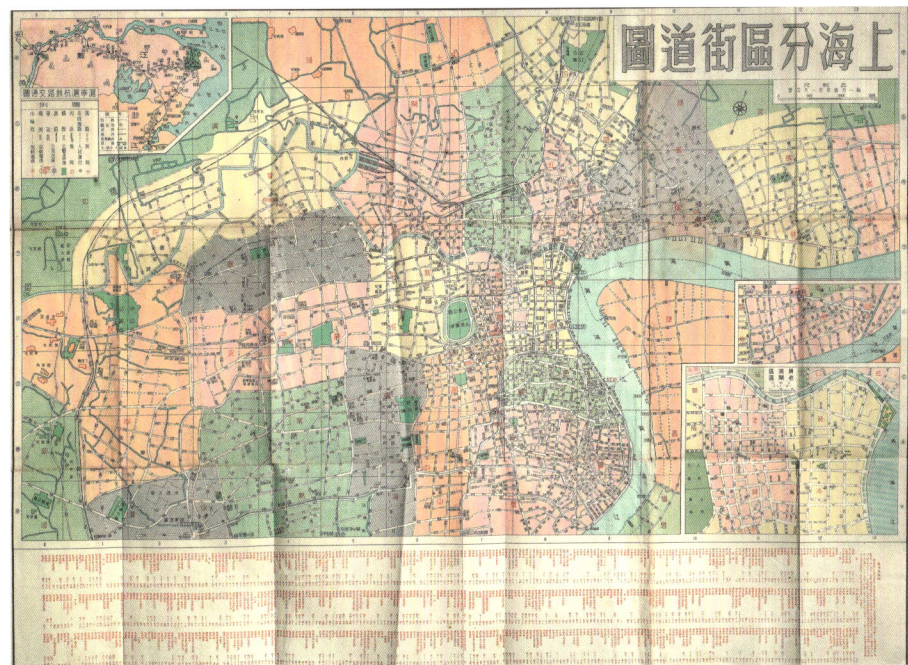

图0-23,1953年《上海分区街道图》

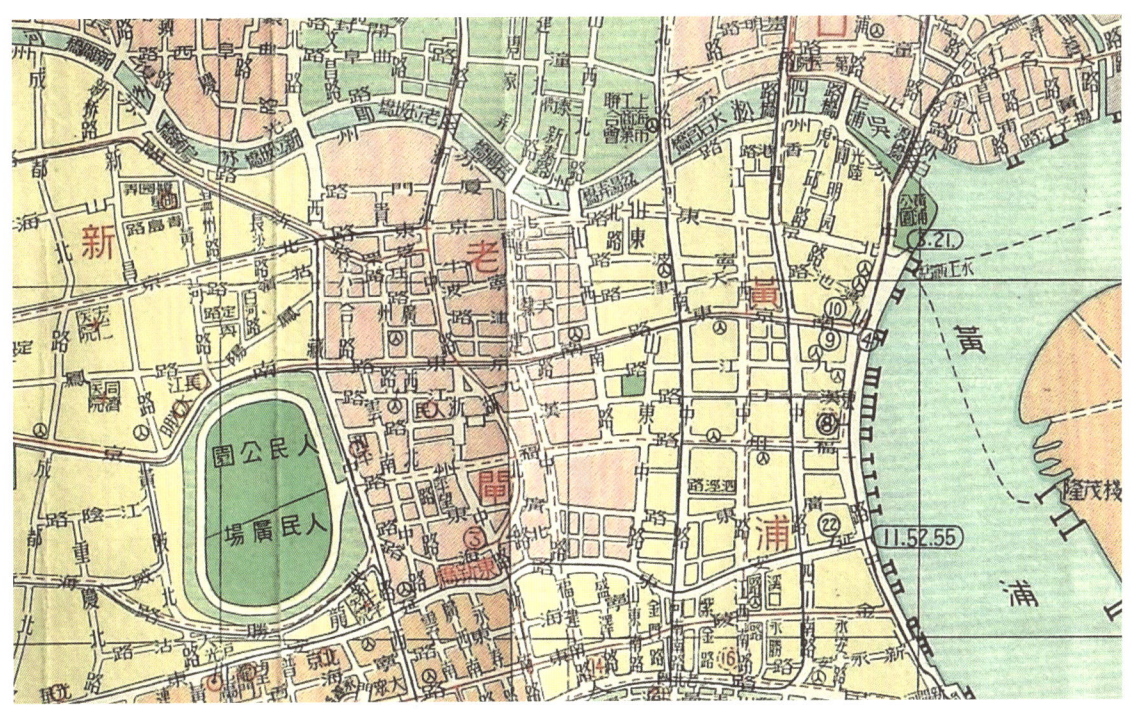

图0-24,1953年《上海分区街道图》(局部图)

举行。根据《中华人民共和国宪法》有关规定,在此次会议上,决定将上海市人民政府改为上海市人民委员会(简称"市人委")。大会选举陈毅为上海市市长。1955年,位于外滩的汇丰银行撤出上海,另租圆明园路兰心大楼的写字间作为办事处。汇丰银行大楼收归国有。自1955年11月起,上海市人委及有关单位开始陆续搬入外滩中山东一路10—12号原汇丰银行大楼。①

1956年5月1日,中国人民解放军上海市军事管制委员会、上海市人民委员会分别正式发出通告,市军管会、市人委机关从江西中路215号迁至外滩中山东一路10—12号原汇丰银行大楼内办公。②图0-25为1960年《上海市市区交通图》(局部图),图中以红色"★"标注了"市人会"。

图0-25,上海市人委驻地,1960年《上海市市区交通图》(局部图)

---

① 《上海市人民委员会办公厅关于试行上海市人民委员会大厦出入传达会客和住宿制度问题的通知》,上海市档案馆档案,档案号:B1-2-1661-25。
② 《解放日报》1956年5月1日刊登上海市军管会、上海市人民委员会迁址通告。

图0-26，选自1975年《上海市市区交通图》，图中以红色"★"标注"革委会"。在该图中显示，此时的"革委会"（全称为上海市革命委员会，成立于1967年）在原汇丰银行大楼办公。1979年12月，"革委会"改为上海市人民政府，办公地点不变。

图0-26，1975年《上海市市区交通图》

上海市政府自1955年从汉口路迁至外滩后，原市政府大楼仍保留着一些机构。汉口路的大楼，一般被称为"老市府大厦"或"老市府大楼"。这一带街区的行政隶属关系几经变化，一些机构与单位的名称也屡有变动。自1978年实行改革开放以来，汉口路、江西中路一带的街区面貌、经济结构、社会生活方式发生了较大变化。

图0-27为工部局老大楼所在街区现状图，选自《上海地图·大城区详图》（该图由上海市测绘院编制，上海科学普及出版社2012年版）

1997年，上海市政府撤出原汇丰银行大楼，上海浦东发展银行通过置换获得该大

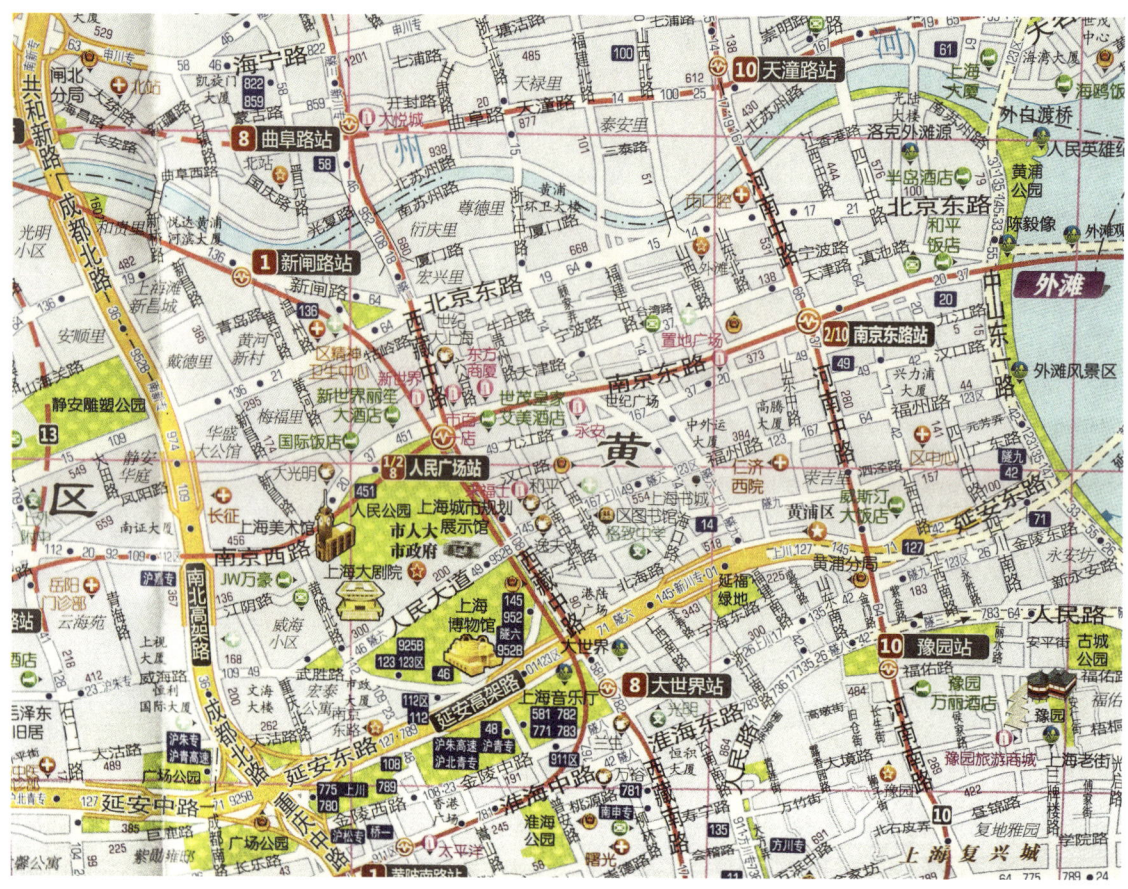

图0-27，《上海地图·大城区详图》（局部）

楼的使用权。上海市政府迁至人民广场，办公地址位于人民大道200号的人民大厦，这里成为上海市的行政中心。① 此处距工部局大楼旧址不远。

通过各个时期的地图，可以从中获取不同的历史信息，这些信息形象而直观，凸显了工部局大楼旧址一带街区的空间扩展与景观变迁，展现了它的前世今生。

---

① 1993年底，上海市政府开始对人民广场进行综合改造。上海市政府大厦于1995年7月1日竣工交付使用。市政府机构从外滩（中山东一路）原汇丰银行大楼搬出。1997年12月，上海市地名委员会办公室正式公布人民大道200号命名"人民大厦"。

导 读

图0-28，工部局老大楼现状，雪后的场景，摄于2018年1月26日

图0-29，工部局老大楼，摄于2018年4月26日

第一章
工部局新大楼的筹建

作为一个"集合"城市，曾经的上海公共租界无疑是上海的核心区域。任何一座运转有序的城市，都需要一个运转高效、系统完备的市政管理机构，上海公共租界先后设立了道路码头委员会、工部局等市政管理机构，彼此联系，一脉相承。工部局成立于1854年，其前身即为上海租界道路码头委员会。工部局的主要职能是维护租界安全，保持清洁卫生，修筑道路、码头等公共设施，其依靠征收房捐、地税、执照捐、码头捐等税费，维持自身运转。

租界创立后，人口逐渐增多，面积不断扩大，各种建设项目随之增多，因此租界管理也日趋繁复。原来每周召开董事会，处理日常事务，后有了专门处理各种事务的总办出现，具体执行董事会的命令。1860年8月，工部局董事会正式任命首任总办皮克沃德，并决议"今后一切有关工部局事务信件可寄交总办处理"[1]。总办处理工部局的一切日常事务，工务处、财务处、卫生处、警务处等各处室，皆在总办领导下办公。由于处室的增多，工部局雇员亦逐渐增加，此外，租界的诸多事务需要协同处理，遂产生了对办公场所的集中需求。事实上，早在1872年的《上海英美租界街道图》中，就显示工部局在该地办公，并相继建造了中央巡捕房、中央救火站等建筑，工部局拥有该围合区域的部分地产。1896年，工部局在南京路、广西路和贵州路口建造了工部局市政厅，占地面积近4 000平方米，部分缓解了工部局的办公问题。虽然工部局通过建房、租房等措施，安排了一些办公场所，面积较以前有所扩大，但各部门办公地点分散的难题始终没有解决，缺少一个集中统一的工作场所。随着20世纪初租界的扩展及大量人口涌入上海，筹建新的、集中的办公场所迫在眉睫。

---

[1] 上海市档案馆编译：《工部局董事会会议录》第1册，上海古籍出版社2001年版，第601页。

图1-1,20世纪初的外滩公园

第一节

工部局董事会的决策

工部局大楼的修建,经历了长时间的讨论和较为漫长的决策过程,并在征得上海公共租界纳税人会议同意后,才开始由工部局董事会主导实施。

一、工部局地皮的购买

1904年,工部局提出扩大办公规模的建议,拟将汉口路、江西中路、福州路、河南路所围合而成的街区全部买下,以建设能供工部局各机关部门集中工作的新办公

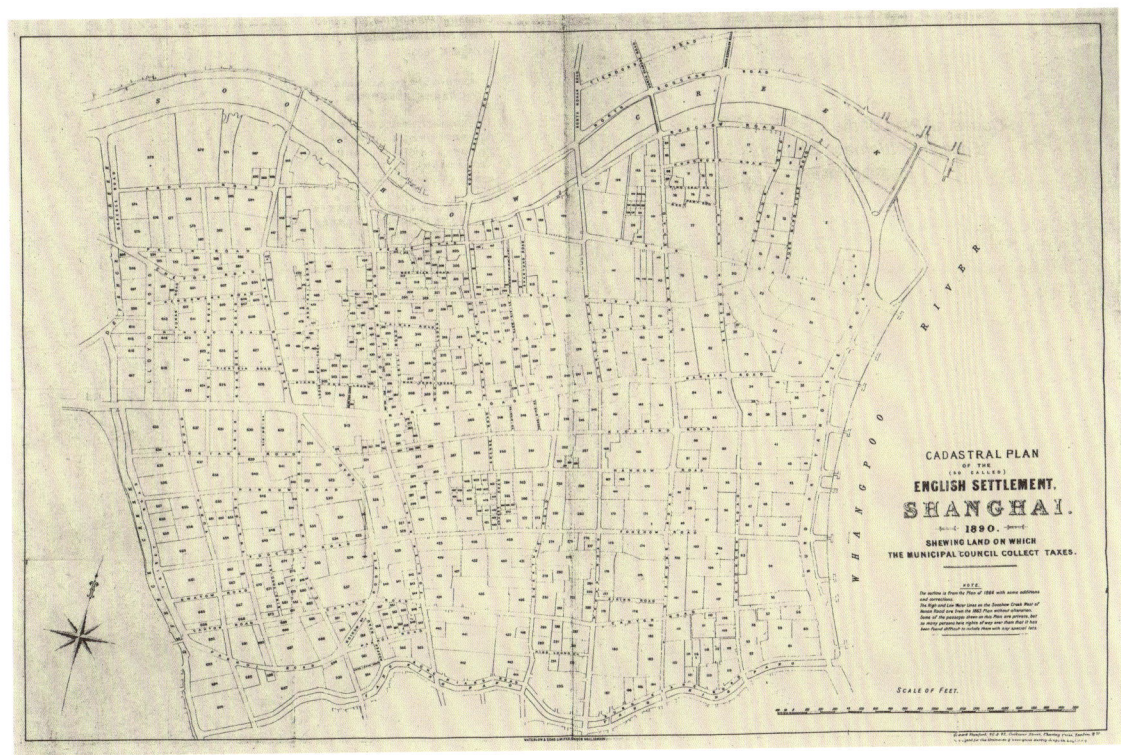

图1-2，1890年《上海英租界地籍图》

图1-3，1900年工部局董事合影

楼。①这是工部局大楼建设想法的雏形第一次正式提出,其中特别提到要购买167、171号册地。

工部局之所以选址于此建新大楼,除了因为办公场所过于狭促及不敷应用之外,还因为市政厅所在的地段地价昂贵,没有扩充可能,而且南京路上终日车水马龙,商业繁盛,不利于工部局董事会开会及各处室安静办公。而上述地块则有以下优点:

第一,地价较低。

第二,基本为办公商务区,较为安静。

第三,毗邻福州路,有众多出版机构,文化氛围浓厚。相隔的圣三一教堂,又为此处增添了崇敬、肃穆的氛围。②

图1-4,20世纪初的圣三一教堂与周边景象

---

① Annual Report of The Shanghai Municipal Council《上海公共租界工部局年报》(1904年),上海市档案馆档案,档案号:U1-1-917。
② 吴晨:《原上海工部局大楼研究》,同济大学2009年硕士学位论文,第13页。

工部局在提出该议案以前，已经拥有该街区地块中的部分土地，建造了中央救火站、中央巡捕房等建筑。在1902年《上海通商内外舆图》中，汉口路、江西路口的建筑已标为"英工部局""英捕房"（见图0-13）。

选择这一地块作为工部局新的行政中心，显然是经过精心挑选的。议案虽然已经提出，但要完成建设规划，就必须购买到相应地块的产权，否则就无从谈起。其中，购得167和171号册地是完成工部局计划的重要条件，所以，工部局董事会首先委托工部局总办进行购买167号册地的谈判。

图1-5，中央巡捕房和救火站

1908年6月3日，工部局董事会讨论了购买167号册地事项。会上提交工务处工程师的一份报告，内称他已得到册地167号连同上面建筑物的报价，计11万两银子。据了解，该项计划内财产的净收入为6 800两银子。为了今后扩大工部局办事处，该项购置实属必要，且无须动用或可以动用公共基金。会议决定首先还价到9万两银子，再由工程师酌情增加至9.5万两银子。[1]后工部局提高到10万两银子。由于业主窦达尔不满意工部局的报价，工部局总办事处在向董事会的报告中称，"也承认这样一个事实，即这块地皮眼下至少要卖11万两"[2]。

为了用更便宜的价格获得此块土地，工部局决定委托专业人士对该地产进行估价。1909年1月6日，安布罗斯对167号册地的估价报告提交会议，为9.05万两银子。工部局据此正式向业主出价白银10万两。[3]1909年4月，工部局委托前去谈判的汉森·麦克尼尔和琼斯致信工部局，说："册地167号的业主不愿以低于11.5万两银子出售"[4]。在此情况下，工部局董事会重新决定把此事提交地产委员会，最终以此价格购买，并将

---

[1] 《工部局董事会会议录》第17册，第555页。
[2] 《工部局董事会会议录》第17册，第582页。
[3] 《工部局董事会会议录》第17册，第586页。
[4] 《工部局董事会会议录》第17册，第604页。

其编入168号册地。

在购买167号册地后,便是171号册地的购买,同样也遇到了卖主卖价高过工部局出价的问题。1911年,业主马克拜致函工部局,"内称他已对第171号册地作了估价,表明其价值大大超出60万两白银"。① 由于价格大大超过工部局的出价,工部局称"在马克拜先生返回上海时,将向其出示董事会所收到的估价,并要求同意检查他本人所取得的估价数字"②。工部局并请安布罗斯重新进行估价,但马克拜并不接受。工部局董事会则认为"工部局在为公共用途购买土地时,一贯的做法是从低估价,而不是从高",并决定"向马克拜先生转达的正式开价为407 826两白银。如对方仍不满意,则建议按照《土地章程》第6款甲项规定将此案提交地产委员会解决。并提出对此重要案例任命一特别仲裁委员会的建议"。③

由于地产估价委员会估价一贯从低估价,在其作出估价以后,工部局有强制执行力。④ 马克拜并不想就此事交由地产委员会解决,总董也表示"渴望不采取非常手段解决此问题"⑤。但事情进展依然不顺利,1911年10月18日,总董从埃尔莫处非正式获知,在少于50万两的情况下,不可能与马克拜在任何基础上解决此问题。经过讨论

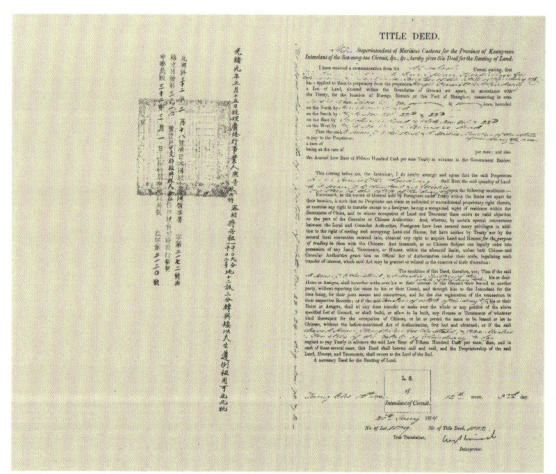

图1-6,英册道契一千零二号(英文)

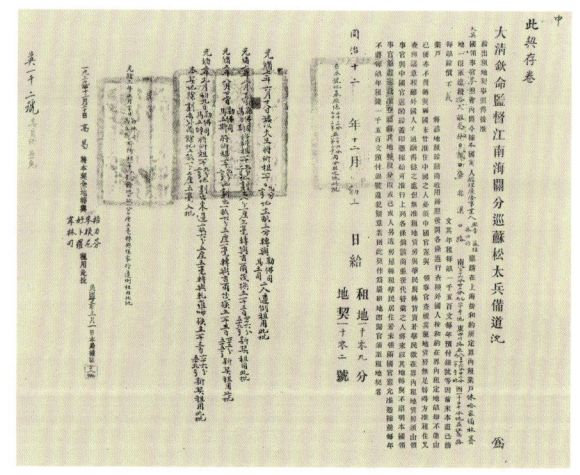

图1-7,英册道契一千零二号(中文)

---

① 《工部局董事会会议录》第18册,第540页。
② 《工部局董事会会议录》第18册,第540页。
③ 《工部局董事会会议录》第18册,第548—549页。
④ 李东鹏:《上海公共租界纳税人会议代表性研究》,《史林》2015年第5期。
⑤ 《工部局董事会会议录》第18册,第557页。

后，董事会决定询问法律顾问，工部局欲达到此一目的需采取何种步骤。①

1913年2月15日，工部局大楼委员会主席伯基尔（A. W. Burkill）致函马克拜（R. S. F. Mcbain），与他协商以总价45万两白银购买171号册地，并指出，工部局曾在1911年6月出价40.78万两白银，在近几年，这项地产的价格已经减少。马克拜于2月20日回信伯基尔说，171号册地托管人不愿以45万两白银出售，并准备在3月31日召开的纳税人会议上，建议以50万两白银价格购买。②工部局大楼委员会同意此项出价目前看最为合理。

此外，工部局大楼委员会提到，除了50万两白银的价款之外，还有一部分银两要付给目前租约未到期的中国租户；将有一笔不低于6万两的花费用于福州路和江西路的拓宽，这笔费用将在未来几年内发生。③1913年3月19日举行的上海

图1-8，1908年的工部局董事会合影，其中"4"为伯基尔

公共租界纳税人年会通过了工部局大楼委员会的报告，其第五项决议称："工部局大楼委员会的报告被接收和采纳，工部局被授权按照其中所载的建议开展工作。"④

1913年3月26日，按照马克拜以现款进行交易的商定，董事会立即与其办理过户手续。⑤在购买土地的问题解决后，紧接着是171号册地的租约问题。之前171号册地业

---

① 《工部局董事会会议录》第18册，第566页。
② Shanghai Municipal Council Report of The Municipal Buildings Committee (1913年)，上海市档案馆档案，档案号：U1-1-169。
③ Shanghai Municipal Council Report of The Municipal Buildings Committee (1913年)，上海市档案馆档案，档案号：U1-1-169。
④ 上海公共租界西人纳税人年会与选举工部局董事及地产委员会的材料 (1913年)，上海市档案馆档案，档案号：U1-1-843。英文原文为："Resolution V.—That the Report of the Municipal Buildings Committee be received and adopted, and the Council be authorized to proceed in accordance with the proposals therein contained."
⑤ 《工部局董事会会议录》第18册，第654页。

主已将地产租赁给程谨轩遗孀程吴氏,且租期未满。3月26日的董事会会议决定工部局与租户就中止租期进行商议,并请莱斯特尽力斡旋并拟订撤销条件。①据工部局年报中的记录显示:

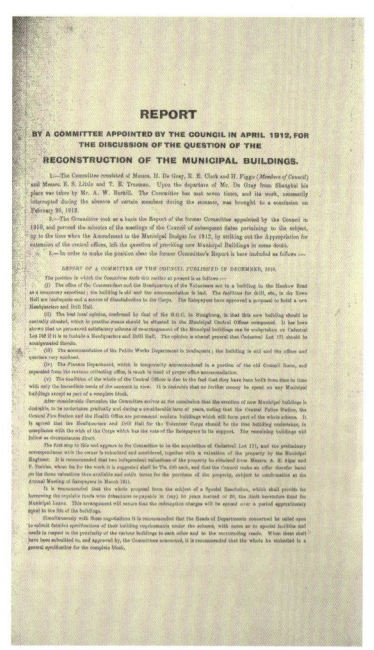

图1-9,1912年工部局大楼委员会报告

> 根据1896年12月13日以J. D. 沃森(J. D. Watson)、T. G. 沃森、A. V. 沃森、S. D. 沃森为一方,程谨轩为另一方签订的租约规定,从1896年7月1日起以年租八千两,租期廿年将该地转让给程谨轩。由于逝世之后,现在这块租地已由程吴氏继承。②

1913年5月28日,根据工程师和捐务监督的汇报,工部局董事会得知:"估计租费总额达4万元,承租人可得纯利达1.85万两银子。如果工部局在7月1日起取得所有权,则租约还将经过实足3年才满期,于是目前租金定为48 780两。关于在该地产上的房屋,工程师估价为1.1万两,会议决定招标将他们拆移。工部局愿意在这一基础上与秦俊杰③夫人进行关于取消租约的谈判。工部局准备或者以上述估价买下这些房屋,从7月1日起直到土地出售为止征收租费,或者由她拆移房屋。"④

至10月29日,工部局工程师经与程谨轩夫人长时间会晤,已取得她的同意:工部局付给她一笔钱数,取消租约的正式裁决,她由戴维斯先生作为代表,工部局则由工程师作为代表,安布罗斯先生作为争论事件中的仲裁人。工部局董事会接受该建议。⑤但由于工部局董事会只授权工程师可以同意索赔钱数不超过5万两银子,如果秦俊杰夫人不能在这个数目或低于这个数目时接受协议,则将此事交给仲裁人安布罗斯先生。⑥他们于12月29日作出了如下裁定:

---

① 《工部局董事会会议录》第18册,第654页。
② Annual Report of The Shanghai Municipal Council《上海公共租界工部局年报》(1913年),上海市档案馆档案,档案号:U1-1-843。
③ 此摘录自原资料,文中的"秦俊杰夫人",根据相关内容,似为"程谨轩夫人",此注,待考。
④ 《工部局董事会会议录》第18册,第664页。
⑤ 《工部局董事会会议录》第18册,第687页。
⑥ 《工部局董事会会议录》第18册,第688页。

第一章
工部局新大楼的筹建

裁 决 书

我，J.安布罗斯，对所有参加各方致以问候：

就工部局支付给程吴氏补偿金，程吴氏转让江西路、福州路遗产——地籍171号地块之事，代表上海外国公众的工部局为一方，程谨轩遗孀为另一方，于1913年11月28日签订协议。该协议将于1916年6月30日终止。根据双方协议，工部局正式指定C. H.戈达弗雷为其估价人，程吴氏指定C. G.戴维斯为其估价人。戈达弗雷和戴维斯于1913年12月1日就委托给他们的事务亲自见面并提名指定我：J.安布罗斯，仲裁他们分歧之事。在上述二位仲裁人对委托之事不能统一意见时，我已承担此事，听取并考虑了有关各方的证据和文件，就分歧裁决如下：

1. 工部局要求程吴氏决定上述地块自1914年1月31日起工部局作为其补偿金的租金利息。
2. 工部局作为补偿金支付给程吴氏地产利息为53 836两。
3. 地契呈交费用由工部局支付。
4. 委托费由有关各方支付。
5. 一千两仲裁费由工部局支付。

上海，1913年12月29日

J.安布罗斯签字[1]

双方同意：

1. 程吴氏将于1914年1月31日将所提租地转让给工部局。
2. 工部局将允许程吴氏及其代理人、雇工和其他人员从1914年2月1日至1914年3月10日进入上述土地拆除建筑结构及建筑物。在上述期限内，程吴氏必须拆除所有建筑结构及建筑物。[2]

至此工部局将167、168和171号全部合入168号册地，江西路、汉口路、福州路、

---

[1] *Annual Report of The Shanghai Municipal Council*《上海公共租界工部局年报》(1913年)，上海市档案馆档案，档案号：U1-1-843。
[2] *Annual Report of The Shanghai Municipal Council*《上海公共租界工部局年报》(1913年)，上海市档案馆档案，档案号：U1-1-843。

河南路所围成的整片地产,成为工部局随时可处置的独立资产,工部局大楼建造所需地皮的购买工作完成。

二、大楼设计的决策过程

为了更好地进行工部局大楼的建设计划,1910年,工部局董事会决定"任命一个特别委员会,由克莱格、朱满和德格雷先生组成,以充分考虑重建的问题,对万国商团司令部和操练厅提出意见,制订附有费用概算的明确计划,以便有助于董事会对整个问题作出结论性决定"[①]。同年,纳税人会议同意建造新的指挥部和训练厅。[②]同时香港总督建议,位于市中心的新的中央建筑实际上应该是综合办公中心,并将171号册地与168号册地一起规划。[③]

建筑的设计要求满足中央巡捕房、中央救火站、卫生处、万国商团司令部和训练厅使用。大楼建设的资金来源是通过发行50年期限的市政贷款,这种安排将确保赎回费用将在大约相当于建筑寿命期限内流转。[④]

图1-10,上海公共租界工部局巡捕合影

1911年8月30日,工部局董事会讨论工部局大楼的设计方案,决定称:"首先,董事们认为,在东方对建筑师之间的竞争进行限制并不能产生良好效果。总董指出,上海总会的建筑乃此类限制的不幸事例之一。于是会议决定今后竞争将属

---

① 《工部局董事会会议录》第17册,第666页。
② *Shanghai Municipal Council Report of The Municipal Buildings Committee* (1913年),上海市档案馆档案,档案号:U1-1-169。
③ *Shanghai Municipal Council Report of The Municipal Buildings Committee* (1913年),上海市档案馆档案,档案号:U1-1-169。
④ *Shanghai Municipal Council Report of The Municipal Buildings Committee* (1913年),上海市档案馆档案,档案号:U1-1-169。

公开性质。据此决定，建筑设计以在伦敦接受为宜，奖金也应改换为英国货币。其次，董事会决定将各办公室的位置尽量留给建筑师做决定，还有某些表明保留的部分，例如现有的三幢永久性建筑物；火政处今后有可能隶属于捕房这一情况，以及在工务处绘图室内有开北窗的必要等等"[1]。

而根据工部局大楼建设委员会记录显示：工部局大楼建设委员会建议，设计方案应该在上海、香港、马尼拉、新加坡和其他在远东的外国建筑设计团体中征集，并由技术专家组成的委员会选出最佳的三项设计，分别奖励1万两白银、3 000两白银和1 000两白银，这项工作将在工务处的监督下主导进行。[2]

在最终选出的四个样本图中，工部局董事会认为可以选择其中的优秀设计进行分组，分别进行比较。[3]委员会表示更看好第三项设计。

委员会建议将设计的方案送到英国伦敦，由工部局利用曾任工部局工程师（1889—1909）的查尔斯·梅恩（Charles Mayne）的优势，在他的协助下，获得英国皇家建筑师协会主席的意见和评论。[4]

下表为截至1913年工部局各处室所要求的面积数据，为套内面积，不包括楼梯、走廊等公共部分的分摊面积。

表1-1，工部局董事会需要的办公面积

单位：英尺（square feet）

工部局董事会会议室	1 200
2个委员会房间	1 200（每个600）
等候室	200
寄存室	200
总　　计	2 800

资料来源：Schedule of Requirements, Shanghai Municipal Council Report of The Municipal Buildings Committee（1913年），上海市档案馆档案，档案号：U1-1-169。

---

[1]《工部局董事会会议录》第18册,第560页。
[2] Shanghai Municipal Council Report of The Municipal Buildings Committee (1913年),上海市档案馆档案,档案号：U1-1-169。
[3] Shanghai Municipal Council Report of The Municipal Buildings Committee (1913年),上海市档案馆档案,档案号：U1-1-169。
[4] Shanghai Municipal Council Report of The Municipal Buildings Committee (1913年),上海市档案馆档案,档案号：U1-1-169。

表1-2，各部门面积汇总

单位：英尺（square feet）

工部局董事会	2 800
万国商团	54 709
警务处	67 281
已　有	41 692
新　增	25 589
卫生处	26 854
已　有	13 754
新　增	13 100
工务处	17 605
财务处	17 425
总办处	12 575
总　计	199 249

资料来源：*Schedule of Requirements, Shanghai Municipal Council Report of The Municipal Buildings Committee*（1913年），上海市档案馆档案，档案号：U1-1-169。

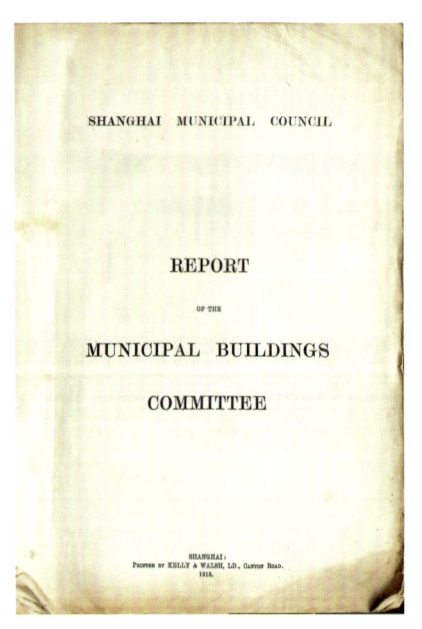

图1-11，1913年上海工部局大楼委员会报告（*Shanghai Municipal Council Report of The Municipal Buildings Committee*）

在上海市档案馆档案U1-1-169中，有四份经过挑选后入围的工部局大楼设计图，在方案1中，有特纳的签名（R. C. T.）及其日期（12.12.12）（见图1-12），特纳分别介绍了下面四个方案：

方案1中，保留了原有地块中的巡捕房、救火站和卫生处三幢建筑，不需要购买171号册地，在东部建造训练厅（200×100平方英尺）和操练厅，工部局的主要部门位于汉口路沿街五组连续建筑中，在临街界面上沿道路有向内的凹进，以打破470英尺长的立面。建筑整体高五层，局部六层。[①]

---

① 参见吴晨：《原上海工部局大楼研究》，同济大学2009年硕士学位论文。

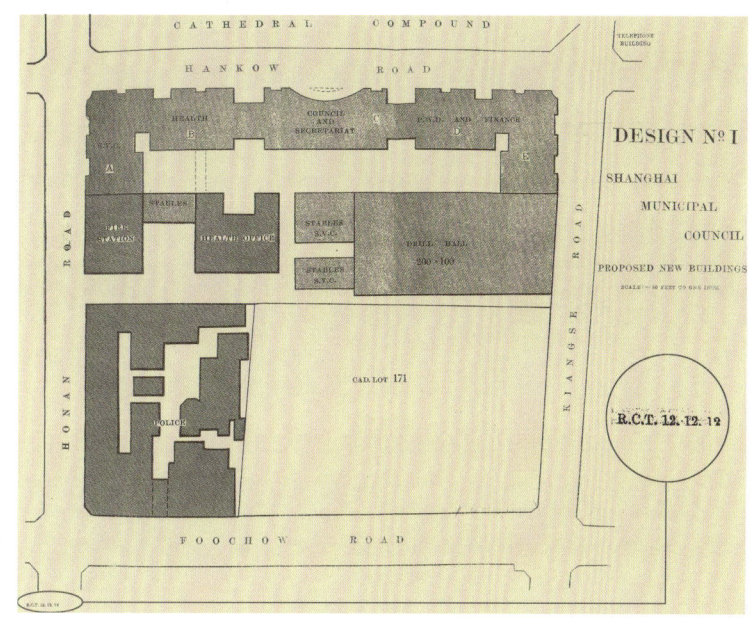

图1-12，工部局大楼设计方案1
资料来源：*Shanghai Municipal Council Report of The Municipal Buildings Committee*（1913年），上海市档案馆档案，档案号：U1-1-169。

  A区一层为工务处的工作场所和仓库，以及万国商团的储藏室、马克西姆重机枪仓库。上面四层为万国商团的办公室、宿舍、健身房和俱乐部等。B区属于卫生处，一层为储藏室，二层为办公室，并依靠天桥与已存在的卫生处建筑的连接，拓展办公区域；三、四、五层为卫生处所需要的职员公寓。C区为此幢建筑的核心，是立面上的重点突出部位，所以设计高六层；一层为主入口和大厅，楼梯用于通向二层的工部局董事会及各委员会办公室，并留出门卫室、寄存室。三层为总办处，四、五、六层分别为总办、总司令和常驻警员公寓。D区和E区为工务处和财务处的需求提供场所，预算处一层为买办办公室，二层为警务处的行政办公室，三、四、五层为工务处的办公室和会计室。由江西路进入的操练厅，西侧墙外至保留卫生处的建筑之间为马厩，马厩上层空间供万国商团中的华籍职员使用。①

  这个设计方案无法满足总巡捕房在需求标准中所提出的额外建筑需求，除非将现存的总巡捕房建筑全部拆除，在原址重建一个7层建筑，并且不能进行复杂的结构设计，否则便会丢失面积。

  这个方案所具有的经济节约性，使得任何试图牺牲基地面积来拓宽道路的做法皆不可行，即工部局大楼周边道路只能维持目前宽度。

---

① 参见吴晨：《原上海工部局大楼研究》，同济大学2009年硕士学位论文。

方案2与方案1相似，工部局大楼沿40英尺宽的汉口路形成一个五层高的连续建筑。万国商团的办公室、住宿处、卫生处等与方案1的设计相似。剩下的标为C、D、E的区块中，一层分别为万国商团枪炮库、捐务处和买办办公室；二层的东北角为董事会和各委员会用房，一旁是总办处，由总办处可直接通向总办的公寓；三层是财务处和万国商团总司令的公寓；四层为工务处办公室；五层是警务处办公室和常驻警员寓所。三、四、五层的功能格局相近，使用者之间调换比较方便。①

操练厅设计的面积是125×75平方英尺，主入口在江西路，在工部局大楼处还有一个专用入口。操练厅西侧与现存卫生办公楼之间设一独院的马厩，正对面是车库，高两层，一部分供万国商团华籍职员使用。

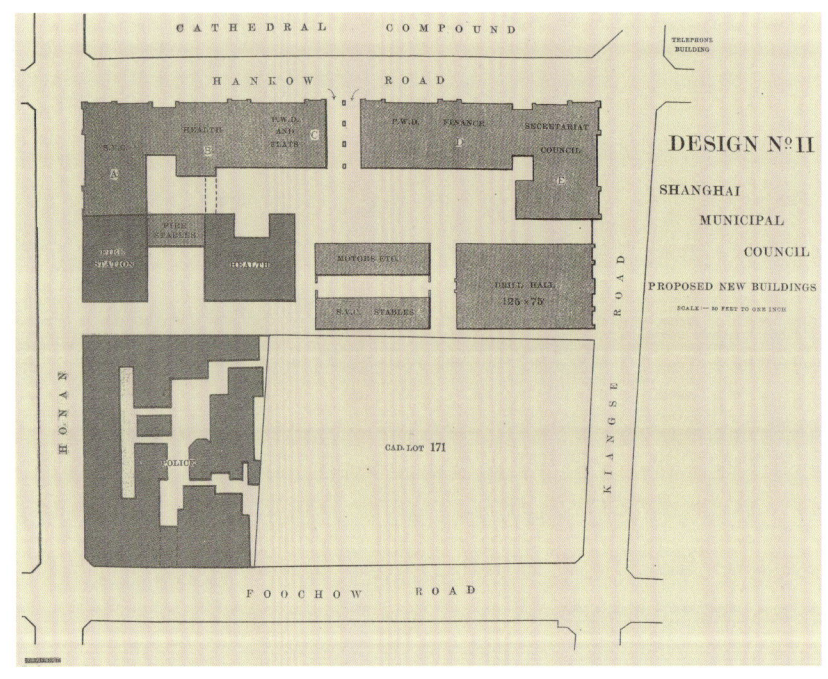

图1-13，工部局大楼设计方案2
资料来源：*Shanghai Municipal Council Report of The Municipal Buildings Committee*（1913年），上海市档案馆档案，档案号：U1-1-169。

方案3显示，由多个建筑所组成的四边形区域占据了汉口路、江西路、福州路和河南路，需要购买171号册地。这一设计允许建筑沿道路向内推进，周边道路可适当拓宽。②
已存在的卫生处、救火站和巡捕房的建筑仍然保留，但是后两幢最终将被拆除，

---

① 参见吴晨：《原上海工部局大楼研究》，同济大学2009年硕士学位论文。
② 参见吴晨：《原上海工部局大楼研究》，同济大学2009年硕士学位论文。

第一章 工部局新大楼的筹建

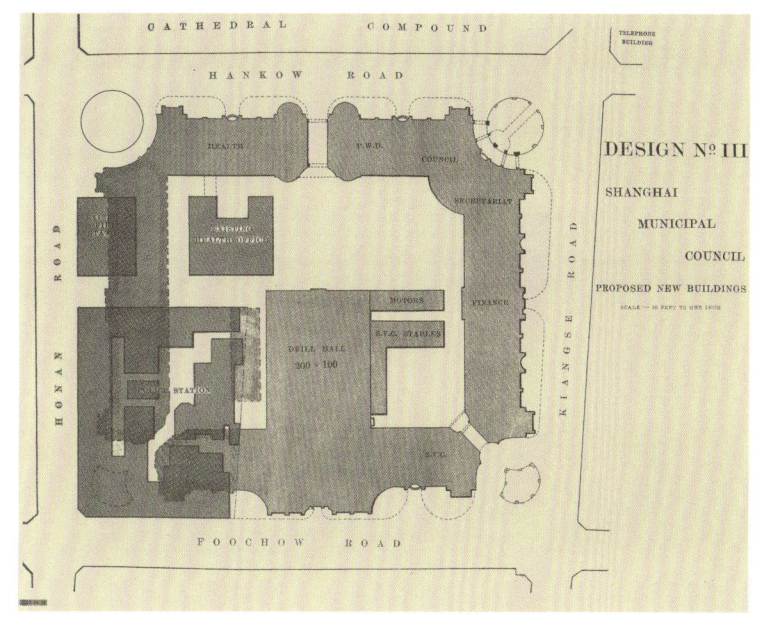

图1-14，工部局大楼设计方案3
资料来源：*Shanghai Municipal Council Report of The Municipal Buildings Committee*（1913年），上海市档案馆档案，档案号：U1-1-169。

河南路可以适当地拓展，而整个街区的建筑将以统一的方式按照计划完成。

汉口路江西路的转角处是工部局大楼的主入口，由此可通向二层的工部局董事会和总办处。总办和常驻警员的寓所在董事会的上方，总办处上方的三、四两层为工务处，沿汉口路设有单独出入口。卫生处的办公室及职员宿舍位于汉口路的西端，和方案1、方案2一样，在二层用天桥与保留建筑相连。面向江西路的部分，一层为财务处、税务处和买办办公室，二层是会计室。万国商团的办公室和宿舍则占据了工部局大楼的东南角，一层设枪炮库和贮藏室，二层是办公室，三、四层一直延伸至面向江西路的财务处上方，分别为宿舍区和俱乐部，总司令公寓也在这里。操练厅的规模与方案1一样，为200×100平方英尺，入口在福州路上，从东南角的院内也可以进入。①

方案4是方案3的变体，两者的功能布局完全相同，所不同的是，操练厅北段墙体与册地171号北面边界重合，因而进深有所减少，面宽也比方案3缩进了约六分之一，成为图中所示的165×85平方英尺，可以使操练厅在不拆除基地内任何建筑的情况下保留下来。②

---

① 参见吴晨：《原上海工部局大楼研究》，同济大学2009年硕士学位论文。
② 参见吴晨：《原上海工部局大楼研究》，同济大学2009年硕士学位论文。

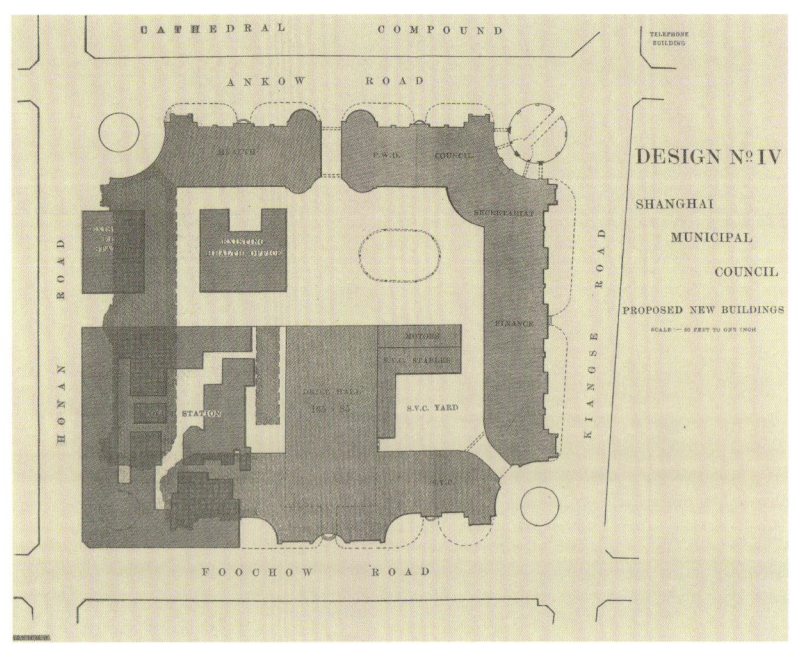

图1-15,工部局大楼设计方案4
资料来源:*Shanghai Municipal Council Report of The Municipal Buildings Committee*(1913年),上海市档案馆档案,档案号:U1-1-169。

三、几种方案的花费及其资金来源

1913年2月17日,工程师对四种方案的花费做了预算,分别是70万两,67.5万两,75万两,75万两。且第1、第2种方案不需要购买171号册地,第3、第4种方案需要购买171号册地,工部局财务处测算的花费为:

表1-3,四种方案花费测算

总花费(两)	设 计 方 案		
	1号方案	2号方案	3、4号方案
建造预估费用	700 000	675 000	750 000
171号册地购买费用	0	0	500 000
总 计	700 000	675 000	1 250 000

资料来源:*Shanghai Municipal Council Report of The Municipal Buildings Committee*(1913年),上海市档案馆档案,档案号:U1-1-169。

财务处认为纳税人同意年度预算的重要因素，一是由利率决定的贷款利息，二是偿还方式。财务处在预算过程中采取了6%和5.5%两种年利率标准进行计算。在过去的12年中，为电力等公用事业发放的公债普遍执行的是6%的年利率，偿还期为20年或30年。[1]工部局大楼委员会曾提到将偿还期延长至50年，这样可以减轻工部局每年的还款压力。但就总还款额来说，偿还期的延长会导致还款总额的增加，所以这些贷款对普通投资者的吸引力远远超过前几年的债券。因此，出于平衡收支考虑，贷款的年利率下调至5.5%，甚至是5%。

财务处在计算年度偿还金时，认为最佳方式是"分期付款（Instalment System）"，这是迄今为止最公平的方法，被越来越多地用在诸如上海这样不断增长、发展的城市。在规定的期限内，这个政策的债务费用负担最重的是头几年，此后逐渐减少。未来的纳税人有他们自己的债务要承担，此外，他们前辈所创造的"分期付款"债务也要承担。

图1-16，1926年工部局发行的公债

下面表格显示的是由工部局财务主管E.F.古德尔（E. F. Goodale）制作的未来50年里每年需偿还的预算额度，由于方案1和方案2接近，方案2便不在表中记载。"A"是基于年利率6%计算，"B"是基于年利率5.5%计算。每种情况都是基于分期付款机制计算的偿还额。

工部局整体上选择了第三种方案。1913年6月，特纳按照工部局各处室提出的要求，重新设计了办公楼草图，并于9月份交工部局。当时决定由助理建筑师携带图纸到伦敦交英国皇家建筑学院请院长审阅，征求意见，1914年1月7日，英国皇家建筑师协会会长布洛姆菲尔德（Blomfield）将报告分发给各位董事。至此，工部局大楼的设计宣告结束，进入施工阶段。

---

[1] 参见吴晨：《原上海工部局大楼研究》，同济大学2009年硕士学位论文。

表1-4，工部局大楼公债年度偿还额

单位：两

年　份	还款额和利息费用			
	方案1		方案3和方案4	
	A	B	A	B
1913	—	—	15 000	13 750
1914	6 000	5 500	45 700	42 725
1915	23 380	21 765	63 230	59 127
1916	42 990	40 157	84 225	78 831
1917	54 800	51 400	96 640	90 670
1918	53 960	50 630	95 140	89 295
1919—1961 偿还额按右侧金额逐年递减	840	770	1 500	1 375
1962	17 000	16 750	29 140	28 795
1963	16 160	15 980	27 640	27 420
1964	15 320	15 210	16 440	16 320
1965	10 600	10 550	11 660	11 605
1966	5 150	5 138	5 665	5 651

说明：上述计算费用不包括在重建过程中租赁临时办公室的费用。

资料来源：*Shanghai Municipal Council Report of The Municipal Buildings Committee*（1913年），上海市档案馆档案，档案号：U1-1-169。

第一章 工部局新大楼的筹建

第二节

设计师特纳与工部局大楼

1910年，工部局董事会决定"任命一个特别委员会，由克莱格、朱满和德格雷先生组成，以充分考虑重建的问题，对万国商团司令部和操练厅提出意见，制订附有费用概算的明确计划，以便有助于董事会对整个问题作出结论性决定"[1]。同年，工部局大楼建设委员会成立，于1913年2月完成最终报告。

在每次会议的出席者中，都有一位建筑师参与，就是工部局工务处的特纳（R. C. Turner），会议记录上显示特纳的职务是首席建筑师助理和工部局大楼建设委员会秘书长。[2]工部局由于承担上海公共租界道路、码头等公共设施的建造，为此专门设立了工务处，工务处先后有9位负责人。曾在工务处任职的英国建筑师目前已知不少于24位。在工部局的职位体系中，建筑师的职位曾被称为测绘师、工程师等。1909年，工部局工务处在职位设置上首次出现工程助理、建筑助理和测绘助理的划分。1912年，工务处设立建筑股（Architectural Branch），专门负责建筑设计的相关事务。到1920年，工部局工务处首次出现了专职的"建筑师"，特纳是工部局第一位担任建筑师职位的人，他以助理建筑师身份设计工部局大楼。根据历年《上海市行名簿》（*The North China Desk Hong List*）显示，特纳于1905—1925年间，在工部局工务处工作。[3]

特纳（Turner Robert Charles），上海公共租界工部局建筑师，英国约克郡人，硕士。英国巴那堡中学毕业。在他在工部局工作的20年里，主要作品有：工部局大楼（1914—1921年），男子公学，汉璧礼男子公学，育才公学，聂中丞华童公学（今上海市市东中学），绝大多数的巡捕房、救火站、医院、诊所、法式运动俱乐部、海防

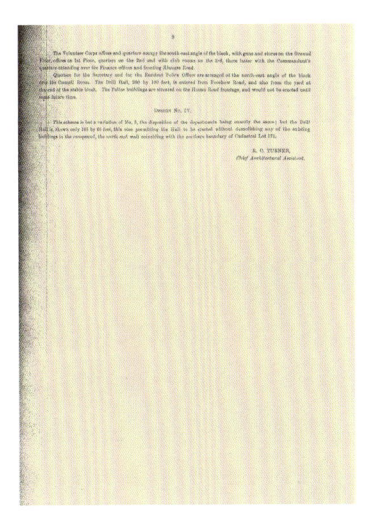

图1-17，1913年报告中特纳的署名

---

[1] 《工部局董事会会议录》第17册，第666页。
[2] *Shanghai Municipal Council Report of The Municipal Buildings Committee*（1912年），上海市档案馆档案，档案号：U1-1-169。
[3] 据*The North China Desk Hong List*（1904—1926年）中数据整理而得。

图1-18，上海公共租界工部局总办处工程师与工作人员合影

路等。①

1913年5月14日，工部局董事会在经过讨论后，一致同意委员会（工务委员会）的意见：工务处对拟建的大楼要着手绘制设计图纸。② 工部局工务处助理建筑师特纳于1913年6月完成了工部局大楼的平面设计，8月份完成主要的立面设计并于9月将其全部提交董事会讨论。董事会研究后认为，由主建筑师

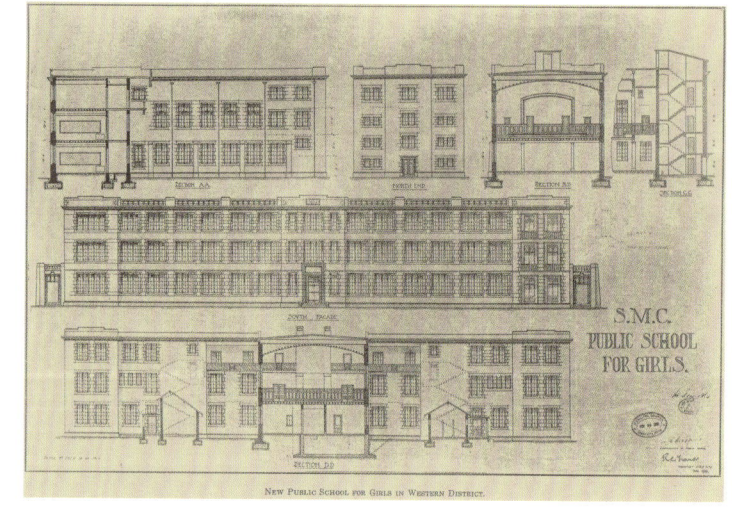

图1-19，特纳设计的工部局西童女子学校

---

① CARROLL LUNT, *The China Who's Who 1927 (FOREIGN)*, UNION PRINGTING & SERVICE AGENCY, 1927, p.260.
② 《工部局董事会会议录》第18册,第662页。

携带图纸到伦敦交给英国皇家建筑学院院长审阅,征求意见,并在伦敦绘制面对汉口路和江西路一隅的透视图。①

图1-20,工部局大楼立面设计图

1913年底,工部局收到了英国皇家建筑师学会主席的相关意见,②对工部局的设计表示满意,但认为工部局大楼是市政建筑,应用传统的石材作为主要的建筑材料,不宜追求时尚而显得轻浮,布隆菲尔德在他的报告中极力主张"该大楼主立面使用花岗岩。出于这一点,他建议在某些细节上做一些细微的改动。鉴于费用昂贵和花岗岩不能如期交货,因此这么大的高楼使用花岗岩是不可行的"③。

1917年10月,特纳申请9个月的全薪假,工部局工务处工程师在答复代理总办的查询时认为:特纳先生目前以半官方的身份访问英国将会使悬而未决的新总办公大楼建筑合同加速达成协议,他还认为,如果特纳先生能有机会视察一下英国公用建筑电气照明和电线安装,并让英国国内专家起草安装电线规格书,这将是大有益处的。因此,将特纳访问英国的假期从通常的6个月的全薪假延长到9个月完全有足够理由。④

---

① Annual Report of The Shanghai Municipal Council《上海公共租界工部局年报》(1913年),上海市档案馆档案,档案号:U1-1-843。
② 英国皇家建筑师学会(Royal Institute of British Architects,简称RIBA)于1834年以英国建筑师学会的名称成立,1837年取得英皇家学会资格。它的宗旨是:开展学术讨论,提高建筑设计水平,保障建筑师的职业标准。
③ Annual Report of The Shanghai Municipal Council《上海公共租界工部局年报》(1913年),上海市档案馆档案,档案号:U1-1-843。
④《工部局董事会会议录》第20册,第652页。

在工部局大楼启用仪式上，工部局总董致辞，特别提到工部局建筑师特纳：

> 现在，女士们和先生们，谢谢你们耐心地听我的演讲，最后我决定邀请你们一起举杯，祝贺这些为市政管理继续繁荣作出贡献的绅士们，他们是已故专员戈弗雷先生……工部局建筑师特纳先生，这些先生们认真负责执行了纳税人的指令，在上海建造了一幢杰出的行政办公大楼。①

1925年，工部局建筑师特纳离职。

特纳一生的黄金时期都在上海度过，他于1916年12月16日在上海结婚。据《字林西报》记载：

> 星期六，一场非常安静的婚礼在大教堂举行，婚礼双方是工部局工务处建筑师特纳和温莎的普尔女士。因为家庭有亲人去世，这场仪式仅是私人性质。②

图1-21，1916年12月16日《字林西报》刊登特纳结婚的消息

根据1940年出版的《字林报行名簿》记载，特纳还是上海合唱团（Shanghai Choral Society）的主要成员。

1950年6月，特纳因病在英国去世。消息传来，《字林西报》对此刊发了讣告，以纪念这位为上海城市建设作出过贡献的建筑师：

> 消息传来，特纳先生在心脏病发两天后于6月底在英国家中病逝。

"R.C."或者"鲍勃"，他的密友如此称呼他，是前上海工部局多年的建筑师。

---

① *Annual Report of The Shanghai Municipal Council*《上海公共租界工部局年报》(1922年)，上海市档案馆档案，档案号：U1-1-935。
② *The North-China Herald*，1916，p.607。

工部局决定建造这座屹立于汉口路和江西路交叉口的大楼时,邀请了英国多位卓越的建筑师。特纳询问自己是否可以提交方案并得到许可。方案寄往英国并得到了方案评选专家组的认可。

几年前,他退休回到英国,仍旧思念上海,希望从来没有离开过。

特纳爱好园艺和音乐,尤爱水仙花。他将稀有的水仙品种从荷兰引进,种在自己位于海防路的花园里,并将分枝送给朋友,遍布上海的许多花园、领事馆以及"公司"都应感谢特纳,他的花给很多人带来无限欢乐。

音乐方面,每年冬天,他会定期组织聚会,喜爱四重唱和小曲的朋友会应邀而来。他引进数百首歌曲拷贝,在红色标签(一张张音乐名单,像书一样,看上去像财产标记)上贴上自己的姓名。1942年的上海,就有他的这些版本,大部分都流入日本集中营,成为许多音乐会的支柱。

了解他的人,都十分喜爱他,并沉痛悼念他的逝世。他的墓碑或许可以镌刻这样的墓志铭:"水仙特纳",因为他正是以此之名被许多人认识并喜爱。然而不会有墓碑,因为没有坟墓。他将遗体捐献给了医院,这是他的遗愿。[1]

特纳因设计工部局大楼而声名鹊起,他设计的这幢大楼,成为上海重要的历史建筑,见证了上海近代百年的风云激荡与沧桑巨变。

第三节

营造工部局大楼的公司

根据上海市档案馆档案U1-1-927记载,工部局大楼所在地地基的拆除工作于1914年上半年完成,并在同年结束了新建筑的地基挖掘工作。1914年10月,工部局收到了多份承建工部局大楼的投标书,最后由裕昌泰营造厂中标。

---

[1] *Obituary Mr. R. C. Turner*. The North-China Daily News. 1950.11.05.

说到裕昌泰营造厂，就要提到一位营造商——谢秉衡。

谢秉衡（1885—1966），浦东南桥镇南胡家弄人。出身贫苦，曾在私塾读过4年书，因贫困13岁离家，到上海舅父处学木工。谢秉衡曾在姚新记营造厂当看工，参加外白渡桥、二白渡桥、德律风电话公司等工程施工，学习掌握了当时刚引入上海的钢筋混凝土施工技术，而且自学能力强，不断学习英文，能阅读原版英文技术书，可用英语与外国人沟通，与工部局主管建筑的哈伯建立了密切关系。

1910年，谢秉衡因与姚锡舟有矛盾，离开姚新记营造厂，与张裕田、乐俊堂合伙创办裕昌泰营造厂。

图1-22，1914年3月22日《申报》报道"纳捐西人常年大会记"

图1-23，谢秉衡

裕昌泰成立后的第一项工程是工部局大楼。工程招标竞争非常激烈，凭借着张裕田的经济实力、谢秉衡与哈伯的特殊关系，及采用最先进的混凝土外墙装饰替代石料外墙装饰的新思路，可以大大降低工程费用，使裕昌泰报价最低，并一举中标。①一个华商营造厂能承揽公共租界工部局大楼，裕昌泰名声随之大振。1913年至1916年，裕昌泰接连承接麦边洋行、有利银行和怡和洋行大楼的建筑工程，创造了华商营造厂前所未有的辉煌。

1914年10月，裕昌泰中标工部局大楼后，于10月21日签订了承建合同，工部局大楼建设工程由此开始。首先开始的是地基挖掘工作，自1914年10月至1915年初便全部完工，水管、煤气管、电话线、电力线缆等管道和线路全部加工成混凝土管

图1-24，时任工部局工务处处长哈伯（C. Harpur）

---

① 娄承浩、薛顺生著：《上海百年建筑师和营造师》，同济大学出版社2011年版，第209—210页。

第一章
工部局新大楼的筹建

图1-25，工部局大楼建设工地1

图1-26，工部局大楼建设工地2

道铺设完毕，待大楼建成，这些基础设施便能到达建筑的每个角落。①

1915年，由于董事会计划大楼以花岗石装饰，裕昌泰修改了投标价格，"即为底层和所有的柱子铺以花岗石，要价白银13.5万两，整个楼房要价26万两"②。董事会接受底层和所有柱子的投标报价，并把整个问题留交即将召开的纳税人大会上的总董发言作参考，该方案在纳税人年会第四项决议案中获得通过。③

万国商团操练厅的建设，是单独进行招标的。1914年5月20日，万国商团司令官向工部局董事会递交了两份有关建筑钢结构操练厅的计划和报告。在关于此建筑的平面图呈报上来时，军官们对此事的意见都将予以考虑。特别值得注意的是，此厅的长度减少了20英尺，并未遭到反对。工部局董事会会议批准对此钢结构建筑进行投标。④

图1-27，1915年2月11日《大陆报》刊登的裕昌泰中标新闻

---

① *Annual Report of The Shanghai Municipal Council*（1922年）．上海市档案馆档案，档案号：U1-1-935。
② 《工部局董事会会议录》第19册，第581页。
③ 《工部局董事会会议录》第19册，第591页
④ 《工部局董事会会议录》第19册，第541页。

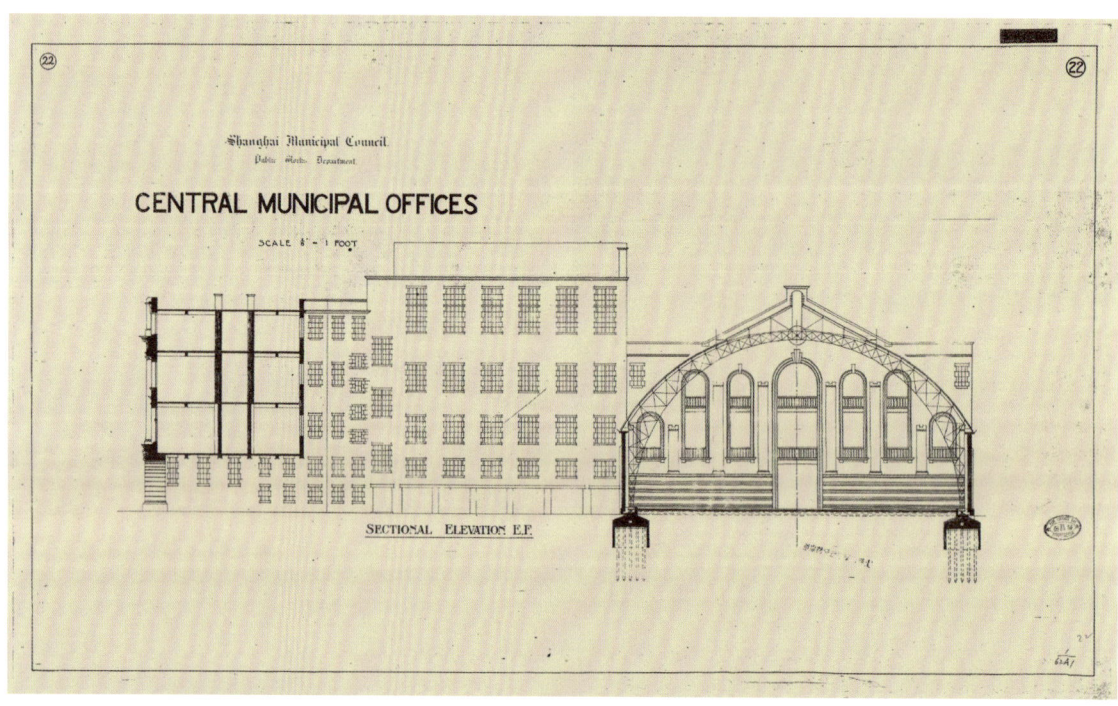

图1-28,操练厅剖面图及主楼背立面图

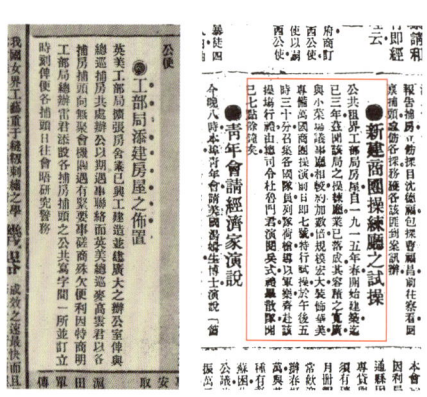

图1-29,1914年3月30日《申报》报道"工部局添建房屋之布置"

图1-30,1918年1月9日《时报》报道"新建商团操练厅之试操"

10月21日《工部局董事会会议录》记载,工部局工务处第183号招标通告,共收到7份意欲承建操练厅钢结构屋顶的投标书,其中投标价最低者为阖辟洋行,索价4 800镑,在11个月内交货。此项投标被批准接受。[①]但紧接着10月28日,阖辟洋行伦敦办事处发电报给工部局董事会,称该公司对工务处第183号招标通告投标时,由于错误,比应有数字少算720镑。工程师便函建议该公司应按照其投标书行事;但由于数额巨大,董事会认为在此种情况下,上述办法很难行得通。于是以电话询问清楚下一个最低的投标者耶松老船坞,其投标价白银5万两,现尚可进行交易,因此决定接受该船坞之投标,并通知阖辟洋行,其投标

---

① 《工部局董事会会议录》第19册,第562页。

不具备条件。[1]是年12月底，操练厅开始动工兴建，主要构架于1915年春天搭建完毕。[2]

耶松船厂，于1864年9月由英国人佛南（S. C. Farnham）在上海虹口创立，资本额10万两。最初它是一个从事图样设计的建筑公司，于1865年转变成专业的船坞公司。由于有诸多英国资本加入，至19世纪70年代，船厂已成为一家英资企业。公司资本雄厚，规模巨大，拥有祥生厂船坞、老船坞、引翔港船坞、和丰厂船坞、董家渡船坞、柯立尔船坞和东方船坞等七个大船坞，一个机器制造厂及仓库码头等各种附属设施，可修理3 000吨以上的大轮船。公司垄断了上海港的船舶修造业。清光绪三十二年（1906年），公司整顿财务，重新注册，改名为上海耶松有限公司（Shanghai Dock and Engineering Company, Ltd.）。[3]

图1-31，20世纪初耶松造船厂内景图

第四节

第一次世界大战带来的影响

一、一战期间建设持续进行

20世纪初期，上海积极应用国际上的新材料和新结构技术，从而成功突破了传统建筑技术的一些局限。例如"钢筋混凝土框架结构解决了高层建筑主体结构的技术问题，而混凝土筏形基础则解决了上海由于地下土质不好而造成的不均匀沉降这一关键

---

[1] 《工部局董事会会议录》第19册，第563页。
[2] Annual Report of The Shanghai Municipal Council (1914年)，上海市档案馆档案，档案号：U1-1-927。
[3] 王培：《晚清企业纪事》，中国文史出版社1997年版，第313—314页。

的基础问题"①。工部局大楼建造时便采用了这些当时最先进的建筑技术,主体结构为钢筋混凝土框架结构,地下基础全部为钢筋混凝土筏形基础。

就在工部局完成承建工部局大楼招投标的这一年,即1914年8月,第一次世界大战爆发。英、法等国忙于战争,无暇东顾,中国的民族工商业迎来了发展时机,上海的经济,特别是出口贸易增长迅速。工部局大楼的施工建设在1915年和1916年间稳步进行。

图1-32,1915—1916年间大楼的建造情况

1915年间,工部局大楼施工进展迅速,开工仅一年多时间,大楼的墙体、花岗岩外立面已建至二层,即达到高出地面17英尺6英寸的高度。工人们完成了二层部分约五分之三的钢筋混凝土结构工程。操练厅用于支持固定的钢架结构已经全部建造完毕,其周边墙体也砌至屋檐下一半的高度。②

1916年间,工部局大楼建设继续推进:

花岗岩外立面已砌至柱顶部;混凝土浇筑的三层楼面已全部完成,第四层也只剩一半左右;操练厅已经封顶,只有南端墙体还没有建,等待后面与毗连的大楼外墙统一建造。是年6月,工部局收到了从伦敦寄来的整个工部局大楼低压热水供暖系统的初步方案,由伦敦著名供暖工程师诺布斯(W. W. Nobbs)完成。他曾为伦敦市市政厅等重要建筑做过相关设计。工部局还提前在英国、美国和上海刊登了承建供暖工程的招投标广告,并承诺,一旦从英国方面收到进一步的设计方案和资料,将尽快提供给投标者们。③

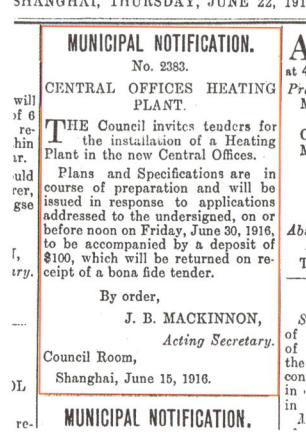

图1-33,1916年6月22日《工部局公报》刊登的工部局加热系统招标公告

---

① 伍江:《上海百年建筑史:1840—1949》,同济大学出版社1997年版,第108页。
② Annual Report of The Shanghai Municipal Council(1915年)。上海市档案馆档案,档案号:U1-1-928。
③ Annual Report of The Shanghai Municipal Council(1916年)。上海市档案馆档案,档案号:U1-1-929。

二、战争带来的影响：工程延缓

工部局大楼从设计、施工到用材用料都十分考究。工部局董事会选用当时国际上非常先进的建筑结构配件，如钢窗、管道等，皆从英国定购。虽然上海远离第一次世界大战主战场的硝烟，但由于英国是参战国，其工业和建材制造业等已处于战时状态，从国外定购的货物很难保证按时发出。在工部局主体建筑已接近完工的同时，从国外定购的内部装修材料延期，加之航运困难，使得工程后期施工进度放缓。

首先是钢窗。1917年初向英国定购的钢窗，至1917年底还未到货，工部局总办认为，"如果钢窗框推迟到货，难免使全部内部装修工程不定期推迟；他认为预定钢窗框的时间应比现在的时间更早一些"[1]。另一方面，一战的厮杀使得英国开始广泛征兵，为工部局大楼设计采暖系统的伦敦工程师诺布斯，就被英国海军部征用到英国各地的机场提供供暖服务。[2] 这一变故，使工部局直至1918年底仍未收到英国方面的最终供暖设计方案，导致工程大大延期。因为供暖系统若不安装完毕，则地板的铺设乃至内部其他装修都不能顺利进行。

图1-34，1914年2月17日《字林西报》第10版中关于工部局大楼建设的新闻

虽然大楼的施工受到各种影响，但工程并未停止。1917年间，裕昌泰顺利完成了工部局大楼承重墙和屋顶的收尾工作，操练厅也基本完成。[3]

通过1917年和1918年工部局年报中有关工部局大楼建设的图片，我们可以明显看到工程的进展。

1918年11月，第一次世界大战结束，英法等国恢复

图1-35，上海公共租界工部局总办（R. J. Jhorbwru）

---

[1]《工部局董事会会议录》第20册，第626页。
[2] Annual Report of The Shanghai Municipal Council（1919年），上海市档案馆档案，档案号：U1-1-932。
[3] Annual Report of The Shanghai Municipal Council（1917年），上海市档案馆档案，档案号：U-1-1930。

图1-36,建造中的工部局大楼(1918年)

对上海的贸易和政治活动,工部局大楼建设也逐步恢复正常。

1919年2月,工部局收到从英国发来的供暖设计方案及详细说明。同年,承建供暖系统的合同也已签订,各零部件设备也大都从厂家发货。但到年底时,所需管道尚未到货。此时上海市内尚有大量管道存货,有人建议用其代替使用。为谨慎起见,工部局将这些管道的规格、品质等方面的详细资料寄给工程师诺布斯,询问他是否可行。诺布斯回答不可以。他认为,上海现存的管道是一种质量轻于英国载水标准的管道,而且方案所要求的管道在重量和质量方面应有特殊防护处理,所以他并不是故意要拒绝,而是觉得使用那种历来都用在像工部局大楼这种等级的永久性建筑上的高品质的管道,会更加合适,并将令人满意。①

1919年,工部局还对原方案作了另外的改动。将其原汉口路、江西路沿街立面上四层处设计的栏杆去除,并采取与福州路部分一致的建筑设计方式进行,使建筑面积直接增加了3 360平方英尺(约312.1平方米)。②

三、塔楼的取消

在特纳1913年完成的工部局大楼透视图中,可以清晰地看到塔楼的设计。

1914年2月25日,工部局董事会讨论认为"分发给纳税人会议的图纸上呈现的塔楼,公众普遍有些评论。董事会回忆董事们初次审查图纸时,曾认为塔楼是不必要的,但经过深思熟虑,却对其越益欣赏。爱士拉先生提到了董事会6月5日所发表的会议记录,声称是否纳税人可以在年会上讨论此项建筑的设计。董事会指示,对塔楼顶

---

① 上海公共租界工部局工务处有关工部局大楼改建事项的文件(1918—1943),上海市档案馆档案,档案号:U1-14-1931。
② Annual Report of The Shanghai Municipal Council (1918年),上海市档案馆档案,档案号:U1-1-931。

端的修改设计图纸应尽快呈报，以便对此问题作进一步考虑。"①

3月4日，董事们讨论新的设计，一致认为"经过布洛姆菲尔德先生修改过的原始设计图样更为可取。一张从更近地点观察塔楼的放大图纸已呈报，此图更逼真地显示将来在租界内塔楼的面貌。董事会提出将此图用石印印刷，分发给纳税人会议"②。

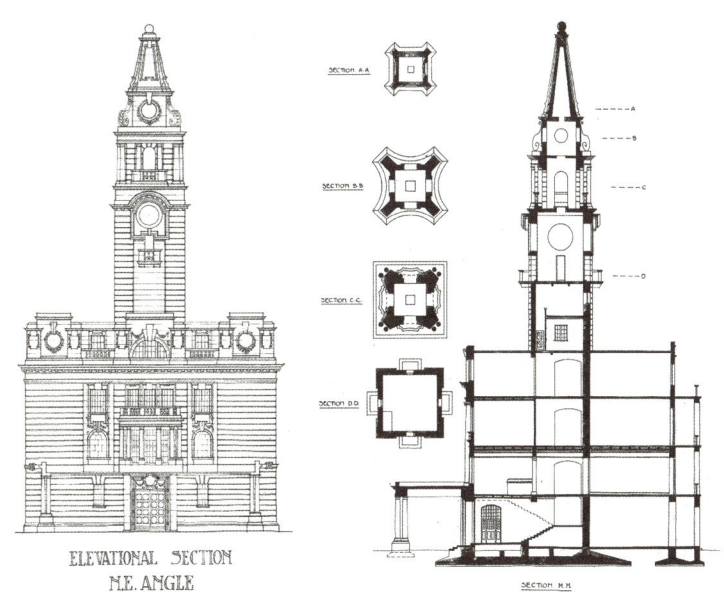

图1-37，塔楼设计图1　　　图1-38，塔楼设计图2

直到1919年，关于塔楼的建设与否并没有明确的答案。当年10月29日的工部局董事会上，董事们仍然认为原来设计的塔楼是否要保持还是加以修改或不用，要从各个方面来考量，以此再作出明确结论。③ 11月19日，特纳把关于塔楼的远景规划报告交给工务委员会研究。④ 11月26日，工部局董事会再次讨论塔楼问题，在美里门先生详述了工务委员会的观点后，总董回忆起讨论这一问题是有其起因的，那就是希望减少任何不必要的支出，力求节省办公大楼的建设费用。但从委员会的会议记录来看，由于工程最花钱的那部分已经完成，即使取消一个塔楼也节省不了多少钱。如帮办所指出的那样，根据戈弗雷先生的建议，填充黄沙以解决地基沉降，虽花了大量钱财，但别人却一点也看不出来。史密斯及多拉尔两位先生同意工务委员会的意见，没有塔楼看起来会更好些。另一方面，拉姆及麦克利两位先生认为如果不造塔楼，至少需要另外造一些东西来代替塔楼，以便使江西路汉口路转角处工部局会议厅及委员会会议室的主要入口处不致显得太单调。总董非常赞成保留塔楼，他提醒董事们注意这一事实，他已和布洛姆菲尔德先生谈过大楼计划，对方特别强调把塔楼作为大楼的一个重要特征。另外，由于计划是由

① 《工部局董事会会议录》第19册，第527页。
② 《工部局董事会会议录》第19册，第528页。
③ 《工部局董事会会议录》第20册，第790页。
④ 《工部局董事会会议录》第20册，第792页。

纳税人大会通过的,如果董事们同意取消这一塔楼,则此事有必要向纳税人大会提出。董事们最后决定暂缓作出决议,以待总董及美里门先生有机会与工务处长及建筑工程师视察塔楼工地,听取他们对这一问题的意见后再说。①

在12月3日的董事会上,总董告知董事们,上星期五他与工务处长、建筑工程师以及美里门先生一起去看了新大楼,当时建筑工程师指出在江西路汉口路转角上特别设计了一座塔楼,如果没有这一塔楼,那么这个设计就会显得很异样。总董在谈到他自己的看法时声称,该大楼看上去是蹲伏式的,如果不造塔楼估计省下来的费用只有12 000两白银,而如果以后再造的话,费用大概就要加倍。在这种情况下,董事们最后同意按原计划批准建造塔楼。②

然而,上海的地基沉降还是出现了问题。正如前文所讲到,虽然20世纪初期的上海建筑,因对国际上新材料和新结构的积极应用,而成功突破了传统建筑技术的种种局限,如"钢筋混凝土框架结构解决了高层建筑主体结构的技术问题,而混凝土筏形基础则解决了上海由于地下土质不好而造成的不均匀沉降这一关键的基础问题"。在1918年的市政大厦章程中提到:"The pressure of the foundations on the natural ground shall not exceed 1,700 lbs. per square foot",③即置于天然地基上的基础荷载不应超过每平方英尺1 700磅。而此时主体结构已经接近完工的工部局大楼,其重要部位的基础荷载均为每平方英尺1 600磅,并没有明显的沉降记录,故这一荷载标准受到了认可,并作为可以信赖的安全系数用于建筑的各个部位。但工务处在1919年间通过系统性地观测,发现这一系数定得过高,工部局大楼的地基已经出现了1英尺的沉降,并且沉降不是均匀发生。在拟建塔楼的部位,其基础荷

图1-39,工部局大楼局部

---

① 《工部局董事会会议录》第20册,第795页。
② 《工部局董事会会议录》第20册,第797页。
③ WORKS MATTERS (工务处报告),Annual Report of The Shanghai Municipal Council《上海公共租界工部局年报》(1919年)。

载仅为每平方英尺1 200磅,却下沉了18英寸。检测发现,地基这一部位的基础完好无损,但在持续下沉,直到1919年2月用打柱的方式对筏基进行加固,才控制住沉降问题。

所以将来能否在不出现任何沉降的情况下,将塔楼建设起来,是当时迫切需要解决的问题。工务处认为,要在这一问题上得出结论并不困难,只需在一层平面施加能产生和塔楼荷载等同重量的沙子即可。实验结果表明,这一部位很快出现0.5英寸的下沉。故塔楼的建设计划最终取消了。

塔楼取消的过程和论证在1919年工部局年报中有详细记载,兹将原文及文译摘录如下:

> The erection of this building has brought to light certain anomalies in the low-bearing capacity of the Shanghai subsoil. The Municipal Building Rules 1918 state that, "The pressure of the foundations on the natural ground shall not exceed 1,700 lbs. per square foot." Heretofore the foundation loads of all important Municipal Buildings have been distributed at 1,600 lbs. per square foot, without any appreciable settlement being recorded, and hence such load has been accepted as forming a safe empirical factor which could be relied upon, and was followed in connexion with this building. Careful and systematic observation has now shewn that such a factor is in some cases much too high, and in this building has resulted in a settlement of over a foot. This settlement, however, has not been uniform, and a subsidence of 18 inches has actually occurred under the foundations of the proposed tower where the load as existing is only 1,200 lbs. per square foot. These foundations consist of a raft of reinforced concrete 86 feet × 64 feet. This raft is perfectly intact, but steady settlement continued until February 1919, when piles were driven through the raft slab and thus arrested the trouble. It is very obvious that the subsoil at this part of the site must be of an unusually yielding nature, and it became a matter of serious consideration whether the tower could be erected without further subsidence occurring. To arrive at a conclusion on this point it was only necessary to load the ground floor with a quantity of sand equal in weight

to the load of the tower: this was done, when a further settlement of half an inch soon became apparent and the load was removed. It is thus evident that the subsoil in some localities will not bear a pressure of 1,600 lbs. per square foot or even anything approaching that figure. The problem is not one of foundation strength but of subsoil compressibility at indefinite depths from the surface.

The delay in the progress of this building owing to war and other conditions has not been an unmixed evil: had work proceeded more rapidly and the heating, wiring, sanitary appliances and partition work been executed as originally designed for the residential portions of the building, much expense would have been incurred which is now unnecessary, and the ultimate conversion into offices, with all the attendant cost, waste and inconvenience, has been avoided.[1]

译成中文为：

该建筑物的建成，揭示了上海底土低承载力存在一些异常现象。市政建筑规则1918年声称：置于天然地基上的基础荷载不应超过每平方英尺1 700磅。到目前为止，所有重要的市政建筑的基础荷载都被分配在1 600磅每平方英尺，没有任何明显的沉降记录，因此这种负荷被认为是可以信赖的安全的经验因素，并在与这座建筑物的联系中被遵循。经仔细和有系统地观察，目前表明，这种因素在某些情况下太高了，在这幢建筑物中造成了超过一英尺的沉降。然而，这种沉降并不是均匀的，在拟议的塔楼地基下，实际上已经发生了18英寸的下沉，现有的荷载只有1 200磅每平方英尺。这些地基由一排86英尺×64英尺的钢筋混凝土组成。这排混凝土非常完整，但稳定的沉降一直持续到1919年2月，直到用打桩的方式对筏基进行加固，才控制住沉降问题。很明显，这一地区的底土一定具有不同寻常的柔软性质，这座塔能否在不发生进一步沉降的情况下建立起来，已成为一个严肃的问题。要得出这一结论，只需要在底板上装载与塔的重量相等的沙子：这样之后，很快又发生了半英寸的沉降，负荷被移除。因此，很明显，一些区域的

---

[1] WORKS MATTERS（工务处报告），*Annual Report of The Shanghai Municipal Council*《上海公共租界工部局年报》(1919年)。

地下土壤承受不了每平方英尺1 600磅的压力，甚至任何接近这个数字的压力。问题不在于地基强度，而在于地基土在离地表不确定深度时的受压强度。

由于战争和其他条件，这幢建筑进展的延迟并不是一件坏事：如果工作进展得快一些，取暖、布线、卫生设备和分区的工作按照最初设计的住宅部分的建筑来执行，那么，很多为改造办公室而产生的成本、花费和不便等不必要的费用，便可避免了。

四、电气处办公室风波

上海电力事业始于1882年，只比世界上最先使用弧光灯的法国巴黎火车站晚7年。1893年工部局买下新申电气公司并设立电气处，开始建设公共租界的电力事业，供电范围从马路与住户照明扩展到机器、电车、电梯动力、电热、家用电器、电炊的供电，1913年杨树浦江边电站建成，1923年杨树浦电厂设备容量达12.1万千瓦，成为远东最大的火力发电厂。

电气处设立后，所有公共租界的电力事业归其经营和管理，是工部局具有一定经营权的企业。但电气处本身的业务与财会又受工部局工务委员会及财务委员会管理，电气处每年须向该两委员会递交工作报告。

工部局由电气处直接管理公共租界电气事业的体制，有利有弊。其优点是工部局可直接从中获得资金，1913年前后，工部局每年从电气处得到2.6万两白银的

图1-40，工部局提供电力供给上海居民区厨房用电

收益。但另一方面这种体制在管理上缺乏足够的灵活性，纳税人会通过工部局对电气事业有干预权，对电气处在布线和出售器材等方面的决议普遍表示反对，束缚了电气事业的发展。电气处成立之初，电力的唯一用途是照明，用户需求不多，问题尚不太明显，但随着各种用途的电力需求不断增大，这种体制限制了电气处的业务，为此电

气处建立后不久，就有人提出了改制问题。

1927年汉口和九江的英租界先后被中国政府收回，工部局对政治形势产生了忧虑，认为公共租界的地位也将不稳，担心电力等与上海工商业发展关系密切的基础工业一旦落入中国人之手，必将会损害外商的利益，因此再次开始考虑出售电气处之事。消息传出，上海市政府和市民极为震动，纷纷表示反对，主张收归市有，由中国政府管理。英美财团听到此消息后纷纷来沪准备购买。1929年3月6日，工部局董事会不顾上海市民的反对，决定组成委员会承办此事，并开始对外招标。3月19日，英美日三国财团投标，最高收购价为银8 100万两。3月26日，董事会通过出售决议。4月4日，董事会为电气处今后仍在工部局控制下继续发展业务起见又提出电厂1930—1940年扩建计划交纳税人会讨论。4月17日，纳税人召开年会，通过了美籍总董费信惇出售电气处的建议，并批准接受美国依巴斯公司所属的美国和国外电力公司3月19日的竞标。

1929年5月，美国依巴斯公司在美国特拉华州注册成立美商上海电力公司，8月8日与工部局签订了专营契约，取得原电气处的全部资产和公共租界、越界筑路区域的电力经营权，期限40年。此外规定8 100万两的价款分两部分偿付，一是偿付电气处自1909年至1928年间发行的债券（其本金到1933年12月31日止，约银3 635万两，后实付银4 367余万两），二是自1929年到1933年，每年付工部局银700—1 000万两不等的款项和5%的年息（至1933年底两者合计共支付银9 530余万两）。于是工部局电气处宣告结束。电厂则更名为上海电力公司，一直经营到1950年12月，方由上海市军事管制委员会接管。

由于电气处为局办企业性质，电气处负责人一直力图与工部局分开办公，以便于脱离工部局的管控，而工部局董事会则坚决不允许电气处与工部局分离办公。1917年11月16日，工部局董事会对美里门先生提出的"应该可能在新的总办公处为电气处准备办公室"的建议，感到满意。会议决定要求工程师就此事作出报告。[1]

1918年1月23日，由于工部局取消塔楼的建设，相应也取消了住宅层，因此需要重新考虑电气处办公室的分配。1918年1月23日工部局董事会上，美里门先生对此评论说，虽然董事们在1917年11月16日会议上指示工程师，应就在新的总办公楼内是

---

[1]《工部局董事会会议录》第20册，第657页。

否可以为电气处准备办公室作出报告,但迄今尚未收到任何报告以供董事们研究。他说,在此期间,他已对此问题作了进一步的考虑,并认为作出这样的安排不会有很大的困难,特别是如果省去了原来包括在计划中的住宅层。董事们对此表示同意,因此将要求工程师作出报告:若不包括住宅层,并对目前空房分配进行重新安排,在新楼里是否可能容纳电气处。[1]

在3月20日的工部局董事会上,工部局董事爱士拉先生说他已与工程师进行了非正式磋商,只要董事会在原则上批准。他相信,在新办公楼西南侧为该处提供办公场所不会有什么困难。该建议包括对分给卫生处的房间作较大的调整,对分给工务处的房间作较小的调整,而总办事处则要让出在总办处办公室楼上分给总办的宿舍。与此同时,工程师当于稍晚时候对此建议作详细报告,会议同意在原则上予以批准。[2]

但电气处的委员们并不同意工部局的解决方案,"该委员会某些委员表示决心要为电气处搞一幢单独的楼房,以达到他们尽可能想办法尽可能使该处离工部局远一些的目的"。为了阻止他们的这一行动,工部局董事会指示,通知该委员会,工部局已明确决定将该处安置在新的中区办公大楼里,因此,需要进一步考虑的问题不是何处最为合适的问题,而是该处有什么要求的问题。为能使此问题得到解决,将要求该委员会秘书逐室做表统计目前所需之物品与分配给每一位雇员的位置,并附带说明将来可能的需要。[3]

但事情并未解决,工部局电气处的总工程师兼总经理明确声称:不管怎么样,他不打算将电气处设在新的总办公处。[4]在1919年2月26日的董事会上,美里门先生敦促董事们采取坚定态度,一定要将电气处设在总办公处。其他董事均表示同意。会议指示:应尽早让总工程师兼经理知悉重新安排的计划,其中表明可供电气处使用的办公场所。这样他们便可考虑在使用房屋时所必须安装的特殊设施。[5]

为了解决电气处办公场所的问题,工部局其他处室表现出了一些宽让,对此,董事会表示"对几位有关部门的主管在同意将办公室重新安排时行动迅速表示赞扬,并予以记录在案。还对代理工程师及建筑师表示感谢,他们促使计划成功,不仅有可能

---

[1] 《工部局董事会会议录》第20册,第669页。
[2] 《工部局董事会会议录》第20册,第679页。
[3] 《工部局董事会会议录》第20册,第688页。
[4] 《工部局董事会会议录》第20册,第739页。
[5] 《工部局董事会会议录》第20册,第739—740页。

图1-41,汉口路、江西路处工部局大楼

为电气处提供宽敞的办公场所,并且为捕房办事处预作了某些安排"[1]。

1919年5月,电气委员会与工务委员会的委员以及工程师视察总办公处大楼及汉口路沿街底层及一楼上的场所。电气委员会看到计划中的面积比电气委员会争取的小得多,表示不满。对此,工部局董事会特别是史密斯先生明确表示,董事会应制止电气处再为新总办公处大楼内设施问题进行争辩,对此事应采取坚定的立场通知电气委员会,电气处应在哪里安排何种设施,而且代理工程师已接获指示采取一切可能的措施以满足该处有关分配面积等方面的特殊需要,使其得到最佳利用。董事们对此表示同意,并相应对总办作出指示。[2]至此,电气处的办公室风波解决。

---

[1]《工部局董事会会议录》第20册,第741页。
[2]《工部局董事会会议录》第20册,第754页。

第二章
工部局新大楼的启用

到了20世纪20年代，上海逐渐步入发展的黄金时期。工部局各处室在新落成的大楼办公，保证公共租界的有效运转，对城市实施有效管理。该大楼整体架构大气磅礴，外形庄重，也成为世界都市中知名的"市政大楼"，吸引了众多名人来访。这些名人的到访，连同发生在近代上海公共租界的种种事件，相互联系，极大丰富了近代上海城市的文化内涵。

图2-1，上海工部局大楼，选自 *Far Eastern Commercial and Industrial Activity*

从工部局大楼到上海市人民政府大厦
——一幢大楼与一座城市的变迁

第一节

举行"开幕"仪式

工部局新大楼建成后,迅速成为上海城市的地标,不少外文报刊曾刊登工部局新大楼的图片。随后,工部局为新大楼举行隆重的落成典礼,典礼本身就颇具象征意义。

在大楼正式投入使用前,工部局已有部分机构搬入大楼办公,租界的主要媒体对该大楼做过一系列报道。1921年7月1日《时报》转引《大陆报》的报道:

> 大陆报云,工部局各科,除商团与其他零星事务所外,均已移入新屋。大约七月下旬,全屋可以告竣。各秘书处总事务处与会议厅,均设中部第一层,大门在江西路。各税务处在最下一层。工程处已自黄浦滩移至新屋北部,大门在汉口路。财政处与储蓄银行设往河南汉口二路角之新屋内。至于商团事务所,将设在福州路口一面之屋,与总捕房接近。再近江西路一部分之屋,将留待电气处移入云。①

图2-2,初建成的工部局大楼

在当天的《新闻报》上,还刊登了工部局各处室的出入口:文牍处总办事处及董事室,均在中央第一层楼上,由江西路出入。工程处由北首三马路出入。支银处与储蓄银行,由棋盘街三马路交界处出入。商团办公处,尚未迁入,电气处由四马路出入,迁居已将半年矣。②

---

① 《工部局新屋之内容》,《时报》1921年7月1日,第3版。
② 《工部局新屋落成》,《新闻报》1921年7月1日,第13版。

· 68 ·

第二章 工部局新大楼的启用

到1922年，工部局举行了一系列活动，为大楼即将举行的典礼"预热"。1922年10月5日晚上，在礼查旅馆，工部局"设宴款待华顾问五员，由总董西姆士氏发言表示欢迎之意并奉觞祝寿。旋由华顾问主任谢君答谢如仪，陪宴者有工部局各科主任。星期二日华顾问将由总董等导观工部局新屋及各办事部"①。工部局宴请华顾问，并组织参观新大楼。

《申报》等中外报刊也发布了相关消息。《申报》记载：工部局新屋将正式开幕，"工部局新屋定于十一月间正式开幕，将在公报登报，邀请纳捐人及本埠各报记者并专请领事团法公董局人员及华员参观"②。

图2-3，1922年10月6日《申报》报道"工部局宴请华顾问"

10月18日，工部局召开会议，决定11月间正式开放行政大楼。其时，董事会将于每天下午4时至6时在"工部局办公室"及各"委员会办公室"接待来访者。具体事宜将由总办安排，届时还将在工部局公报登报发布对纳税人的邀请，并特别邀请领事团、法租界当局以及中国官员。还要准备有关大楼的历史及耗资等方面的资料，因为到时总董在"接待时间"内的演说里将会介绍这方面的情况。③

10月26日《申报》预告工部局新屋将开幕："工部局新屋定于十一月间正式开幕，将在公报登报，邀请纳捐人及本埠各报记者并专请领事团法公董局人员及华员参观。"④

11月9日，《申报》再次发布公告，工部局新屋定期行落成礼："公共租界工部局新屋择于本月十六日星期四举行正式落成礼，是日下午四时至五时半间，总董偕各议董在局中招待本埠纳税人，各部办公室亦于四时至五时间开放，任人入览。"⑤

图2-4，1922年10月26日《申报》报道"工部局新屋将正式开幕"

---

① 《工部局宴请华顾问》，《申报》1922年10月6日，第14版。
② 《工部局新屋将正式开幕》，《申报》1922年10月26日，第14版。
③ 《工部局董事会会议录》第22册，第595页。
④ 《工部局新屋将正式开幕》，《申报》1922年10月26日，第14版。
⑤ 《工部局新屋定期行落成礼》，《申报》1922年11月9日，第15版。

1922年11月16日，大楼投入使用。是日，《申报》对工部局举行新屋落成礼进行专题报道："工部局新屋落成定今日举行落成典礼等情，曾志昨报，连日各界赠送纪念品及致祝书祝贺者颇众，本埠各路商界总联合会昨日由委员会议决定制大银盾一座，上镌四字文曰'惠而好我'并派代表出席。"①

第二天的《申报》，更详细记载工部局举行新屋的落成礼：

图2-5，1922年11月16日《申报》报道"工部局今日举行新屋落成礼"

昨日（指1922年11月16日，此注）下午四时，公共租界工部局新屋举行落成礼，汉口路正门屋顶上竖有各国之旗，门前之扎以松柏之属，当四时前，中西来宾皆集于汉口大门前，旋由工部局总董西姆士H. G. Simms君持钥启门，导来宾至楼上董事议事室。华人方面到者如何丰林、沈宝昌、王赓廷、许沅、关絅之、徐冠南、聂云台、宋汉章、方椒伯等，室之四周陈有中国官厅所赠之匾额及其照片。何丰林匾颜曰"乐观厥成"，海军总司令杜锡珪匾颜曰"美轮美奂"，沈宝昌匾为"杰构连云"，徐国梁匾"规模宏远"，许沅匾为"大厦云祥"。此外尚有工巡捐局长许人俊所赠之匾题字与何丰林同。各来宾至董事议事室入座后，即由西姆士君演说（演辞见后）。继即摄影并设备茶点款待中西宾客，至五时始各尽欢而散。

彼时，工部局总董为西姆士（H. G. Simms，亦译西姆斯，或薛穆士）。在1922年《上海工部局年报》中，我们查阅到西姆士

图2-6，1922年11月17日《申报》报道"纪工部局新屋之落成礼"

---

① 《工部局今日举行新屋落成礼》，《申报》1922年11月16日，第13版。

的致辞中特别提到工部局的建筑师R. C. Turner（特纳），并对他在建造新楼中的贡献予以高度评价。①

然而，通读西姆士的致辞，更值得回味的是他屡屡提到的中外各界人士今日相聚，"实为吾沪国际和谐之明证"；公共租界管辖地方虽小，"实足为国际联盟良好之模范"。在新大楼的门口，竖立的是"各国之旗"。在工部局大楼里，还立有"工部局一战阵亡雇员"的纪念碑。

图2-7，时任工部局总董的西姆士（H. G. Simms）

图2-8，工部局一战阵亡雇员纪念碑

借着新大楼的启用，工部局当局最想表达的就是它所代表的"国际性"。此后，工部局新大楼迅速成为上海公共租界管理中枢，工部局董事会会议室及一些重要机构均设在该大楼内。

图2-9，工部局徽章

---

① 在工部局大楼启用仪式上，工部局总董致辞，特别提到工部局建筑师R. C. Turner (特纳)："Now, ladies and gentlemen, after listening so patiently to me, I will conclude by asking you to drink prosperity to the Municipal Administration and would couple with the toast the names of Mr. C. H. Godfrey, late Commissioner, and ..., and Mr. R. C. Turner, Municipal architect（工部局工程师）, the gentlemen responsible for the carrying out of the ratepayers' instructions to build an Administration Building worthy of Shanghai."引自Annual Report of The Shanghai Municipal Council《上海公共租界工部局年报》(1922年)，上海市档案馆档案，档案号：U1-1-935。

第二节

建筑的营造与风格

1922年11月17日的《申报》，在工部局大楼正式启用的当日，较详细追述了工部局新建筑的营造过程：

> 原工部局建筑相当办公房屋之需要，尚发始于一九〇四年至一九一二年，始举定建筑特别委员征集图样规划一应兴筑事宜，遂由局内建筑家杜纳氏绘成详图多种，以最佳者送交。一九一三年春季之纳税人特别会议通过复议最后之图样，寄与伦敦英国建筑家领袖鉴定，用彼之议易图中原拟之人造石为花岗石，遂于一九一四年十月与裕昌泰订立承揽合同，开始建筑。会欧战发生，运华材料多有为潜艇所击沉，而所绘图样亦复屡次修改，工程于是进行甚缓。迨房屋外构大体造竣，面电气处迁入之议起，各部办公室又须重行分配内部，工程因是为其延缓计。自开造以至最后竣工之日，共历八年之久。①

图2-10，工部局大楼福州路外立面设计图

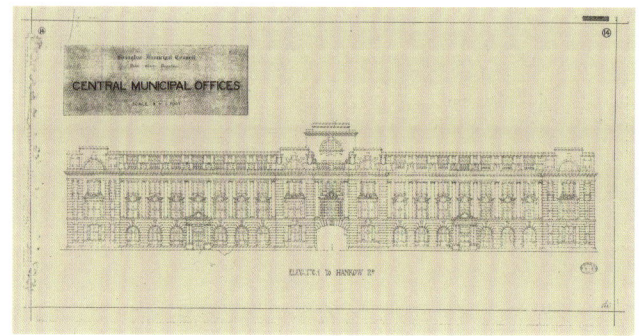

图2-11，工部局大楼汉口路外立面设计图

工部局新厦于1914年正式动工，但不久因爆发第一次世界大战，工程进展缓慢。战后又屡次修改设计方案，直至1922年11月才竣工，前后历时8年。

该建筑物沿马路呈周边式布置，形成一个内院。四周建造房屋，院内中央为停车

---

① 《纪工部局新屋之落成礼》，《申报》1922年11月17日，第13版。

场，以及一间有屋盖的供万国商团日常操练的场地。主要入口在东北角，内有大楼梯通向各层。东南角和北面正中均有入口通向内院。

建筑外观基本属于英国新古典主义风格，原设计在东北角入口上方安放一座有尖顶的塔楼。陈从周等主编的《上海近代建筑史稿》保存了"工部局新厦原设计立面图"，可见该塔楼样态。①

围绕是否要建塔楼，工部局内外有很大的争论。这座塔楼，在最终的施工中还是被取消了。

关于工部局新大楼的整体建筑风格，有专家进行了总结：

图2-12，《国闻周报》中的工部局大楼一部（1926年第3期）

> 立面构图上强调横三段，比例和谐优美。二三层用爱奥尼克半圆形倚墙列柱，北面入口处则改为爱奥尼克圆柱。底层各入口为了加强力度均采用塔司干柱式，东北角入口处设有平面形状为扇形的门廊。二层窗户的窗楣以弧形和三角形断檐山墙相间，起了很好的装饰效果。②

第三节

新大楼里的那些机构

工部局新大楼占地12亩（加上工部局旧房屋，工部局共占地26亩），新楼计有房屋400间，在此办公的外国人约有800名，附近还有万国商团的操练厅：

> 关于新屋占地十二亩，庭除占地三亩半，下层面积除操练厅外，共有五万方尺，操练厅长一百八十呎（英尺），阔一百二十呎（英尺），高五十呎（英尺），统计办公房屋共有四百间，办公西人约有八百名，全部建筑经费共耗银

---

① 陈从周、章明主编：《上海近代建筑史稿》，上海三联书店1988年版，第39页。
② 郑时龄：《上海近代建筑风格》，上海教育出版社1999年版，第205页。

图2-13，工部局乐队演出剧照

图2-14，上海公共租界工部局总办处大楼

一百七十五万两……目下工部局新旧房屋，共占地二十六亩，约值银一百六十万两，就以租界发达之情形论，河南路工部局旧屋不久当有改建之必要云云。①

工部局的董事会对租界行政事务有最高决定权，下设若干咨询性质的委员会。执行部分由万国商团、警务、火政、卫生、工务、教育、总办、华文、财务等各处及公共图书馆、书信馆、音乐队等若干事业单位所组成，按董事会旨意，各司其职。这些机构不少就设在公董局大楼中。

在工部局新大楼里有哪些机构？据《上海小蓝本》的记载，公布如下：

上海工部局总裁办公室（Director Generals' Office），江西路209号，电话：10089

---

① 《纪工部局新屋之落成礼》，《申报》1922年11月17日，第13版。

上海工部局薪金委员会（Salaries Commission），江西路209号，电话：10089

上海工部局教育部（Education Department），江西路209号，电话：19416

上海工部局支银处（Finance Department），汉口路，电话：60904

上海工部局警务处（Police Force），汉口路18号，电话：61369

上海工部局卫生处（Public Health Department），汉口路16号工部局房子，电话：13051

上海工部局工程处（Public Works Department），汉口路15号，总线60161接各部办公处

……①

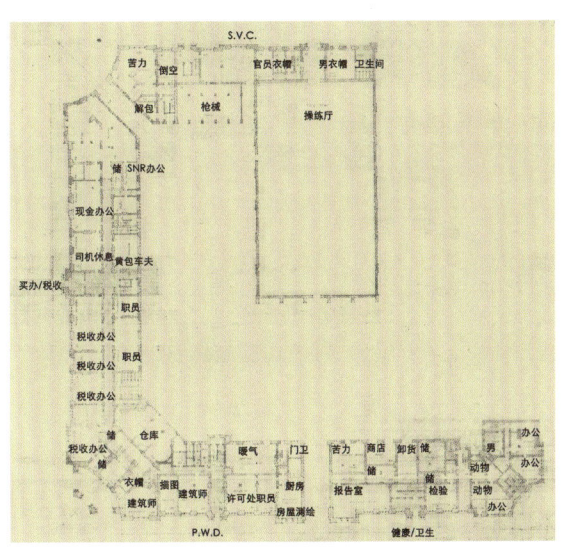

图2-15，工部局大楼首层办公室分布图

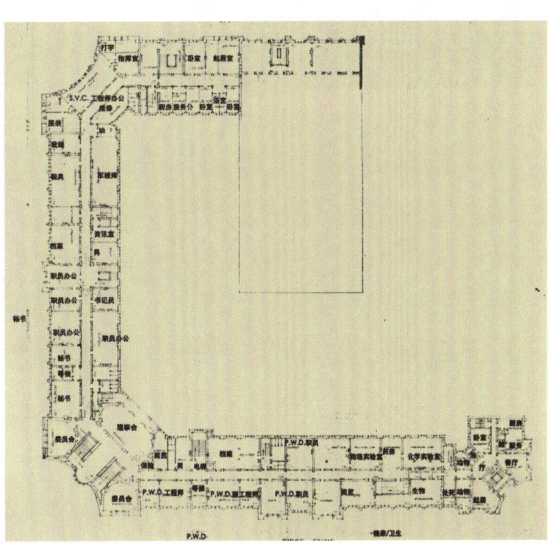

图2-16，工部局大楼一层办公室分布图

1924年上海泰东书局刊印的《上海轶事大观》中，也有关于"工部局"的记载，首先是设于江西路，"为处理市政之机关"②。其次介绍工部局的董事："工部局之组织，设董事九人。董事以外国人为限，其资格以有五百两以上之地产，或为洋行经理及地捐在五十两以上、房捐在一百五十两以上者，始有选举权……"③董事的选举有非常复

---

① 《上海小蓝本》（*The Little Blue Book of Shanghai*），1931年版，第181、182、183页。
② 陈伯熙编著：《上海轶事大观》，"民国史料笔记丛刊"，上海书店出版社2000年版，第150页。
③ 陈伯熙编著：《上海轶事大观》，"民国史料笔记丛刊"，上海书店出版社2000年版，第149页。

图2-17,工部局工务处华人职员工作照　　图2-18,上海公共租界工部局卫生处为市民注射预防传染病的疫苗

杂的程序。董事每年在工部局大楼召开一次常会,提议之事包括:(一)选举工部局董事;(二)各项工程之应举应废;(三)巡捕房之建置;(四)卫生部之建置;(五)筹备公共基地房屋;(六)决定预算表;(七)收捐章程。①当然也有对董事权限的规定。

工部局大厦,实际上就是公共租界的行政中枢。这里,对总裁及总裁办公室作一介绍。

图2-19,曾任工部局总董、总裁职位的费信惇

1925年,工部局任命负责华人事务的原警务处副处长希尔顿·强森为总裁,但此时仅为名誉总裁。1929年,改任工部局总董费信惇为总裁,总裁成为工部局的最高行政人员及总办处首脑。1939年,费信惇退休,总裁由总办费利浦接任。此后,工部局总裁均兼任总办,总裁、总办,有时也混称。总裁作为工部局主要行政长官,监督和指导工部局的所有处室,接受工部局董事会的指导。在工部局大楼中设有总裁办公室。

总裁的职责主要有:提出政治及公共性的建议,总裁应

---

① 陈伯熙编著:《上海轶事大观》,"民国史料笔记丛刊",上海书店出版社2000年版,第149、150页。

图2-20，曾任工部局总办的爱德华

与董事会总董（在他缺席时与副总董）就工部局事务保持紧密联系，总裁应出席工部局董事会及在需要他的建议和辅助时出席有关委员会会议，总裁应帮助董事会总董控制董事会会议，并集中注意工部局命令的实施。总裁应出席所有纳税人会议，并应会议主席要求为工部局起草讲演。除经董事会授权外，任何未经总裁事先知晓并同意的官方声明均不得公开发表。总裁在总办及其他官员帮助下处理工部局事务，总办及其他官员在总裁的监督及指导下工作。

第四节

名 人 来 访

20世纪二三十年代，上海在世界上享有非常高的知名度，工部局也是声名远播，通过高薪等方式吸引许多外国杰出人才前来工部局工作。同时，许多国际名人也来到上海，访问工部局大楼。

一、关于爱因斯坦来沪的记载

1922年11月，爱因斯坦首次来沪访问。①

12月，在沪出版的《东方杂志》第19卷第24号（1922年12月25日出版），在爱因斯坦第二次访沪的一星期前，刊发"爱因斯坦号"。

1923年1月2日，《新闻报》报道爱因斯坦在工部局大楼礼堂用德语讲解相对论。爱因斯坦是世界著名的科学家，在沪的犹太籍侨民为表达

图2-21，1922年11月10日《申报》报道"德哲学家安斯坦博士将过沪"

---

① "Famous Physicist Visits Shanghai", The China Press, November 14, 1922.

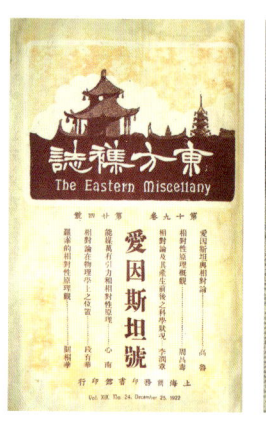 

图2-22,《东方杂志》第19卷第24号发表专刊"爱因斯坦号"

图2-23,1922年11月14日《大陆报》刊登关于爱因斯坦来沪的报道

对本民族学者的热忱,负责全程接待,安排在工部局大厅讲学。

1923年1月3日《民国日报》报道"恩斯坦博士二次过沪记":

图2-24,1923年1月1日《申报》报道"欢迎爱因斯坦博士"

> 发明相对原理之恩斯坦博士,自在日本演讲毕后,于上年十二月三十一日来沪。抵埠后,即有旅沪犹太人招待,下榻于杜美路犹太人加登君家内。月之一日,恩氏应本埠犹太青年会暨学术研究会之邀请,演讲相对原理。下午六时,恩氏莅工部局大讲堂用德语演讲,由工部局某工程师译为英语,华人听讲者四五人,西人则有三四百人之数。时有张君谋博士起询恩氏对于英人洛其博士研究灵学之意见若何。恩氏即答以……按即不足凭之谓。不审吾国人研究灵学者,对于恩氏又作何感想。恩氏于昨日(二日)十一时离沪。

图2-25,1923年1月3日《民国日报》报道"恩斯坦博士二次过沪记"

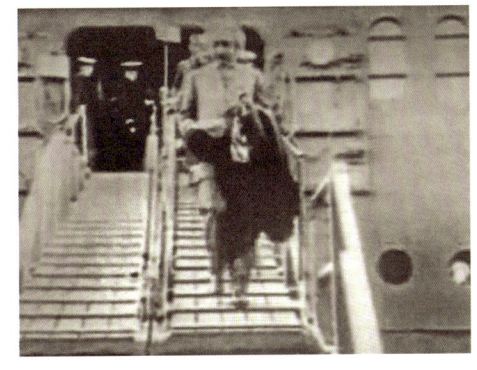
图2-26，爱因斯坦下船抵沪

图2-27，爱因斯坦在做演讲

闻此次遄回犹太本籍，扰即在耶路撒冷城创办一犹太大学，冀重造一新犹太。至北大东大两大学曾请恩氏亲莅讲演，不审何故中止。吾国人喜听演讲哲学，故于杜伟（威）罗素相继东来，无不竭诚倾听。乃对于恩氏所讲科学大革命之新原理，则视若漠然。实则研究哲学，非有科学根底，不能窥其门径。吾国人于恩氏，反失之交臂，殊可惜也。[1]

二、费唐大法官在工部局

20世纪20年代中后期，中国的国内局势与国际格局发生重大变化，在上海，各界人士要求中国政府收回租界的呼声渐高，面对这样的局势，1929年11月，时任工部局总董的安诺德邀请南非联邦最高法院费唐法官（Hon. Richard Feetham）前来调查租界情形。

费唐（1874—1965），英国法官，来华前曾任南非最高法院法官。1930年，应上海公共租界工部局聘请为顾问来沪，起草领事裁判权废除前上海租界的过渡计划。1931年4月，向工部局总董提出书面报告，中文节译本名《费唐法官研究上海公共租界情形报告书》（简称"费唐报告"），为公共租界制度的存在作辩护，同时为缓和工部局同当地华人的矛盾也提出一些改良建议。

图2-28，费唐大法官

---

[1]《恩斯坦博士二次过沪记》，《民国日报》1923年1月3日，第3版。

1929年，工部局总裁费信惇收到美国代表团的邀请，作为该代表团的一名正式成员参加太平洋关系学会从10月28日至11月9日在京都举行的讨论会。[1]鉴于有关上海的重大问题将在这些讨论中占有突出的地位，董事们一致认为，派一位讲话具有权威性且对上海问题掌握第一手资料的人参加这次会议是极有价值的。会议一致同意总董关于批准费信惇先生参加美国代表团的建议。[2]

图2-29，上海工部局大楼老照片

由于此时华人要求在租界参政、议政，乃至收回租界，未来上海何去何从，问题成为焦点。鉴于中国人希望逐步取得对租界的控制权，也考虑到所涉及的外国利益错综复杂，与会人士普遍认为，对租界控制的任何变更应逐步进行。

费信惇以美国代表的身份出席会议。到会后，他发现自己是与会代表中最了解上海侨民情况的人，因此应邀就治外法权和上海租界未来的地位问题分头向各小组作了介绍。在每个小组发言时，都有中国代表向他提问。与会代表的印象是双方都表现得很理性，费信惇的发言表现出和解的姿态，中国代表态度也很温和。按照惯例，会议不形成决议，但是会上的讨论还是有倾向性，与会代表考虑通过某种方式进行合作，来保证租界成为整个中国市政管理方面的榜样。与会代表认为，设计这样一种方案是可能的，即这个方案"既承认中国人合理的民族主义情绪，另一方面，又能保护外国人的既得利益，同时又可以扩展有效管理的区域"。为实现这一目标，"需要做的第一步是由在管理方面有能力的专家对整个地区做彻底的科学研究"。讨论中，费信惇表示，工部局有意邀请具有市政、政治和司法方面

---

[1] 太平洋关系学会亦称"太平洋国交会"、"太平洋国际学会"等，是1925年由夏威夷檀香山基督教青年会及当地一些学者、实业家推动成立的非政府性国际组织。会议每两年召开一次，有美国、澳大利亚、加拿大、中国、日本、朝鲜、新西兰、菲律宾、夏威夷等国家和地区的代表参加，会员大多来自学术界和教育界。学会以研究太平洋地区诸问题的学术机构自居，亚太地区的政治、经济、社会、外交、文化、民族诸问题通常为会议讨论的主要内容。

[2] 《工部局董事会会议录》第24册，第580页。

的经历,并且没有偏见的独立人士调查上海租界问题,为租界的未来提出建议。①

回沪后,费信惇邀请英国代表来到上海,他们建议说,对工部局来说最明智的是尽力物色一位享有全球声誉的、具有下述经验的人来工作,即为了达到这一目的,他能采取最为切实可行的办法来进行调查。英国代表团中主要人员之一的柯蒂斯先生建议,最合适的人选是南非的费唐大法官;此人以前主要负责英国政府与爱尔兰自由邦之间条约的谈判工作,也负责过英布战争结束后与南非联邦的签约工作。经过讨论后,各位董事都一致认为,聘用费唐法官来协助工部局就上海未来地位问题提出建设性的建议,这对整个社会都是有益的;因此会议一致决定电告费唐法官,他来上海进行的工作预计可在6至12个月内完成,同时也应电告南非政府,请其准许费唐法官前来协助工部局处理此事。②

1929年11月29日,上海公共租界总董安诺德致电当时的南非洲联邦首相赫兆格将军,谓"该局现有租界内重要改革问题待解决,亟需一未受束缚,中立不偏,深于法学,而又有市政及政治经验之人,充任顾问,相助为理。拟请向南非洲政府借用费唐一年。"③

1930年1月6日,董事会决定为费唐法官留沪期间提供与其地位相称的住宿,租用雷内尔先生的住房,月租550两,租期一年。④ 1月22日,工部局董事会会议决定费唐大法官在工部局任职期间的报酬为每年2 500英镑,加上额外的零星费用。⑤

1929年12月13日,费唐从南非启程,1930年1月13日抵沪,随即以独立调查人身份开始工作,其办公室即在工部局大楼第341号房间。费唐的调查工作主要围绕上海租界的历史和现状展开,涉及上海租界及越界筑路区域的经济、社会、行政以及政治等方面。

费唐要求工部局保证其有不受限制的调查,要求"工部局训令所属职员,凡遇鄙人有所询问,应爽直详细答复,

图2-30,费唐法官在上海(1931年)

---

① *Feetham Report Tells of Mistakes of Past*, *The China Weekly Review*, May 2, 1931, pp.294—295.
② 《工部局董事会会议录》第24册,第585页。
③ 费唐:《费唐法官研究上海公共租界情形报告书》第1卷,工部局华文处译述1931年版,第1页。
④ 《工部局董事会会议录》第24册,第590页。
⑤ 《工部局董事会会议录》第24册,第591页。

对于鄙人所需信息，应尽力供给，局中所有册籍，并许鄙人自由检阅"①。安诺德总董表示工部局董事会完全同意。

工部局同时发布公告："为布告事，照得费唐君所致本局总董之函，业经刊登本期本局公报。兹特请所有各国团体会社以及个人，将关于费君调查事项至消息或意见，函达费君。其地址为本局总办处房间第341号。如欲与费君晤谈，须先与其个人秘书通函接洽。"②

1930年6月，费唐向工部局提交了一份长达165页的备忘录，提出调查报告的基本构思。1931年4月25日，英文版"费唐报告"第1卷发表；6月，第2、3卷发表；1932年初，第4卷发表。

在报告中，费唐认为，上海从小县城发展成为国际性大都市，根本原因在于上海租界拥有中国政府管辖地所没有的安全，具体而言，租界能够为人身和财产安全提供保护，原因在于租界拥有自治和法治。因为拥有自治，租界可以排除中国政府对租界的管辖权；因为实行法治，租界能够建立起秩序和诚信，这是上海工商业中心形成的一个基本保障。由此，报告认为上海租界的制度是上海繁荣的根本保障，应该予以维持。但是，出于满足中国人民族主义情感的考虑，租界交还中国也是正当的和必要的。不过，目前中国还不是一个现代法治国家，加之政局动荡，无法为上海的继续繁荣提供保障。据此，报告认为不能将租界立即交还中国政府，而应设立一个过渡期。在过渡期内，依据《上海土地规章》（以下简称"土地规章"）建立起来的公共租界制度应予以保持，但可以在加强中外合作的基础上，逐渐增加华人在市政管理方面的权力。过渡时期需要几十年，在具备一些所谓基本条件，即中国政局稳定、建立起法治、地方自治制度充分发展、华人获得充分的运用代议制的经验时，租界才可以完全交给中国人管理。设立过渡期的前提是维持治外法权。租界完全交还中国之时，还需要中国政府颁布宪章，承认上海地方自治的地位。③

图2-31，《费唐法官研究上海公共租界情形报告书》（第1卷）中的记载（节选）

---

① 费唐：《费唐法官研究上海公共租界情形报告书》第1卷,工部局华文处译述1931年版,第4页。
② 费唐：《费唐法官研究上海公共租界情形报告书》第1卷,工部局华文处译述1931年版,第7页。
③ 参见王敏：《中英关系变动背景下"费唐报告"的出笼及搁浅》,《历史研究》2012年第6期。

三、霞飞将军来访

在近代上海历史上，法国霞飞将军的到访，无疑是一件值得书写的事件。

早在1922年2月出版的《东方杂志》第19卷第3号，就刊发2幅照片，一幅题为法国名将霞飞将军，一幅是霞飞将军之夫人。

当时上海的一些报纸杂志，都刊登了霞飞将军的履历，还有专门撰写霞飞传记的书籍。在相关介绍中，有称霞飞为"将军"，也有称霞飞为"元帅""上将"的。

霞飞（Joseph Jacques Césaire Joffre），生于1852年，是一位法国陆军将领。曾参加对中国台湾、非洲等地的战争，1911年担任法军总参谋长。第一次世界大战中任法军总司令，在马恩河会战中成功

图2-32，《东方杂志》刊发的霞飞将军、霞飞将军夫人图片

阻止了德军的进攻，扭转了战局，被视为法国的民族英雄。霞飞后晋升为元帅，曾出任驻美大使。上海法租界公董局为表彰这位杰出的法国将领，1915年把上海的宝昌路改名为霞飞路（Ave. Joffre）。

作为法国的一位传奇性人物，霞飞将军的到访引起了沪上中外人士的极大关注。为了迎接霞飞的访问，上海方面尤其是法租界公董局作了充分准备。公董局特发出一道布告，遍贴大街小巷，布告中写道："法公董局总董，仰法租界中外居户知悉，霞飞元帅今晚八时莅沪，各应待以上宾之礼，以表欢迎，自九日起十二日止，务望一律悬旗张灯，共祝霞飞元帅万岁。西历一千九百二十二年三月八号。"① 军警护卫，不少团体机构也都做了相应的准备。在沪宁车站的铁栅外，扎起了一座电灯牌楼，上面作了装饰写着中、法两国的"欢迎"文字，在牌楼的周围，均用翠柏、小电灯装饰点缀，"五光十色，观者目为之眩"②。在霞飞路东头，还搭起了一座宝塔，上面饰有法上将军帽

---

① "欢迎霞飞上将抵沪之盛况"，《申报》1922年3月9日。
② "欢迎霞飞上将抵沪之盛况"，《申报》1922年3月9日。

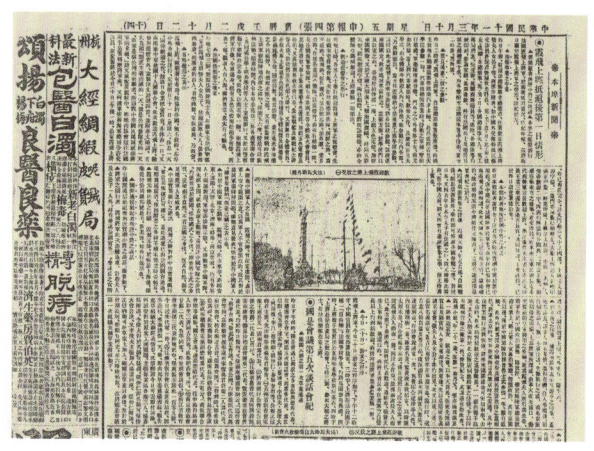

图2-33，《申报》上关于霞飞将军访问上海的报道

一顶，并配有真洋枪两支，还有刺刀等军用品，寓意欧战得胜。沿途悬挂法国国旗，随风飘展，颇为夺目。

对于霞飞将军的来访，《申报》曾作连续报道，分别题为"欢迎霞飞上将抵沪之盛况"、"霞飞上将抵沪后第一日情形"、"霞飞上将抵沪后第二日情形"、"霞飞上将抵沪后第三日情形"等，记载详细，描写也较为生动。霞飞将军于1922年3月8日到上海，在沪的主要活动是在法租界，①但也参加了公共租界里的一些活动，其中就有在工部局大楼举行的：

> （3月11日）下午1时半，霞飞将军前往公共租界，来到英大马路巴克尔铜像下，在外滩校阅万国义勇队操演。校阅完成，霞飞将军伫立黄浦江边，观看黄浦江中举行的水上飞机船表演。而后，乘车赴公共租界工部局举行的公宴。准备行装，拟于次日离开上海。②

工部局对霞飞将军的访问极为重视，除在外滩校阅万国义勇队操演，观看黄浦江中举行的水上飞机船表演外，还特意在工部局大楼为霞飞将军安排公宴。

图2-34，1922年霞飞将军在上海

---

① 详见马学强、曹胜梅：《上海的法国文化地图》，上海锦绣文章出版社2010年版，第130—134页。
② 详见《申报》1922年3月10、11、12、13日相关报道。(3月12日）下午1时，霞飞将军一行在法租界外滩法总领事署前之码头乘小渡轮至吴淞口，在码头举行了由上海各界人士组成的欢送会。到吴淞口，霞飞将军登大轮"银邦号"离去，于赴美后返法。

四、美国电话专家雷氏的活动

1935年7月10日,工部局决议成立由专家组成的特别电话委员会,调查电话公司运营、管理及财务状况。大英书信馆布朗少校、日本稻田博士、华籍胡瑞祥先生以及美籍J.G.雷专家接受聘请,经过为期一个月的调查,提出了相关的调查报告。1935年11月11日,工部局董事会决定采纳专家报告,对租界所有电话用户实行按次收费制度。

1938年8月19日,美国电话专家来访。中、英、美、日四国电话专家在工部局办公室举行非正式会议,交换此后调查事宜进行之意见。

J.G.雷

美国电话专家雷氏,已于前晨九时抵沪。在轮埠欢迎者,有工部局代理总办费利溥、财务处处长福特、中、英、美、日四国电话专家。前日下午三时余,在工部局办公室举行非正式会议,交换此后调查事宜进行之意见。查中、英、日三国专家,在电话公司各分站之视察,已于前日告竣。此次美专家抵沪后,或须单独前往视察一周。据熟悉内容者言,上海电话公司一切设备,与美国通行之贝尔系电话公司所有者,大致相同,而为美专家所深知者。故视察时间,一二日内当可竣事,至此后办事大纲。据云大约四国专家每日举行谈话会一次,随时与上海电话公司当局询问一切,或遇须外出调查之事,则四专家将会同前往,而不作单独之行动。前日记者复晤及中国电话专家胡瑞祥氏,胡氏谓对于电话问题,现正在开始调查之中,暂无意见可以发表。至中国各商民团体之意见,彼于最近一星期内,已与各方面晤谈,对于本埠情形,唯最好应由各团体及各机关随时向专家委员会供献意见,因如此可使其他各专家,亦明了我国各关系团体之公意也。[1]

---

[1] 《电话加价问题》,《申报》1938年8月22日,第12版。

五、作为公共租界万国商团随军神父的饶家驹

有关饶家驹在上海的事迹,最近已有不少专家学者予以关注,但很少有人提到他作为上海公共租界万国商团随军神父的那段经历。

图2-35,饶家驹

饶家驹(1878—1946),原名Robert Charles Emile Jacquinot de Besange,出生在法国桑特市。1894年入耶稣会,后在英、比修道,获硕士学位。1913年,饶家驹到上海传教,在徐家汇学习中文,同时任徐汇公学监学,教授法文和化学。是年,在协助学生制烟火时不慎引起爆炸,失去右臂。1914年至1934年间,在虹口圣心堂管理外侨,包括日本教徒,其间兼任公济医院理事会主席、天主教所办各外侨子弟学校童子军指导员,兼任驻沪法军和万国商团的随军神父,军衔中校,担任大上海建设委员会委员。

1932年"一·二八"淞沪抗战时,饶家驹曾担任华洋义赈会会长。为了营救闸北地区的妇孺伤兵,饶家驹向英国驻沪总领事和美国驻沪总领事提议,希望与他们一起组织一个营救团。但工部局内部因各种利害关系争论不休,迟迟没有付诸行动。迫不及待的饶家驹去找万国商团的贝尔(F. Hayley Bell)少校,共同着手拯救滞留闸北的难民。他们在会见日本海军司令野村吉三郎后,日方答应从2月11日上午8点到下午12点停战4小时,以便难民撤离战区。于是,饶家驹和贝尔带着14名法国修女、9名担架员、1名中国翻译、几名学生志愿者,还有6辆

图2-36,饶家驹与万国商团军官合照(前排右一为饶家驹)

图2-37,在上海参加救济的饶家驹神父与他的同事们

改作救护车的摩托车,在短暂的停火期内救出了2 000余名难民,其中大多数是妇女和儿童。[1]

1937年"八·一三"淞沪抗战期间,饶家驹神父主持创建了"南市难民区",使数以万计辗转流离、束手坐困的难民获得新生。"南市难民区"又称"饶家驹安全区"。1946年9月10日,饶家驹病逝于德国西柏林。

近代上海的政治格局为一市三制,存在着公共租界、法租界和华界三种行政系统和市政制度,其中,居于主导地位的为工部局。近代上海的发展历程,经历了由开埠初期的以贸易为导向,而逐渐成长为以工商、金融为主导的过程,就在这一过程中,一座世界级城市诞生了。但长期以来,上海的政治中心分散,工部局虽然负责管理公共租界,但却没有相对稳定的办公地点,权力不能集中,始终没有形成真正意义上的"市政府"。

随着工部局大楼的正式启用,公共租界的权力机构逐渐向汉口路、江西路、福州路、河南路一带集中,以工部局为核心的上海城市管理体系也逐步稳定。随着工部局管理体系的建立与完善,管理职能同时亦得到强化,此有助于上海公共租界管理水平的提高,对上海其他区域的管理也起到了很好的示范作用。

---

[1] [美] 阮玛霞著,白华山译:《饶家驹安全区:战时上海的难民》,江苏人民出版社2011年版,第46页。

第三章
1930年代的工部局大楼

二十世纪三十年代的中国,时局激荡,风云变幻。作为中国最大的通商口岸,远东重要的工商都会,上海更处于多种关系交织的焦点、各种力量角逐的中心。这一时期的上海,经济不断发展,城市建设持续推进,国内各派势力角逐激烈,国际间各国利益博弈加剧,工部局作为公共租界的权力中枢,其地位与影响也在紊乱的时势与复杂的格局中得以体现。

图3-1,1937年的上海外滩

第一节

工部局的那些总办与董事们

自1922年以来,直到1941年12月太平洋战争爆发,工部局的总董换了好几届,从西姆士(H. G. Simms)到费信惇(S. Fessenden),从安诺德(H. E. Arnhold)到李德尔（J. H. Liddell），在各自的任期内，他们各有作为。①

工部局一直有效地管理着公共租界。工部局的总董（总裁）、董事等，也在履行着他们的职责。这里，选取工部局的几位总董（总裁）与华董作一些介绍。

一、曾参与工部局大楼修建的伯基尔

伯基尔（Albert William Burkill），英国人，生于上海，在英国接受教育。初始服务于克劳姆祥茂洋行。1897年开始，

图3-2，阿而飞烈（Brooke-Smith, Alfred），1920—1921年任上海工部局总董

为祥茂洋行股东。1907—1908年为公共租界工部局董事，1911—1912年间为工部局副总董，又担任工部局电气委员会主席数年，担任工部局大楼委员会主席，主持工部局大楼修建的决策过程。后回英国，1922年重回上海。

二、费信惇其人

费信惇（S. Fessenden），1875年9月29日出生在美国缅因州的费尔菲尔德，毕业于鲍登学院。1903年到上海，

图3-3，伯基尔（Albert William Burkill）

1905年建立律师事务所，是当时上海著名的美国人律师。1920年当选上海公共租界工部局董事，1923年当选工部局总董，1929年起担任工部局总裁。其人作风硬朗，人们称他"比英国人还像英国人"。五卅运动中，他重组租界武装力量万国商团。1927年的"四·一二"事变中，他也是一个活跃的组织者。当时他是远东最著名的美国人之一。②

---

① 1922年3月至1924年3月，选举组成的上海工部局董事会，由西姆士任总董。1924年4月后，由美国律师费信惇（Stirling Fessenden）任总董，直至1929年。《密勒氏评论报》1923年10月27日曾对费信惇进行了介绍。1929年后，先后由安诺德（H. E. Arnhold，或译安诺尔）、麦克诺登（E. B. MacNaghten）、贝尔（A. D. Bell）、安诺德（H. E. Arnhold）、佛兰克林（C. S. Franklin，也译樊克令）、凯自威（W. J. Keswick，也译恺自威）、李德尔（J. H. Liddell）等继任总董，详见《上海租界志》，上海社会科学院出版社2001年版；上海市档案馆编：《工部局董事会会议录》，上海古籍出版社2001年版。

② George F. Nellist, *Men of Shanghai and North China*, Shanghai: The Oriental Press, 1933, p.170.

前文已讲费信惇曾参加太平洋关系学会，力主费唐大法官来华研究上海公共租界的现状与未来。（见图2-19，曾任工部局总董、总裁职位的费信惇）

早年的费信惇，以一名年轻的法学院毕业生的身份，随纽约的美国贸易公司代表团来到上海。此后，他就留在上海，并且成为公共租界里一位炙手可热的角色。费信惇不仅在租界外国人的圈子里人脉广泛，而且在中国人的圈子里也非常兜得转，尤其重要的是他深受中国人的信任和敬重。从1925年开始，中国大地掀起了反对帝国主义的浪潮，费信惇是难得的一位能够与中国当局者经常保持接触的外国官员。在上海租界面临的几次危机中，费信惇都能转危为安。北平外交使团曾企图计划"接收"上海公共租界，废除工部局，费信惇却能成功地使外交使团的计划破产。《密勒氏评论报》的主编鲍威尔（Jone Benjamin Powell）曾这样评述："上海公共租界的美国人总董，市民们称为'上海市长老爷'的费信惇。"①

图3-4，《密勒氏评论报》主编鲍威尔（Jone Benjamin Powell）

1938年，费信惇在上海公共租界的工部局董事会董事选举中，以智谋挫败了日本人企图操纵投票的阴谋。大选前，日本人操弄一大批居民迁入租界，并且使他们都获得选举权。中间是如何操作的，不得而知，但华人和英美派最终以微弱优势胜利。

1939年，由于体力衰退，费信惇不得已提出辞职。自从工部局总裁位置退休，工部局授予他"终身免税"的特权。由于他曾经与日本人作对，因此，在太平洋战争爆发后，日军占领公共租界，对费信惇加以报复，严重迫害。日本人把费信惇从家中赶出，强迫他搬到一家俄国难民的木板房里生活。后来，费信惇的眼睛完全瞎了，全靠几位好心的中国佣人悉心照料。1943年9月20日，费信惇因心脏病而悲惨死去，终年68岁。在他去世的前一天，一艘美国换俘船"格里斯荷姆"号启程回国。他本来可以搭乘该船回国，但是，费信惇知道自己将不久于人世，所以坚持留下"与其死在海上，不如死在上海"。②

---

① [美]鲍威尔著，邢建榕，薛明扬，徐跃译：《我在中国二十五年》，上海书店出版社2010年版，第138页。
② [美]鲍威尔著，邢建榕等译：《鲍威尔对华回忆录》，知识出版社1994年版，第331页。

三、律师出身的樊克令

图3-5，樊克令（Cornell Sidney Franklin）

樊克令（Cornell Sidney Franklin），美国人。1913年毕业于美国密西西比大学，获文学士及法学士学位。1921年秋到上海。1922年1月与弗莱明、阿乐满合组律师事务所，并加入上海总会、虹桥拍球总会及美国协会等侨民组织。1932年与哈灵顿合组律师事务所。1933年至1939年当选为公共租界工部局董事，1937年至1939年任总董。

太平洋战争爆发后，樊克令被日军囚禁。战后他继续在上海从事律师行业，并当选为上海美国商会会长、上海美童学校校董、上海美国乡村总会会长、中美工商业委员会立法委员会委员、纽约美亚协会执行委员等。此外，还任国民政府行政院顾问、上海市政府咨询委员会委员。抗美援朝战争爆发后返美。

图3-6，上海的美国乡村总会

四、怡和洋行经理凯自威出任总董

凯自威（William Johnston Keswick），也译恺自威，英国人，克锡之孙，生于上海。1928年任怡和洋行机器部经理时，曾代理英国著名军火厂商阿姆斯特朗·维克斯公司向南京国民政府出售坦克，因佣金问题引起纠纷并涉讼。1936年进入工部局董事会，1939年任副总董，1940年以怡和洋行经理身份当选公共租界董事会总董。抗日战争期间，凯自威曾任英军驻华战时情报处处长。1941年1月23日在纳税人大会上遭日本人林雄吉枪击受伤。

图3-7，凯自威（William Johnston Keswick）

《申报》曾有几段关于凯自威的报道，这里摘引其中的一段，谈到工部局总董凯自威回沪：

图3-8，凯自威在被狙击前向纳税外侨发表演说

昨日（1941年3月1日，此注）外传工部局总董凯自威现仍留菲，将搭庇亚士总统号于本月七日返沪。新声社记者昨特向负责方面探悉，此说绝对不确，凯氏已于前日上午搭怡和公司阜生轮由港返沪，昨日已照常赴怡和洋行办公。凯氏上次去港，实因被林雄吉击伤未愈易地赴港休养，在港约计两旬，枪伤告痊，精神健旺。但昨日凯氏曾否认一度由港赴马尼拉稍住，工部局董事会已定于本月五日（星期三）在工部局大厦召集会议，届时凯自威将亲自出席主持，对各项问题，将有所决定。①

---

① 《凯自威总董确已返沪》，《申报》1941年3月2日，第9版。

五、买办出身的华董虞洽卿

图3-9,虞洽卿

虞洽卿(1867—1945),名和德,浙江镇海人。15岁就到上海学生意,辗转托人介绍,进了望平街瑞康颜料号当学徒。1892年任上海德商鲁麟洋跑街,后升任买办。1896年捐资得候补道。1902年任华尔道胜银行买办,1903年任荷兰银行买办。1905年发起创立上海华商体操会,该会于1907年被工部局编为万国商团中华队。1906年2月当选为公共租界华商公议会办事董事,与其他董事一起,向工部局要求享有参政的权力,被工部局拒绝。1908年创立宁绍轮船公司,任总经理。1920年任上海证券物品交易所理事长。1923年任上海总商会会长。1925年2月任淞沪商埠市政督办。同年在总商会选举中落败,另组上海商界联合会。1928年以公共租界纳税华人会执委会主席身份致函工部局,要求在工部局董事会及各委员会中增加华人名额,及

图3-10,虞洽卿与他的家人(右一为虞洽卿)

在工部局各处室中任用华人为高级官员并且规划华人教育经费,扩充华人教育事业。1929—1940年连续当选为工部局华董。1936年,工部局以其名字命名一马路。抗战爆发后,在工部局的支持下,成立上海难民救济会,任理事长。1940年秋,虞洽卿赴重庆。

1936年6月19日,虞洽卿70大寿。6月21日,工部局出面设宴,地点即在工部局大楼,由总董亲自为虞洽卿斟酒。[1]这次寿宴虽经总董首肯,费用也有限,但这在当时的上海,只有中国人请外国人的,而外国人专门宴请华人的,不能说绝无仅有,也是屈指可数,工部局专门为华人设宴祝寿,这也是第一次。

六、实业家华董刘鸿生

刘鸿生,生于1888年,原籍浙江定海。他的祖父刘维忠曾在上海宝善街开设过一家戏院(丹桂茶园),他的父亲刘贤喜做过招商局的轮船买办。刘鸿生早年就读于圣约翰大学,中途辍学,后到上海工部局老闸捕房当教员,不久去会审公廨当了翻译。1909年,进入英商上海开平矿务局当职员。1911年,成为开滦矿务局买办。为了扩展煤炭经营,刘鸿生在上海和长江下游各埠设立销煤机构。他是一位富有胆识的实业家,通过煤炭经销后获得的资本积累,逐渐向工业领域投资。1920年,在苏州与人合资12万元开办鸿生火柴厂。同时,积极参与筹建在龙华的华商上海水泥厂。至20世纪30年代初,他陆续开设中华码头公司、大中华火柴公司、上海章华毛麻纺织公司、中华煤球公司、华东煤矿公司、华丰搪瓷公司、大华保险公司等,成为上海工商界中有名的"煤炭大王"、"火柴大王"、"企业大王"。曾创办中国企业银行,兼任中华工业总联合会委员长、中国工商管理协会常务理事。

图3-11,刘鸿生,选自 Leaders of Commerce, Industry and Thought in China (Shanghai)

---

[1] 楼鹏飞、方印华:《纪实虞洽卿》,宁波出版社2014年版,第237页。

1930年3月,公共租界纳税外人举行会议,选出外董。是年4月16日,纳税华人会选出华董5人,他们是:徐新六、刘鸿生、贝淞荪、袁履登、虞洽卿。5月2日,纳税外人会通过增加华董提案。5月14日,华董正式就职。9月,贝淞荪辞职,补入胡孟嘉。刘鸿生连任几届华董,1932年出任招商局总办。1937年"八·一三"淞沪抗战爆发后,积极投身抗战救国运动,参与募集物资等。1938年赴香港。后至重庆,在西南和西北投资创办一些火柴、水泥、毛纺织企业。抗战胜利后回到上海。

七、负责工部局华人教育事务的陈鹤琴

图3-12,陈鹤琴

陈鹤琴(1882—1982),浙江上虞人。1911年2月考入上海圣约翰大学,同年进清华学校,于1914年毕业,后赴美国留学,先后就读于霍普金斯大学、哥伦比亚大学,获教育学硕士学位,1918年8月回国。历任国立幼稚师范学校校长、南京高等师范学校教授、东南大学教授、教务长等职。1928年起入公共租界工部局负责华人教育事务,后任工部局教育处华人教育股股长,管理工部局局属华人学校。还担任上海儿童保育院董事长、上海成人义务教育促进会理事长。1937年起在上海主持难民教育。

第二节

万国商团的演变

谈到工部局与工部局大楼,经常会涉及一个独特的组织,这就是万国商团。

自工部局新大楼建成后,也在不断增加新的设施。1922年12月15日,《申报》报道"团练处俱乐部新屋将开幕":

(《字林报》云)工部局内顶上一层之团练处俱乐部业已布置粗就,将于十八日(星期一)下午五时一刻,由工部局总董兼团练部主任西姆士氏举行开幕礼。

届时于健身房内备有茶点以款来宾及队员,并有《上海团练史》出售,每份取资一元。按上海团练队员在一九〇〇年前尚未有憩息房屋,仅每岁二三月间会操时,由工部局暂赁数椽为队员会宿之所。至是年一月一日始有演武场、健身房、办公室等之设置,即今日南京路之市政厅,是嗣以市民假用日繁演武场,徒存其名,仅于无事时始能供队员之用,而司令部备械室等旋亦移至巡捕房。迨一九〇八年设置永久演武场,与司令部之一起自是几经商榷,乃决定附设于工部局新屋内,即于一九一三年通过于纳捐人年会。未几欧战发生,工程进行甚缓,至一九一八年演武场始能竣工。

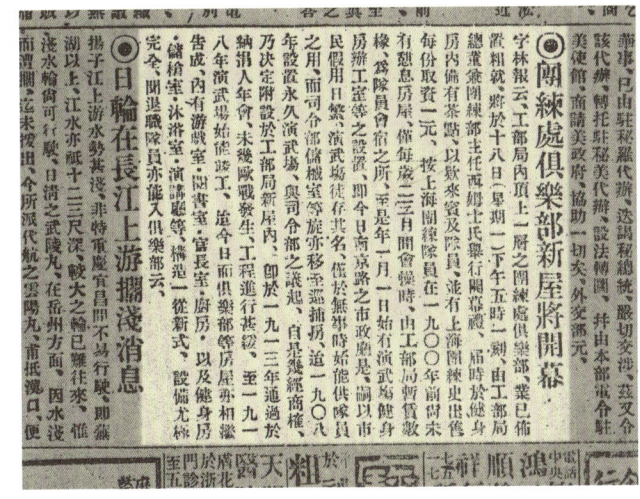

图3-13,1922年12月15日《申报》报道"团练处俱乐部新屋将开幕"

迨今日而俱乐部等房屋亦相继告成,内有游戏室、阅书室、官长室、厨房,以及健身房、储枪室、沐浴室、演讲厅等构造一从新式设备尤极完全,闻退职队员亦能入俱乐部云。①

从这段报道中,略知租界"团练"(万国商团)演变以及团练处俱乐部新屋的设置。这里的团练,实际上就是指万国商团。

万国商团,英文为Shanghai Volunteer Corps,原称"上海地方义勇队"(Shanghai Local Volunteer Corps),这是上海公共租界建立的准军事化组织。

从义勇队到万国商团,经历了一个过程。1853年,太平军攻克镇江,一路向江南进发,逼近苏松地区,在沪的外国人逐渐有了压力。这时,由外侨提议"武装中立",建立自己的武装来保卫租界,协助各国海军一起防卫租界。是年4月,上海租界召开西人大会,经英、美、法三国领事商议,决定在租界内建立以外国人为主的民兵组织,

---

① 《团练处俱乐部新屋将开幕》,《申报》1922年12月15日,第13版。

图3-14，施是儿·好立第（Holliday, Cecil），1906年起为上海工部局总董，兼任上海义勇队（万国商团）司令

即上海义勇队。中国人称之为"洋枪队"，因这个准军事组织的成员来自多个国家，所以又称"万国商团"。

起初，设甲队，当时称第一队，是万国商团最早的属队。1854年4月4日，在"泥城之战"中，义勇队击溃驻扎在租界外的清军。此后，租界当局认为可以依靠这支武装力量确保租界的安全，并定4月4日为"建军节"，在每年的这一天举行阅兵活动。1855年增设乙队。

图3-15，1902年万国商团在南京路接受检阅

万国商团一度解散。1860年太平军进攻上海，又重新组建，规模也有所扩大，陆续扩建甲、乙、上海轻骑和上海重炮4队。1870年，万国商团正式由上海工部局管辖，从此成为工部局常设机构，工部局总董为最高统帅。

1900年后，陆续吸收别国侨民和华人组织的义勇队参加，先后编入日本、美国、葡萄牙、中华上海、苏格兰、德国、奥地利、菲律宾、海关等队。万国商团的最高指挥机构为总司令部，设总司令一名，副总司令若干名，下有骑兵队、野炮队、轻炮队、工程队、铁甲车队、步兵队等。

图3-16，查礼氏·麦克莱·平（Charles Macleod Bain），1919年后任职于上海工部局，上海义勇队预备队员

万国商团的主要职责是保卫所谓的"租界安全"。万国商团总司令部设在外滩6号大楼，训练基地称"靶子场"。按照惯例，总司令由工部局与英国军事部商派正规军军官充任，原则上3年更换一次。

万国商团新的操练厅就在工部局大楼附近。早在1914年的5月20日，工部局召开董事会会议，涉及新操练厅建造：

> 司令官递交了两份有关建筑钢结构操练厅的计划和报告。在关于此一建筑的平面图呈报上来时，军官们对此事的意见都将考虑。特别值得注意的是，此厅的长度减少20英尺，被认为不致遭到反对。会议批准对此钢结构建筑的投标。①

这一年的7月29日，工部局又开了一些董事会会议，"会上宣读了司令官的信件，希望对此大厦中万国商团部分的图纸作些修改。菲奇先生认为此建议要牵涉到增加已由工部局大厦委员会分配好的空间面积，此事碍难办到。这一看法获得董事会的普遍支持，当此建筑图纸递呈时，上述问题将由工务委员会详细考虑"②。在工部局新大楼

---

① 《工部局董事会会议录》第19册，第541页。
② 《工部局董事会会议录》第19册，第554页。

的筹建中，也不断提到万国商团的操练场以及其他的一些设施、设备："在工部局大楼的大院内的汽车库已完成，爰将安排停放万国商团的装甲车和卡车。在本年度内，最后已作出的决定不准在大楼内提供马厩和饲养马匹。"①

1922年工部局大楼建成后，万国商团活动明显增多。这里，摘引一段有关万国商团的译文：

和平富足的年代

由于1922年总司令（简森上校）获得115 000两拨款，纳税人一定是相当慷慨地认可了在1914年至1920年这段所谓"饥饿"年代后所采取的现行"支出"政策。1922年装甲车队脱离了稚嫩阶段，从一辆车发展为了六辆车，不过他们仍然隶属于机关枪队而非独立队伍。这一年（1922年）简森上校提出了改善靶场的问题，并提议建造一处可供200人住宿、用餐且可关100匹马匹的永久营地；此外，还需带有一座宽敞的阅兵操场以及可进行装甲车、机关枪、刘易斯手枪操练的场地。1922年商团未被召集行动，总司令表达了"希望有幸成为商团首任从未接到工部局指示在遇到麻烦时参与军事行动的总司令"这一愿望。

工部局同意提供经费给商团制作一面新"团旗"，以代替当时商团拥有的那面旧旗帜。

目前在使用中的位于行政大楼内的万国商团俱乐部是工部局于1922年12月18日正式开张的，当时共有约500名团员加入了俱乐部。

设立长期服役奖牌的第一年共颁发了123枚奖牌。

简森上校这一年一直忙着在行政大楼内安顿司令部一事。他还修改了商团条例。他发现有相当多的"不成文法"，为此他花费了两年中的大部分时间来找出商团所有的惯例，他"决定让在我之后所有的继任者不会再碰到同样的问题。所有我知晓的惯例现在已经列入了商团条例"。

简森上校在商团的最后一年迎来尾声时，对部下给予的配合表示了感谢，他说自己很骄傲地肯定"纳税人从未且将来也不会抱怨把一大笔钱支付在像卓越的万国商团这样可靠的保单"。当他在1922年年底离职时，商团人数总共为1 394

---

① 据 Annual Report of The Shanghai Municipal Council《上海公共租界工部局年报》(1921年) 摘译。

第三章 1930年代的工部局

人,1922年的支出为120 000两,备用品支出略高于100 000两。

1923年2月工部局怀着遗憾送别了简森上校,并记录到"对于您在商团所担任的特别重要的角色表示诚挚感谢……在您担任商团总司令期间,商团在装备、组织、人员、各方面效率上都取得了长足的进步,使工部局感到相当满意。您自己一定也一样满意的是,您放弃总司令一员,把商团留在了1853年创建以来达到的无疑是效率最高的状态,这是价值无法估量的、社会用以保障和平与秩序的财产,也是一旦发生骚乱,能够完全倚赖的镇压骚乱的力量"。

1923年10月商团收到了新团旗。旧团旗是大约50年前由一些上海女士制作的,商团进行了军旗敬礼仪式并将它放置在行政大楼内作为纪念,现在仍在那儿。

1922年9月(译者注:是否应为1923年9月)成立的美国骑兵连"状态良好,是商团非常出色的新增力量",商团新司令戈登(Gordon)上校这样写道,他还提出新增装甲车的建议。1923年总体人数升至1 530人,其中267人是后备力量。①

随着时局的发展,万国商团不断"扩军"。1927年1月27日成立万国商团俄国队,下设二个连和一个机枪排,还新建了装甲车、通信、运输、防空、译员等特种兵队。该武装成立之初,团员约200名。到1934年12月,人数已达2 000名,由32个国家的人员组成,并配备最新式的武器。到了20世纪30年代万国商团编制达到1 500多人,已经成为一支正规军队。

这一时期的《申报》中也有大量关于万国商团的报道,如谈到曾在工部局大厦内设立"万国商团谍报处",后来解散。"《大美晚报》云公共租界万国商团自沪战发生赴边界布防后,即在工部局大厦内设立谍报处,以通消息。现以界路、靶子路等处已派外兵接防,该团无复有谍报之必要,业将谍报处结束解散。"② 1939年4月28日,公共租界警务处特别巡捕在

图3-17,上海万国商团的中华队

---

① 吴晨烨译:《万国商团85周年纪念册》(五),载《都会遗踪》2012年第2期。
② 《万国商团谍报处解散》,《申报》1932年2月28日,第2版。

万国商团操练厅举行活动：

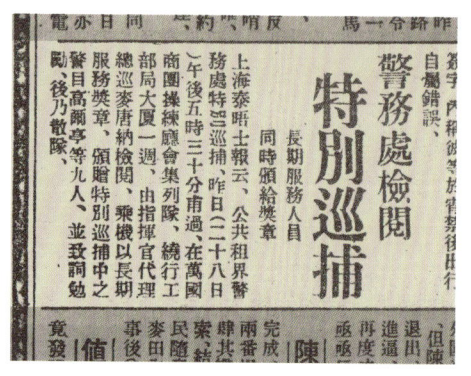

图3-18，1939年4月30日《申报》报道"警务处检阅特别巡捕"

> 公共租界警务处特别巡捕午后五时三十分甫过，在万国商团操练厅会集列队，绕行工部局大厦一周，由指挥官代理总巡麦唐纳检阅，乘机以长期服务奖章颁赠特别巡捕中之警目高尔亭等九人，并致词勉励，后乃散队。①

随着20世纪30年代中后期上海战事的增多，万国商团不断加强自己的力量，做好各种防御准备。如在1940年8月某日，公共租界警务当局实施戒备，"各国防军商团白俄队及特别巡捕等，与警务处通力合作，维持秩序。自昨晚（8月10日，此注）起，公共租界已增派巡捕在界内执行职务，万国商团

图3-19，上海万国商团中华队之二十年

---

① 《警务处检阅特别巡捕》，《申报》1939年4月30日，第10版。

白俄队已全部动员外,各项防御措施,犹积极进行布置。自今日起,戒备情形将益臻严密。据悉,前、昨两日,参加戒备之防军商团仅为一小部分,盖召集之各团团员,如该团联队中华队集中于工部局大厦之商团营房,A字大队则集中于跑马厅内,B字大队则集中于斜桥总会。唯自今晨五时起,所有集中待命之武装团员将一体出防,并已决定每二小时一班,轮流出防,

图3-20,1941年12月太平洋战争爆发后,日军通过苏州河桥进入公共租界

而英美法义防军出防数量亦将较前昨两日为增,所有边境以内之界内各要冲马路交叉口、亦将增驻军警戒备"①。工部局大厦的商团营房,也一直处于戒备状态。

1941年12月,太平洋战争爆发,日军占领租界。翌年6月,被日方控制的工部局解散了万国商团。

第三节

日本人的觊觎

1937年11月13日上海华界沦陷,而控制在西方列强手中的公共租界与法租界虽然宣布中立,但却处于日军的四面包围中,成为所谓的"孤岛"。

1937年冬,日军借口上海公共租界的虹口区为日本侨民密集区,与日军占领的闸北区紧密毗连,迫使工部局同意将虹口划为1个新警备区,由日籍区长全权管理。从此,日军控制了位于苏州河北岸的虹口区以及与之毗连的沪东、闸北的界外马路。紧接着,又将进攻的目标转向沪西越界筑路地区,包括极司菲尔路、海格路、劳勃生路

---

① 《今晨其戒备益紧·警卫租界治安》,《申报》1940年8月11日,第9版。

等，企图把公共租界的势力范围压缩到静安寺路、海格路以东的租界里面去。沪西越界筑路区的警察权成为日伪与上海公共租界当局激烈争夺的焦点。

在汪伪国民政府成立之前，被日军控制的伪维新政府所属上海特别市政府的"七十六号"特工总部特务和伪特别市政府的警察，经常制造恐怖，给租界施加压力。

1939年8月19日下午，公共租界巡捕房警备车载巡逻队往极司菲尔路忻康里口时，与正在马路上检查行人的10余名伪警察和2名便衣侦缉队员发生武装冲突。结果，伪方2死2伤，巡捕房巡逻队长英国人肯乐被击伤。双方如临大敌，出动大批武装人员在该地区对峙3小时之久。①伪维新政府外交部就此向英国驻华大使提出严重抗议，伪上海特别市政府则向工部局提出惩凶、赔款、归还沪西越界区警权等要求。9月1日，欧洲战场爆发后，日军气焰更为嚣张，汪伪特务和伪警察在日本特务机关的支持下，甚至到租界里面寻衅。11月1日，他们在哥伦比亚路（今番禺路）将2名西捕痛殴一顿，并抢走了手枪。②1940年1月6日，特务对工部局总办兼总裁费利溥行刺，暴徒向费利溥乘坐的汽车连续射击。费利溥虽幸免于难，凶手却逃脱。

在日军高压以及日伪咄咄逼人的进攻面前，工部局不得不妥协。1939年9月15日和10月23日，时任工部局总董樊克令两次主动会晤伪上海特别市长傅筱庵，交涉沪西越界区警权问题。但租界当局提出的双方"共同管理沪西越界筑路，唯征税与警察权仍属工部局，而以越界筑路以外各地区让与市政府"③，被伪上海特别市政府拒绝。11月2日，工部局总董樊克令与总办费利溥再次与傅筱庵商谈，并作出让步。最终于1940年1月29日，达成了有利于日伪的《沪西越界筑路设警之临时协定》。

20世纪三十年代的公共租界，由9名外籍董事和5名华董组成的工部局董事会管理。习惯上，9

图3-21，工部局总办费利溥，《中华（上海）》，1940年第85期，第8页

---

① 上海市地方志办公室编：《上海研究论丛》第1辑，上海社会科学院出版社1988年版，第79页。
② "警察"竟在哥伦比亚路开枪围击西捕，《新闻报》1939年11月2日，第10版。
③ 上海市地方志办公室编：《上海研究论丛》第1辑，上海社会科学院出版社1988年版，第80页。

第三章 1930年代的工部局

名外籍董事由英国人5人、美国人2人、日本人2人组成。

自上海沦陷后,日本侵略军企图迅速将英、美、法等国势力赶出租界,但由于并未对这些国家宣战,不能贸然侵入租界,转而采取增加日籍董事名额的办法,借此掌控工部局和公共租界。前文曾讲到1938年,在费信惇的操作下,挫败了日本人增加董事的阴谋。

图3-22,樱木俊一,1920年起任上海工部局董事,选自 Leaders of Commerce, Industry and Thought in China (Shanghai)

1939年4月,新一年度的工部局董事会选举之时,盛传"日人企图增多代表之谣诼"[1],但选举结果中工部局董事仍为中英人各五、美日人各二。

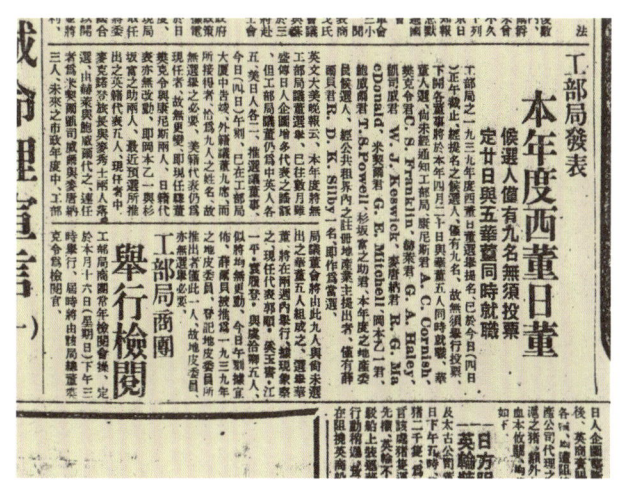

图3-23,1939年4月5日《申报》报道工部局董事会选举情况

1940年,工部局董事再次竞选,《申报》评论道"本年工部局董事竞选,为公共租界历史上七十年来最紧张之一幕"[2]。

4月10日,投票展开,分别在福州路万国商团操练厅和虹口小菜场进行,在阿乐满、卞纳、田诚、赫莱、塙雄太郎、凯自威、黑田庆太郎、罗特立克麦唐纳、雷诺尔麦唐纳、米契尔、冈本一策、冈本乙一、鲍威尔13人中,选举9人为工部局董事。

当时,英、美方面因为日本候选人增加至5名之多,深知日方企图攫取租界行政管理权,为保持租界现状及维护在租界所拥有权益计,乃组成联合阵线,采取一致步骤,以全力与日方相周旋。其他各国在沪纳税人,初被日本好言诱惑,以及对工部局目前

---

[1] "工部局发表本年度西董日董候选人仅有九名无须投票",《申报》1939年4月5日,第9版。
[2] 《今日董事竞选结果》,《申报》1940年4月11日,第9版。

财务行政上措施不满,少数纳税人颇有拥护日侨纳税人之趋势。唯多数深明大义者,熟谙利害、权衡轻重,怵于日方在占领区内排除第三国权益之殷鉴,加之英美方面之连日大声疾呼,整个局势业已转变。

工部局大厦投票场负责人为工部局财务处副处长密特尔顿,管理虹口菜场者为税务处康茂莱,各有助手多人帮忙。今日各报刊、广告,嘱纳税人弗选英侨独立候选人雷诺麦唐纳,雷氏乃饬人在投票场散发传单,请投票选举"第九号英侨独立候选人雷诺麦唐纳"。①

在公共租界里,英、美侨民成为对抗日本的最大力量。美侨选举委员会在美国总会特挂电话线6条,于10日早晨逐一发电话通知全体纳税美侨今早投票,英侨选举委员会活动月余,在10日的活动更加频繁。预料参加投票之纳税英人,远较平时为多,两委员会且为英美纳税人便利计,特派车辆接送侨民,到场投票。

此时,日本方面也抓紧活动。日方为了取得选举的胜利,以便操纵租界行政,无论在组织还是宣传上,都拼尽全力,林雄吉等一般选举委员经常数夜未眠,以达到他们的目的。在虹口一带,到处可以看到日本选举委员会所散发的传单标语,要求日本人去选举,"勿放弃贵重的一票"、"选举日籍五候选人"、"勿忘在选举票上署名"。《大陆新报》曾以"速设上海新秩序"之大标题,排为第一条新闻,鼓吹"以选举战的胜利,在上海实施东亚新秩序的原则"②。林雄吉于9日夜间,发表声明,其中提到:为维持现状,虽尝为世人所支持,但时势变迁,此种观念已难存在,日本人必须打破上海租界现状,建设"新秩序"。此选举战,"即为现状打破战的第一着,此战胜败之数,虽难逆观,但日人务须倾其全力,贯彻对上海租界所抱之主张云。观此,则

图3-24,1941年纳税人会议开会场景

① 《今日董事竞选结果》,《申报》1940年4月11日,第9版。
② 《今日董事竞选结果》,《申报》1940年4月11日,第9版。

日方独占上海权益,消灭欧美各国在沪地位之野心,实已情急至极,不遑自讳矣。日方为选举失败后,有所借口,以与工部局为难起见,昨在日文报纸上,制造种种消息,攻击工部局,谓许多犹太人咖啡店,有工部局所派之英籍警员,对犹太选举人作示威的劝诱,并有英警员挨户向犹太人作宣传,嘱其投票选举英美候选人。"①

当时投票情势十分紧张,1940年4月11日《申报》称:

> 上海西侨纳税人,昨日已开始投票,据万国商团操练场及虹口小菜场收票处报告,截至下午三时,两处计收约共五千余票。据目击者谈,收票处之最大困难,厥为过分拥挤,而各红领纳税人于投票前,须先检查其名字已否登记,而负检查之责者,依照其姓名之第一字母,分别检验。昨日专负检查"A""B""C"一字母者,仅有二人,彼等工作过分忙碌,以致将选举票投入箱内,需费极长之时间。但专负检查"X""Y""Z"字母者之二人,则工作极闲,应付裕如,而投票之事,进行亦颇迅速。据万国商团操练场收票处之报告,该处共收得三千票,据美侨方面消息,截至昨日,美侨纳税人之未投票者,已属少数,美侨协会今日将继续劝纳税人勿放弃权利,英侨投票者为数亦众,今日当可更多于昨。故据一般推测,今日投票情形,当更形紧张,截至今日下午三时止,全部当可收得一万余票。②

而日本人聚集的虹口区,则情况较为严重,1940年4月11日《申报》称:

> 据虹口小菜场投票处报告,截至昨日下午三时为止,共收二千五百票,共中日侨纳税人所投者,约计为二千二百票;犹太难民及犹侨所投者,约计三百票。据称,昨晨九时二十分,即开始投票前四十分钟,虹口收票处即有日侨二百余人伫候门首。至十时,增至六百余人,投票开始后,彼辈更蜂拥而至,间有日籍妇女及西侨杂于其间,全日秩序尚佳,仅有一人因遗失入场证而要求补发。同时亲日犹人,则在虹口各地张贴标语,其言云"勿忘吾人系居住虹口"作为拥护日侨候选人之理由。据悉,在兆丰路日方选举委员会办事处中,昨整日有若干犹人工作,极为忙碌。据称目前已有犹人二百五十余人被彼等吸引至桥北,投票赞助日

---

① 《今日董事竞选结果》,《申报》1940年4月11日,第9版。
② 《今日董事竞选结果》,《申报》1940年4月11日,第9版。

侨候选人，彼等妄想日人援助彼等之亲友，能逃出欧洲火坑，而来上海。①

鉴于本年投票者骤增，工部局方面事前已有妥善布置，如在两投票场中添设投票柜及增多发票桌，并加分类。投票入场须出示投票证，经检验无讹，始能领取选举票填写后投入票柜。

4月11日，下午三时半计算出选举结果，票数依高低排序为：阿乐满、卡纳、凯自威、赫莱、鲍威尔、罗特立克麦唐纳、米契尔、塙雄太郎、田诚。冈本一策、黑田庆太郎、冈本乙一、雷诺尔麦唐纳落选。综上结果，英美当选者7人，日本当选者2人。所投选举票有效者共13 098张，废票98张，总投票数一万以上。②

虽然日方篡夺工部局管理权的企图落败，但工部局掌权者面临日方的压力也日益增大。1940年7月，工部局受托于中国政府代为保管的土地局卷宗，终于顶不住日方压力，不顾中方的抗议，"移交"给日本驻沪总领事三浦。为此，《申报》记载：

昨日上午八时五十五分，日总领事署高级领事佐藤、携同伪"土地局局长"

图3-25，正从工部局大楼运物的日本自动车（说明：图片背后附日文"正从工部局前往上海市政府的自动车"，标注时间为1940年8月15日，李东鹏提供）

① 《今日董事竞选结果》，《申报》1940年4月11日，第9版。
② 《工部局董事选举·英美阵线大胜利》，《申报》1940年4月12日，第7版。

第三章 1930年代的工部局

范某、职员陈某,及伪"市府"代表杨某、吴某,造访工部局总办费利溥,然后同至工部局大厦Ａ字五〇六号房间(即土地局卷宗密藏之处),该室四周曾砌有墙壁(事前经局方夏工卸除),由警务处预备队人员监护之下,完成上海土地局卷宗有史以来最足感喟之一页。①

早在1937年11月29日、30日及12月11日,上海市市长俞鸿钧将此项卷宗交托工部局,共用19辆卡车运载,耗费3夜。而俞鸿钧市长以正式手续寄存工部局之上海土地卷宗,则在一天之内,全部运出,具体运送过程如下:

> 当天上午,工部局大厦中仅有捕房人员百余名。此外,即为三百十二箱之土地局卷宗,堆置两旁。至九时十七分,始由工部局公用事业科主任邓逊氏,开启联系三百十二箱铁格上之锁,木箱上之封条与印章,经双方加以检验后,遂自安全室中,陆续搬出,移上预定在外之卡车上,开始其沦落之运命。当起运时,捕房人员俄捕印捕,均环立四围,从事戒备。
>
> 至上午十时一刻,木箱全部装妥,然后由预备队红十警备车保护之下,驶离工部局。同时武装印捕一队及日宪兵数名则在卡车上把守,列车沿外滩向北驶去,经外白渡桥至黄浦路口,易以伪"市府警察",并由日领署当局重再验看过,然后各卡车续向市中心进行,于是土地局全部卷宗,竟落入伪方之手。②

中外人士皆认为"可知今后复杂混乱之纠纷,正方兴未艾也"③。1942年1月,原工部局董事会总董英人李德尔等辞职,日本人冈崎胜男担任总董,工部局总办处、警务处、财务处等重要机构均为日本人所控制。

1942年底,日本人寺冈洪平任总办,负责工部局所有行政事务的协调。副总办为华人何德奎,负责工部局华人事务

图3-26,时任工部局总董的冈崎胜男

---

① 《土地局全部卷宗昨辗转送江湾》,《申报》1940年7月6日,第10版。
② 《土地局全部卷宗昨辗转送江湾》,《申报》1940年7月6日,第10版。
③ 《土地局全部卷宗昨辗转送江湾》,《申报》1940年7月6日,第10版。

及卫生、学务、人力车问题。另有4名英籍帮办，1名负责警务、工务及地产委员会；1名负责财务、公用事业、执照发放及工业社会处；1名负责人事及图书馆事务；1名负责年报、公报及综合委员会的秘书工作。总办处特设一股，由日籍股长负责，处理保甲、警务、人事工作及同日本官方的交涉联络工作。另派一名日籍官员负责文书的日文翻译并管理档案室的文书。

1943年8月1日，日本帝国主义策划将公共租界"交还"给汪伪政权，工部局自然消亡。这时的上海法租界，公董局也因法租界的"交还"汪伪政权而结束，具有象征意义的法租界会审公廨也被收回。

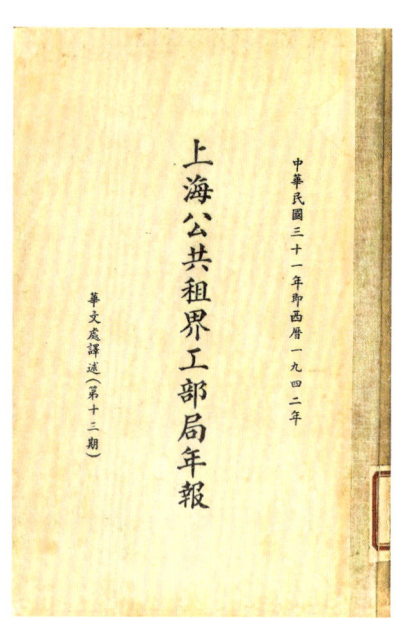

图3-27，上海公共租界工部局年报（1942年）　图3-28，《东方杂志》第28卷第18号刊发"上海法租界会审公廨之收回"的一组图片

第四章
动荡时局中的市政大楼

从1932年的"一·二八"到1937年的"八·一三",因战争影响上海租界格局大变,而华界的工业化、城市化进程基本上也被打断,一些区域甚至被严重摧毁。及至太平洋战争爆发,作为公共租界及其权力中心的象征——工部局大楼,也换了主人。

1941年12月太平洋战争爆发后,日军迅速侵占公共租界。1942年1月,工部局组成临时董事会,由日本人冈崎胜男任总董。日本人控制了工部局,开始在工部局大楼策划公共租界所谓的"交接"。1945年8月抗战胜利后,工部局大楼又经历了一次政权交接,国民党的上海市政府曾在这里办公。

第一节
汪伪政权交接"闹剧"

"八·一三"淞沪战争结束后,日军占领上海,先后操纵建立"上海市大道政府"、"督办上海市政公署"和"上海特别市政府"等上海市伪政权。

尤其是1941年12月太平洋战争爆发后,日军迅速侵占上海公共租界。

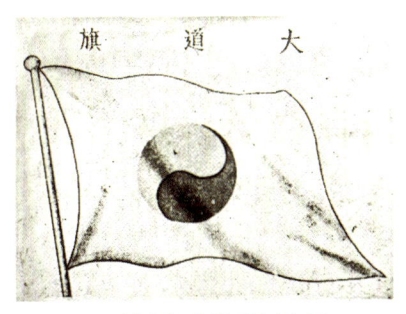

伪上海市大道政府旗帜(旗底色为黄色;旗中图符,浅色为绿色,深色为红色)

图4-1,伪上海市大道政府旗帜

图4-2,日军占领公共租界

图4-3,日军占领上海英商汇丰银行及外滩一带英美产业,汇丰银行大楼上挂起了日本旗

1942年1月,工部局组成临时董事会,重新推举总董、副总董,由冈崎胜男任总董,华董袁履登任副总董,工部局被日本人控制。

1943年8月1日,日本人与汪伪政权代表在工部局礼堂举行了公共租界所谓的"交接仪式",《申报》对此有详细报道:

图4-4,袁履登

> 友邦日本于我国参加大东亚战争之日,首先声明撤废治外法权,交还专管租界及交还公共租界之行政权,更协力于有关公共租界各国之外交,并承友好国家依次为同样之声明及签定,日本之伟大目的,卒于昨日完成,公共租界之交还于昨日上午十时,在工部局礼堂举行"隆重接收仪式"。①

首先,出席这场仪式的人员中,中方有:伪上海市市长陈公博及其汪伪政权的温宗尧、褚民谊、陈春圃、丁默邨、罗君

---

① 《行政权从此完整·大上海新生开始》,《申报》1943年8月2日,第2版。

强、吴颂皋、陈济成、张超、周隆庠,等等。日方为侵华军方和外交人员。这时公共租界的工部局已名存实亡,完全由日本人掌握,总董冈崎胜男,华董袁履登等,都出席了这场仪式。

其次,这场仪式完全由日本人主导、控制。首先由冈崎胜男致辞,旋由冈崎胜男将移让公文及目录交给汪伪上海市市长,然后是伪市长讲话。这场仪式,表面上很"光鲜",实质却充满着邪恶,日本侵略者的虚伪贪婪,汪伪的傀儡形象均暴露无遗。下面就是冈崎胜男的致辞:

图4-5,1943年8月1日《申报》发表"庆祝国府接收租界特辑"

> 本日我等于上海公共租界史上担当此时期的重大使命,已将上海公共租界工部局由今日起,由陈市长阁下主持,改属上海特别市第一区公署,敝人及同僚谨于兹略述数言,以示对陈市长阁下表示无限祝意。协助中华民国获得国家之自由,乃为日本确固已久之宿愿,今日中国得完全恢复上海公共租界领土权及行政权,而由我等参与共间,实为最感光荣者……日本及其友邦现正努力经营现阶段之战后工作,中国欲于东亚为完成其使命,所有领土及行政之完全独立自由,乃为绝对的前提条件,此时得有如上海市长陈公博氏之宏识卓见之政治家主持行政,衷心不胜钦庆……过去我等处理之行政,各方面因多种原因,未得强力实施,或有少数尚未解决者,希望今后由陈市长领导下,予以强力应一元的完成,获得圆满结果。同时,我等更期待将来能扩展现在之行政能率现适应现地实情,进而从事高度行政能率之发挥,以对商业都市之新行政机关于经济上之行政措施策,较过去之工部局得更进一步。过去上海历经种种困难,而至今日,幸能完成整个上海行政一元化,其将来必不仅为中国最大商业都市,敝人确信且将逐渐繁荣发展成为工业文化政治中心地无疑。①

---

① 《行政权从此完整·大上海新生开始》,《申报》1943年8月2日,第2版。

在杀戮中攻占上海,在刀枪下举行"交接",还如此冠冕堂皇、理直气壮。在那位伪市长的答辞中,则充满着对日人的献媚与颂扬,并表达对"主子"的忠诚:

图4-6,1943年8月2日《申报》报道工部局接收仪式

日本于中国参加大东亚战争之日,首先声明撤废治外法权,交回专管租界,及交回公共租界之行政权,以后更协力国民政府,致力于有关公共租界各国家之外交,并承友好国家依次为同样之声明及签定。卒能于今日完成日本最初伟大目的,今日于接受公共租界之始,应对日本伸其谢忱,及对有关各国致其敬意。

自大东亚战争展开以后,总董阁下暨公董局之中外董事,以及各职员,尤其日籍各职员,在困难危殆之时,一方面维持上海之繁荣,一方面确立上海之治安,使今日以完数之公共租界,交同中国,其毅力热诚,尤使本人感佩无已。

今后本人唯有本于个人职守,继续各位之毅力热诚,及维持原有机关之效率。虽然,以往公共租界之章则,未尽合乎中国之体制,但深信本人将慎重考处,将来纵有修正,亦一面顾及中国之法令,一面顾及当地之实情,务使精神事实,融为一气……目前工部局虽然撤消,然总董阁下与各位董事,皆在上海,本人以后当随时谓益,无负各位辛勤助劳,而且旧日工部局下各机构之职员,除辞职者外,本人皆继续分别聘任委用,此后本人尤望大上海之市政有进无已,俾数百万之中外市民在上海共存共荣,幸福日增也。①

最后,举行所谓的"升旗"典礼。全体恭立工部局大厦正门前,由工部局乐队奏国乐,全体致敬,灿烂之青天白日国旗渐渐高升于工部局大厦上。

此后,在所谓"行政权从此完整,大上海新生开始"的幌子下,上海公共租界工

---

① 《行政权从此完整·大上海新生开始》,《申报》1943年8月2日,第2版。

部局成为汪伪政府的办公楼。

下面是反映汪伪政权时期市政办公大楼的一组图片。

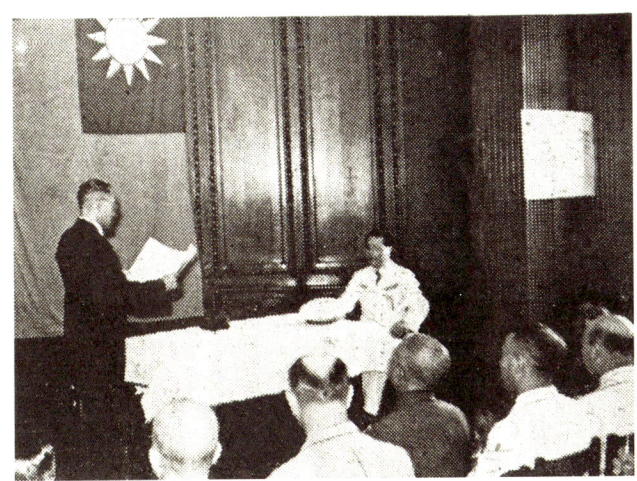

图4-7，日本《写真周报》第286号载"工部局总董冈崎在工部局董事会会议室向陈公博交还租界"

图4-8，日本《写真周报》第286号载"汪伪警察、陆军、保安队和日本陆军在政府前合影"

在汪伪时期，原工部局大楼成为第一区的公署。下面是刊登在《申报》上的一则声明，其中有：上海特别市第一区公署社会福利处职业介绍科代征技术职工及男女机械制图员，注明了报名方式与地点："应征者于即日起十六日，持二寸半身照片二张及证件亲赴福州路一八〇号（前工部局大厦）三六二A房间第一区公署职业介绍科登记。"①从中可知前工部局大厦成为伪政府的公署机构。后来这里成为"上海特别市政府"的办公住所。在1944年8月4日的"市物品配给处关于存米登记布告"中有：

上海特别市物品配给处布告　配总字第二号

为布告事。凡在本市市区内截至八月五日止，如藏有下列规定之存米者，不论粳米、籼米、糙米、白米或糯米，应于八月十日午前至江西路二〇九号上海特别市政府七〇一室本处第一科申请登记。②

但此时的汪伪政府已是穷途末路。

---

① 《声明》，《申报》1943年9月11日，第4版。
② 《声明》，上海市档案馆编：《日伪上海市政府》，档案出版社1986年版，第712—713页。

第二节

成为国民党上海市政府大楼

距汪伪政权"接收"工部局的两年后,工部局这幢大楼又一次见证了"交接"。

1945年8月15日抗日战争胜利,日本侵略者宣布无条件投降。9月12日,国民党政府接收汪伪市政府,开启由中国人自己管理上海的时代。

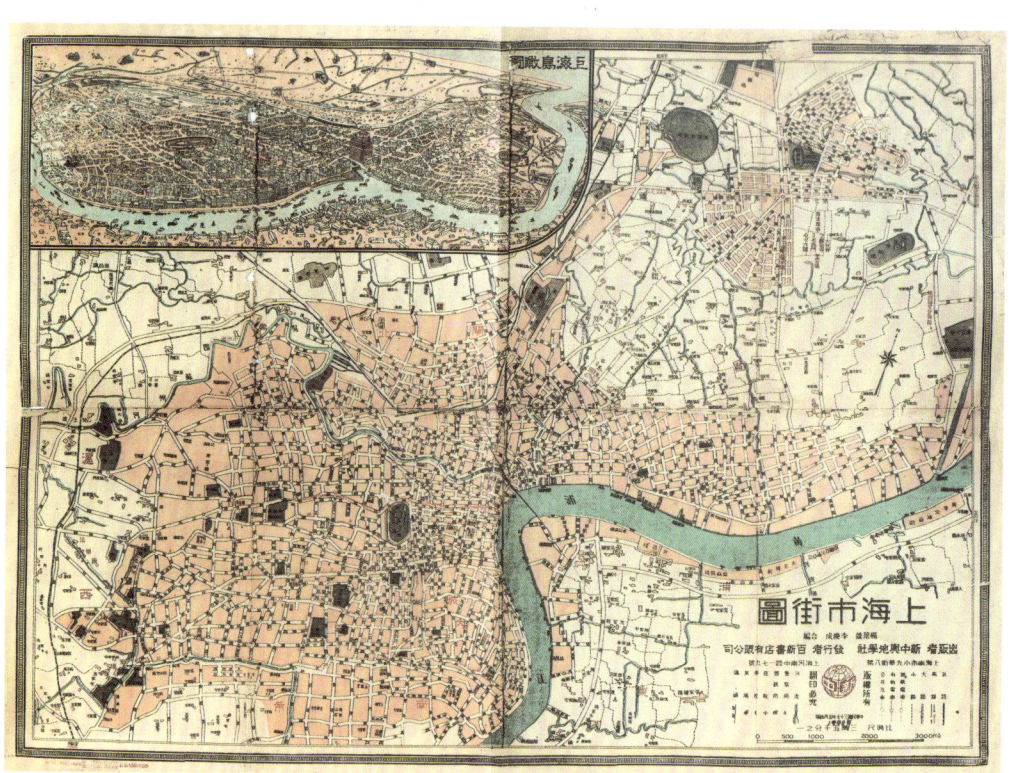

图4-9,1948年《上海市街图》标注该地为"市政府"

1945年8月13日、15日,国民政府先后任命钱大钧[①]、吴绍澍为上海市市长、副市长,任命吴绍澍为行政院政治特派员,先后在上海公开设署办公。8月18日,蒋介

---

① 钱大钧(1893—1982),字慕尹,祖籍江苏吴县(今属苏州),生于昆山。1911年辛亥革命爆发,赴上海参加学生军,后入钮永建开办的陆军干部学校。1917年入日本陆军士官学校,1921年回国,历任黄埔军校参谋处主任、第十三军军长、蒋介石侍从室第一处主任等职。1938年以后历任国民政府航空委员会主任、陆军部政务次长兼参谋长、侍从室第一处厅长等。1945年9月9日赴上海,任上海市市长兼淞沪警备司令。1946年3月辞职。1949年任西南公署副长官,后经香港到台湾。

石又派蒋伯诚为军事委员会委员长驻沪代表,并设立公署。9月4日,国民党军队第三方面军汤恩伯部副司令张雪中、郑洞国等抵沪,在华懋饭店(今和平饭店)设立第三方面军前进指挥所,对上海实现军事占领。9月7日,第三方面军总司令汤恩伯、副总司令孙元良、第九十四军军长李廷芳到达上海。汤恩伯在9月12日接受日军第十三军司令官陆军中将松井久太郎代表驻上海地区日军的投降。

图4-10,中国政府在跑马厅接收上海地区日军

图4-11,押解日本战犯(1945年8月)

9月12日，钱大钧、吴绍澍等政府接收人员，正式对汪伪上海特别市政府实行接收。是日，市长钱大钧（兼淞沪警备司令）、副市长吴绍澍（兼国民党上海特别市执行委员会主任委员）正式上任，组成上海市政府，设址于汉口路江西中路原公共租界工部局办公大楼。

1945年9月11日《申报》发表标题为"市府积极筹备复员接收工作，定日内接收伪市府及各局"的报道，其中写道：

> 钱市长及各局局长抵沪后，已积极开始筹备本市复员工作。兹据可靠方面传出消息，市政府将于日内同时接收伪市府及各局。至于市府以后办公地点，闻将仍在市中心区前市政府内，但在复员工作未完成前，为接近民众及工作便利起见，暂时在汉口路前工部局旧址内办公。一俟复员完成，一切恢复正常状态后，即迁返市中心区。又悉，市府所属各局，于办理接收后，将仍以伪市府各（局）址为临时办公处。钱市长暨吴副市长，并于昨晚在海格路范围召集各局局长及市府主要人员，举行会议，商讨接收及复员事宜。①

图4-12，抗战胜利后的上海市政府

此后，原工部局大楼成为国民党上海市政府所在地。

1945年11月间，吴绍澍呈请辞去副市长职务，前公共租界工部局华人总办何德奎继任副市长。1946年5月14日，国民党行政院例会通过上海市市长钱大钧辞职。接任的是吴国桢。②5月20日，国民党上海新市长吴国桢到任。对此，《申报》有一段详细的记载：

---

① 《市府积极筹备复员接收工作·定日内接收伪市府及各局》，《申报》1945年9月11日，第2版。
② 吴国桢（1904—1984），字峙之，湖北建始人。早年就读南开中学、清华学校等校。1921年留美。1926年获普林斯顿大学博士学位。回国后，历任外交部第一司副司长、湖北烟酒税务局长、湖北省财政厅长、军委会侍从室秘书、汉口市市长、重庆市长、外交部次长等职。1946年5月出任上海特别市市长。1949年4月辞职，后去台湾，任台湾省主席等职。

昨天清早,江西路市政府门外就挤满了想看一看新市长丰采的民众。江海关的大钟传来九点钟的时候,民众们交头接耳地说:"来了!"

一辆黑色轿车轻快地开到,吴市长笑容满面地走下汽车,警察属的宣局长早在门口迎迓了,便引导了吴市长登上二楼,那时,钱市长也愉快地亲自出来迎接了。

九点零五分,就开始了新旧二位市长同时出席的纪念周……

九点三十分,纪念周完毕,钱市长将黄缎包裹的大印亲自交给新市长。十分钟后,钱前市长向新市长告辞,从二楼一直到市府大门,密密排满了依依惜别的市府职员。吴市长亲自送到大门,在悠扬的音乐声中,钱前市长走上了汽车。

从汽车的窗口,钱前市长的手伸了出来,他向恭送他的许多僚属招着手,……吴市长回到了办公室,他开始批阅第一件公文,这是他接印视事布告的拟稿,他批上了一个"桢"字,想了一想,写下了"五·二十"。这大红的布告在十点廿五分贴了出来服引了无数的市民。

接着,市长就在会客室接见各局长,十点十分,新任财政局长谷春帆由南京赶到晋谒。……十点五十分,秘书长何德奎伴同市长,视察市府各办公室。十一点零五分,本报社长潘公展到市府致贺。……潘氏告辞后,市长仍继续视察各办公处,并欣然为记者在他的玉照上签名。正午,市长到迈尔西爱路十三层楼赴宴,下午三时再回到市府,召开了全沪人士瞩目的粮食紧急会议。①

图4-13,吴国桢走进市府大楼

图4-14,吴国桢在市长办公室

吴国桢出任上海市市长后,调任副市长何德奎为市政府秘书长,此后,副市长一职即行撤除。②

---

① 《迎新送旧别纪·门外僚属依依惜别·楼头佳宾连连道贺》,《申报》1946年5月21日,第4版。
② 《上海旧政权建置志》编纂委员会编:《上海旧政权建置志》,上海社会科学院出版社2001年版,第56页。

下面,介绍这一时期上海市政府大楼的机构设置与分布情况。

1947年刊印的《上海市行号路图录》上册第二图,就有关于国民党上海市政府大楼的详细分布图。在这幢大楼里,设有上海市政府,还有一些职能部门的办公地点,如财政局、工务局、卫生局等,靠近福州路一侧对面,有警察局、民政处等[①]。

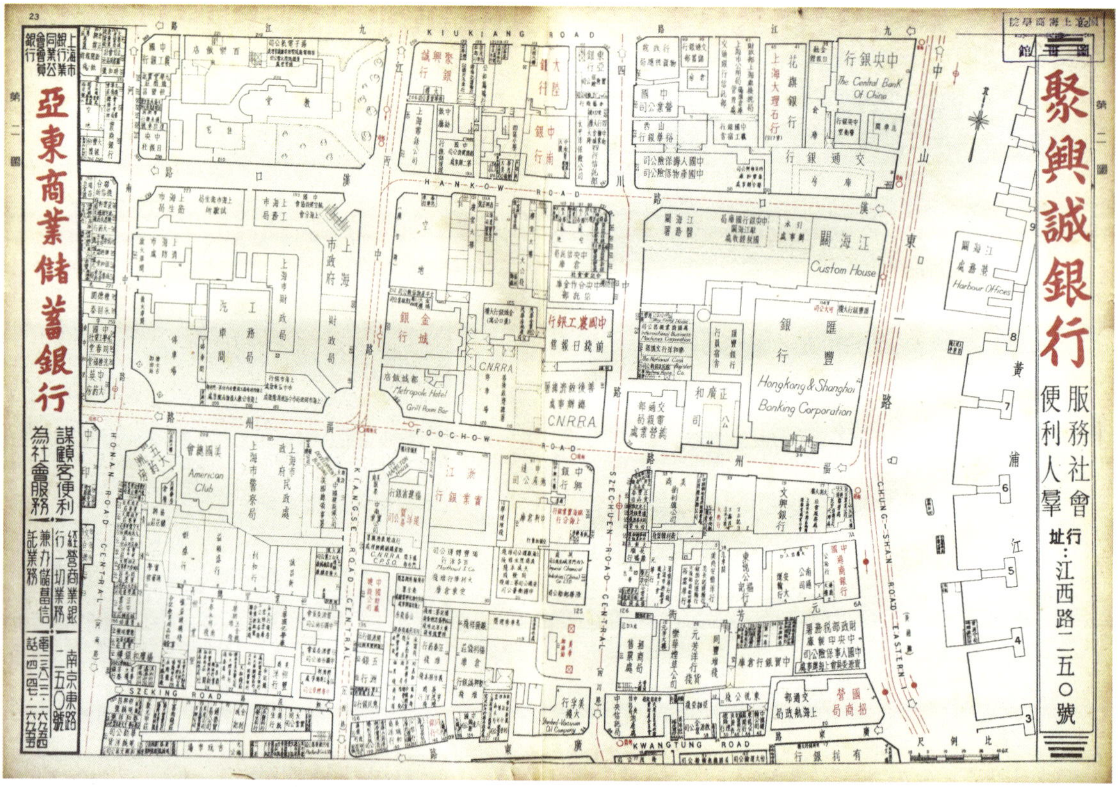

图4-15,国民党上海市政府大楼功能分布图,选自1947年刊印《上海市行号路图录》上册第二图

图4-16,国民党上海市政府

---

① 鲍士英测绘,顾怀冰等编辑:《上海市行号路图录》(上册)"第二图",上海福利营业股份公司编印,1947年再版。

有关上海市政府机构的具体设置，可以查阅1948年出版的《上海统览》，内中有"上海市政机构"的记载。

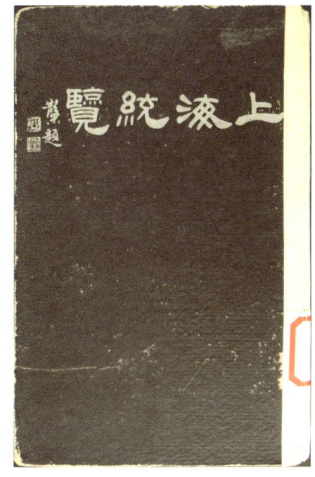 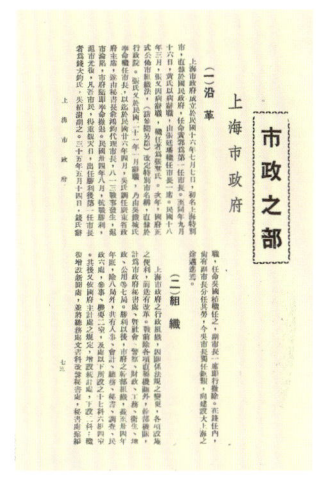 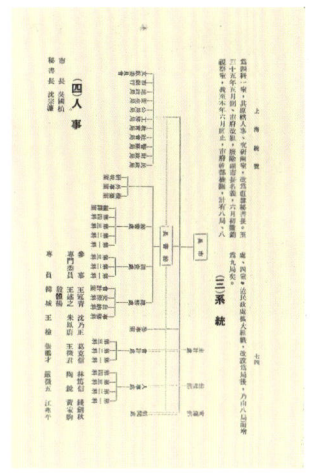

图4-17，1948年出版的《上海统览》　　图4-18，《上海统览》中关于"上海市政府"的记载（节选）　　图4-19，《上海统览》中关于上海市政府的机构系统

顺便一提，在市政府大楼还有"中国航空建设协会上海市分会"等机构，关于该机构，图4-15"国民党上海市政府大楼功能分布图"中有明显标识，《申报》中也曾刊登"中国航空建设协会上海市分会迁移地址通告"："本分会现由安福路二〇一号会址迁至汉口路上海市政府二楼120号办公，电话15349号转28号分机，特此通告。"[①]

第三节

蒋介石、宋美龄、白崇禧等人到访

这座前工部局大楼极具象征意义，在成为上海市政府办公楼后，不少国民党名人政要纷纷到访该大楼。仅1946年1、2月间，白崇禧、宋美龄、蒋介石等就先后来到这里，或主持仪式，或作报告，或进行视察，热闹一时。

---

① 《中国航空建设协会上海市分会迁移地址通告》，《申报》1946年6月17日，第4版。

图4-20，白崇禧

1946年1月21日晨，国民党上海市政府举行"国父纪念周"，副总长（当时代理陆军总司令之职）白崇禧专程来到上海。①上海市市长钱大钧、副市长何德奎等四百余人迎接，仪式由钱大钧主持，随后请白崇禧作报告。白崇禧在报告中提到他"于民国十六年北伐时期，曾首先到达上海，当时上海尚有租界，地方治权操诸外人之手，凡我武装军人，概不能入租界，一切情形与今日迥异"②。话锋一转，他说：

自抗战胜利以后，本人初次莅沪，看到地方秩序安定，治权完全统一，足证此一东方大都市，国人自能尽力整理，逐渐建设，前途实有无穷之希望。本人此次来沪，任务为检阅军队。关于军风纪问题，本人以为沪市军警亟应严密注意。无论中外军人如有越轨行为，均应随时纠正。钱市长兼任淞沪警备总司令，自有充分职权处理。且陆军总部已迁南京，亦可随时指示，务使在中外观瞻所系之上海，军警协力保卫人民之安全，维持地方秩序。③

随后，白崇禧在上海市市长办公室接见了市政府的各局长、各处长。

1946年2月10日，宋美龄④来到上海，代表蒋介石在上海市政府市长办公厅举行授勋典礼。消息传来，沪上轰动，有一位记者写道："假使有人问起我胜利后本市仪式最隆重、情关最融洽的授勋典礼，那我得直接的告诉他，就是昨天蒋主席夫人宋美龄女士在市政府市长办公厅里所举行的代表蒋主席一幕授勋典礼，这种场面在陪都也许

---

① 白崇禧，字健生，广西桂林人。辛亥革命时加入学生军，远征两湖。曾就读于保定军官学校，为步科二期，毕业后返广西任职，为广西新派军官中佼佼者。因富谋略而有"小诸葛"之称。积极促成两广统一，加入国民党。1926年加入国民革命军，编为第七军，任参谋长。北伐时任国民革命军总司令部副参谋长兼东路军前敌总指挥，曾任国民政府国防部部长、华中军政长官等职。在上海汾阳路置公馆，即白公馆，1950年去台湾。
②《白崇禧昨在市府报告》，《申报》1946年1月22日，第4版。
③《白崇禧昨在市府报告》，《申报》1946年1月22日，第4版。
④ 宋美龄，祖籍广东文昌（今属海南），生于上海，1910年赴美国卫斯理女子学院就读。1920年回国后，参加基督教女子青年会活动。曾在电影审查委员会、童工委员会任职。1927年12月在上海同蒋介石结婚，广泛参加政治、社交活动，并在一些妇女、儿童福利等团体任职。1936年12月西安事变爆发，亲赴西安，支持和平解决。抗战期间曾任航空委员会秘书长，1943年随蒋介石参加开罗会议，任翻译。1950年后去台湾。

常会有,可是在沦陷了八年后的上海,还是破题儿第一遭。"①宋美龄的来沪,成为抗战后上海的一件大事。

为此,1946年2月11日《申报》予以详细报道:

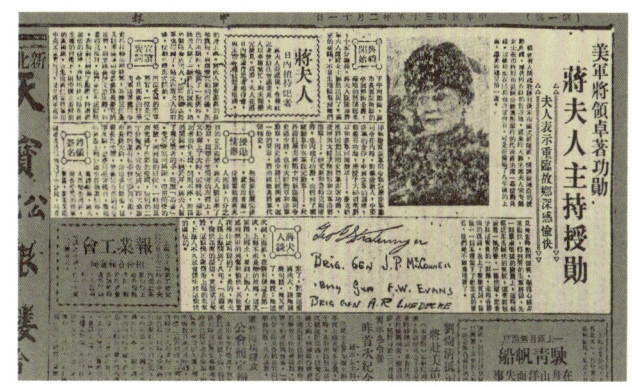

图4-21,1946年2月11日《申报》报道"蒋夫人主持授勋"

典礼开始

午四点钟,钱市长那间精致的半圆形办公厅,蓦地热闹起来,十五分钟后,蒋夫人跟陈诚将军夫人谭祥女士翩然出现了。满室的视线,不自主地倾集到她们的身上来。蒋夫人穿着墨黑的长袖旗袍,嵌镶着宝蓝的花边,黑色的高跟鞋,堆满了一脸笑容。陈夫人穿了一袭绛红的旗袍,始终紧随着蒋夫人,这时魏德迈将军也赶到了,站立在蒋夫人的右边,授勋典礼正式开始。

宣读褒词

四位受奖的美军将官,一位是定今日回国的驻华美军空军总司令史特拉特梅耶将军,其余三位是美驻华空军司令部参谋长麦克纳准将,副参谋长伊文斯准将,和鲁特克准将。他们军服平正熨贴,左胸前已缀满了勋襟,抖擞起加倍的精神,齐整地排列站在蒋主席的肖像下,两旁树立着鲜明的党国旗,首先由黄仁霖将军用中英文宣读褒词,说史将军在中印缅战区空军司令和驻华空军总司令任内时,对击败敌人,中美空军的合作,中国空军的训练,都有着功勋,应授予大绶云麾勋章和空军河图勋章……麦克纳准将因为协助史将军亦着功勋,故赠与大绶云麾勋章和空军洛书勋章……伊文斯和鲁特克两准将,也因建有功勋,而得到了云麾勋章和空军干元勋章……此外前驻华美国第十四航空队司令史通少将,也有大绶勋章和空军勋章,因史通少将已经回国,这一份的奖章,将由魏德迈将军代领转交。

授勋情形

每张褒状读完后,就可以看到一位将军站到蒋夫人面前,百分之百的立正姿势,蒋夫人亲自拿了勋章,缀带在受奖者的左襟上,又给夺上了大绶,这时候,

---

① "蒋夫人主持授勋",《申报》1946年2月11日,第4版。

摄影记者的镁光灯，闪照不停，镜箱的开关声，不绝于耳。蒋夫人握了握受奖者的手，说声"恭喜"。受奖者点头称谢，带着荣誉的笑脸，回到他的原位，一幅隆重而充满了色彩的镜头，短短的二十分钟里，宣告完成。

昨天参加典礼的还有航委会主委周至柔，市长钱大钧，副市长何德奎，秘书长沈士华，警备司令部副司令李及兰，警察局长宣铁吾，战地服务团上海分团主任梅其驹等。

将领签名

典礼完毕，蒋夫人高擎着酒杯，向各受奖的将军贺喜，接着又跟魏德迈将军攀谈了十分钟，只看见她时常点头微笑，显得心绪非常愉快，得到奖的美军将领，先一刻严肃紧张的脸庞上，这时候都泛滥着轻快的笑纹，这笑纹包含着一种荣誉，一种快慰。记者争取到宝贵的一刹那。走向各将领的跟前，送上了声声贺词，请他一一为本报留下了纪念式的签名，他们毫不犹豫地签了。

蒋夫人谈

末了，记者逗着蒋夫人，请她讲几句话。她又笑了，她说：她这次到上海来，在胜利后还是第一次，上海本来是她的故乡，这次重踏上乡土，看到上海人，心里感到无限的兴奋和愉快。其他实在没什么可说的了。是的，蒋夫人跟上海阔别了八年，一旦归来，愉快程度的深切，竟致欲言无语……①

这样的场景，出现在抗战胜利后的上海，出现在上海市政府大楼的那间半圆形办公厅里。

1946年2月11日，蒋介石亦莅沪巡视，13日在市府礼堂接见中外记者。但是，在通货膨胀、百业凋敝的大情境下，正如《联合画报》记者所写：

八年另九个月了，蒋主席都没有到过上海。抗战胜利后，蒋主席曾先后访问故都首都，慰问当地艰苦忠贞人士及耆绅名宿，接收人民之陈诉。上海沦陷八年，几经敌伪蹂躏，市民饱受凌辱。名城一旦重光，市民殷殷思念主席莅沪。尤其物价狂涨，民心惶惶的今日，更愿主席早日来沪，能以领导抗战之精神，有效平抑

---

① 《美军将领卓著功勋·蒋夫人主持授勋·夫人表示重临故乡深感愉快》，《申报》1946年2月11日，第4版。

第四章
动荡时局中的市政大楼

图4-22，1946年第165—166期《联合画报》报道"蒋主席莅沪"

图4-23，蒋介石、宋美龄在上海市府大楼阳台，选自1946年第44期《文汇报画刊》

物价，确实解除民困。二月十一日蒋主席由渝飞沪，在沪逗留四日。主席在沪时，除在市区作胜利巡察慰问民众外，并分别抚慰耆老及接见蒙难同志代表，招待盟军将领使节及新闻记者，检阅由青岛来沪之中国海军，参观盟舰，向在沪驻军将校警官及国民党党团员训话，出席上海各界欢迎大会，发表历时廿分钟之演说，语极恳□，最后特别强调"明礼仪，知廉耻，负责任，守纪律"之重要性。蒋主席莅沪之日，威声所及，投机家有所顾忌，涨风确稍戢，惜不一日，而涨风复炽。主席在沪于巡察训话酬宴之余，注意物价，召见参政员奚玉书等垂询平抑对策，关怀民瘼，由行辕秘书处接受市民陈诉函件。计此次接受陈诉函件达二千余通之多，可知各地民众冤屈之深且多。据人观察，蒋主席此次到沪，虽亦受到相当热烈欢迎，但人们在生活的压迫之下，其欢迎情绪已受影响，如在二三月前主席莅沪，其所受到欢迎之程度，将甚于今日者。①

然而，好景不长，这样的氛围不久就被国民党发动的内战所破坏。加之国民党"五子登科"式地接收大上海，接收大员强取豪夺，引起上海各界民众的极度愤慨，丧失了民心。

内战爆发后，国民党无心也无力经营上海，这座城市在风雨飘摇中度过了20世纪40年代的最后几年。

1949年5月1日，南京国民党政府行政院第五十七次政务会议决议，上海市市长吴国桢辞职照准，任命陈良为上海市市长（自4月1日起已奉命代拆代行）。②5月24日，陈良又匆匆委托赵祖康代理市长。③据《赵祖康日记》记载："（23日）深夜，陈市长邀赴市府，坚嘱在其出走后，由余代理市长职务，自一时半谈至三时。""（24日）晨，陈市长邀集各局长，表示请余代理，并决定各局处主管留或离。""（25日）下午六时在市府晤瑞士领事 Adlebert Koch。"④

1949年5月27日上海解放，次日上海市人民政府成立，上海国民党政权宣告结束。

---

① 《蒋主席莅沪》，《联合画报》1946年第165—166期。
② 陈良，号初如，浙江临海人。日本青山农业大学肄业，早年在黄埔军校经理处任职。历任国民政府军政部军需署副署长、三民主义青年团中央干事会干事、联合勤务总司令部副总司令兼经理署署长、粮食部常务次长、粮食部政务次长等职。1949年5月任上海市市长。后去台湾。
③ 赵祖康，字静侯，江苏松江（今属上海）人。1918年就读上海南洋公学，后赴美国康奈尔大学研究院进修，1931年回国。历任国民党政府交通部公路总局副局长、上海市工务局局长等职。1949年5月24日，陈良委托其为上海市代市长。1949年参加迎接上海解放的工作，先后任上海市人民政府工务局局长、市政建设委员会副主任、市规划建筑管理局局长、上海市副市长、上海市政协副主席、上海市人大常委会副主任、民革中央副主席、民革上海市委主任委员等职。
④ 据"赵祖康1949年5月日记"，引自陈伯强《赵祖康与上海解放》一文附录，载《武汉大学学报（社会科学版）》1986年第1期。

第四章
动荡时局中的市政大楼

图4-24，1949年3月，赵祖康、茅以升、侯德榜、恽震等六人赴南京向李宗仁递请愿书（左二为赵祖康）

第五章
成为上海市人民政府大厦

随着中国人民解放军解放上海战役的打响,国民党军队节节败退。1949年5月24日,解放军从梵王渡、徐家汇、龙华、高昌庙等地攻入市区。5月25日凌晨1时,解放军攻占上海苏州河以南的市区。是日,国民党上海市政府大楼插上白旗。5月27日上海全境解放,中国人民解放军上海市军事管制委员会宣告成立,陈毅任主任,粟裕任副主任。昔日的工部局大楼,又一次见证了政权的交接。

图5-1,1949年5月25日上午,国民党上海市政府大楼插上白旗

第一节
军管会入驻

上海战役是一场解放军以消灭汤恩伯主力、解放大上海为目标而发动的战役。1949年5月12日,中国人民解放军第三野战军主力顺利渡过长江后,对国民党军重兵据守的上海市进行了城市攻坚战。至5月24日夜,解放军第23、第27军分别从徐家汇、龙华进入市区,第20军主力从高昌庙西渡黄浦江进入市区。各部队多路突破,快速跃进,迂回包围,直插城区的各条街道,抢占街垒与楼房火力点。25日凌晨,国民党上海代市长赵祖康命警察局局长陆大公给警察下令不要进行任何抵抗,务必保护好市政府大厦,并签发手令,要市政府立即升白旗,向人民解放军投降。[1]解放军全面控制苏州河以南市区。1949年5月25日上午,国民党上海市政府大楼插上白旗,这是颇具象征意义的。

上海的解放具有重要的历史意义。1949年5月30日,《人民日报》第一版刊登新华社社论《祝上海解放》:

> 上海的解放,引起了全中国人民和全世界进步人类的欢呼。这是因为,第一,上海是中国的最大的经济中心,上海的解放表示中国人民无论在军事上、政治上和经济上都已经打倒了自己的敌人国民党反动派;第二,上海是帝国主义侵略中国的主要基地,上海的解放表示中国人民已经确立了民族独立的基础。这两种情况,使得上海的解放在中国人民解放事业中具有特殊的意义。
>
> 上海的命运实际上是近代中国历史的缩影。在一方面,帝国主义的冒险家们曾经把上海看成是自己的乐园,在上海制造了种种盗劫、屠杀、侮辱和愚弄中国人民的罪恶。帝国主义在中国的最后一个大走狗,中国封建主义的最后一个暴君和官僚资本主义的集大成者蒋介石,就是由上海的流氓组织起家,因为造成了上海工人的大流血,得到国内外反革命势力的喝采,建立起他的以上海买办经济为基础的二十二年的黑暗统治,并且直到最后,还以屠杀和破坏来向上海人民告别

---

[1] 黎霞:《上海新旧政权交替的见证》,《中国档案报》2014年5月26日。

的。在另一方面，上海又是近代中国的光明的摇篮。上海是中国工人阶级的大本营和中国共产党的诞生地，在长时间它是中国革命运动的指导中心。虽然在反革命势力以野蛮的白色恐怖迫使中国革命的主力由城市转入乡村以后，上海仍然是中国工人运动、革命文化运动和各民主阶层爱国民主运动的主要堡垒之一。上海的革命力量和全国的革命相配合，这就造成了上海的解放。

上海的解放当然要加速完成中国内外关系的一系列根本变化，这些根本变化当然要使新中国的地位一天比一天光明。在上海、南京、杭州、九江、南昌、汉口、西安等枢纽城市解放以后，中国的反革命已经被打碎成为零星的小部，逃入边远的地区，而这些仓卒筑成的反革命巢穴也绝不能维持多久。中国在短期间虽然还必须负着战争的最后阶段的负担，但是生产建设已经成为一天比一天重要的课题。上海和其他中国大城市在以前曾经不能够顺利地发展生产，并且常常成为生产的障碍物，这种时代已经过去了。中国革命的敌人恐吓中国人民说：你们不敢占领上海，因为你们无法管理它，除非你们向我们屈服。这些大言不惭的人们并且设定种种的图案来安慰自己和互相安慰。但是现在不是他们在赌博场中继续赢钱的时候了。他们在中国的问题上已经再三失败，如果他们不相信中国人民能够把上海管理得好，那么他们只能再增加一次失败。上海是一个生产的城市和革命的城市，在反革命统治被捣毁以后，这个特征将要显出伟大的威力。上海的几十万工人，几十万其他劳动人民，几十万知识分子，和有爱国心的民族资产阶级，现在是第一次不受压迫地联合在一起。上海和全国的其他城市，和全国的乡村，现在也是第一次不受压迫地联结在一

图5-2，《人民日报》1949年5月30日第1版刊登《祝上海解放》

起。尽管因为战争，因为敌人施行了长期的破坏并将以隐蔽的方法继续破坏，还因为缺少成熟的经验，在前进的道路上必然要遇到各种意料之内和意料之外的困难，我们决不可轻视这些困难，谁要是轻视这些困难，因而不去采取认真想法克服这些困难的步骤，我们就会要犯极大的错误；但是这些困难在上海各民主阶层的协力奋斗之下，在全国各民主阶层的协力奋斗之下，没有不可以依靠自己而克服的。

  上海是一个世界性的城市，所以上海的解放不但是中国人民的胜利，而且是国际和平民主阵营的世界性的胜利。对于解放了的上海和解放了的中国，世界上的不同人物表示了不同的反应，这是完全可以理解的，并且是有益的，因为这使中国人民可以很容易地认识他们的面孔。中国人民对于国际事务早已宣布了鲜明的立场，其最近一次便是四月三十日中国人民解放军总部发言人李涛将军的声明。李涛将军说："中国人民革命军事委员会及人民政府愿意保护从事正常业务的在华外国侨民。中国人民革命军事委员会及人民政府愿意考虑和各外国建立外交关系，这种关系必须建立在平等、互利和互相尊重领土主权的独立和完整的基础之上，首先是各外国不能帮助国民党反动派。中国人民革命军事委员会及人民政府不愿意接受任何外国政府所给予的任何带威胁性的行动。外国政府如果愿意考虑和我们建立外交关系，它就必须断绝和国民党残余力量的关系，并将它在中国的武装力量撤回去。"这个声明是公平合理的，毫无疑问，中国人民是支持这个声明的立场的。中国人民愿意在上海或在其他任何地方和任何外国人民友好合作，但是若干外国的政府不但过去是而且现在仍然是和国民党反动派站在一起反对中国人民，那么，人们之认为这些政府是采取了一种对于中国人民的不友善态度，当然没有什么奇怪。这些外国政府如果愿意开始从中国事变中吸取教训，那么，它们就应当着手改变它们干涉中国内政的错误政策，采取和中国人民建立友好关系的政策。①

此时，走在上海的街头，随处可见"欢迎人民解放军解放上海"的标语，整座城市沉浸在一片喜庆之中。

---

① 《祝上海解放》，《人民日报》1949年5月30日，第1版。

图5-3，1949年5月25日上午，九江路、江西中路口悬挂的"欢迎人民解放军解放上海"横幅

5月26日下午，中国人民解放军先遣部队政治部民运部副部长晨钟等进驻位于江西路汉口路口的国民党上海市政府，全面接管该大楼的警卫工作。

值得一提的是，在上海战役打响前后，国民党市府大厦内已有一支中共上海地下党组织领导的队伍在活动，他们组成了25人的"市府大厦纠察队"，为保护大楼和资产，完成顺利交接，作出了独特的贡献。这里，摘引一段口述资料：

> 5月中旬，上海外围战开始，财政局地下党组织选派党员和骨干力量住宿在市府大厦内，夜间值班以观动静。货物税局和直接税局也安排值班力量，利用应变的合法形式守护机关。
>
> 5月24日晚8时许，人民解放军突入市区。当夜，财政局地下党组织立即组成25人的"市府大厦纠察队"，佩带自制的红色臂章，执行保卫任务。25日晨，市

府大厦附近的江西路、四川路、外白渡桥附近枪声未停，纠察队即对市府大厦各机关采取完全封闭的措施，迎接人民解放军的到来，协同解除国民党市府警卫部队武装，看守市府大厦南北两个大门，维持秩序，保护机关。27日上午9时，地下党员、纠察队长王伟鼎等在大门口值勤，热烈欢迎军管会接管专员顾准、朱如言、谢祝珂和有关人员蔡兆鹏、彭斌、谢胥浦等同志到财政局进行接管，由地下党支部书记程子佳介绍会见了静候接管的原财政局局长汪维恒和有关人员。直接税局、货物税局和市府会计处，亦由顾准、陈智方、王良、邢一新、王纪华、顾树桢等分别进行接管。①

当时，国民党上海市政府代市长赵祖康站在大楼门口迎接解放军进驻，并特地陪同解放军警卫队负责人视察机关各局处，特别察看了档案室，224.5万卷档案在档案架上摆放得井然有序。赵祖康在日记中写道："（26日）下午三时，中共晨钟、钱□明、宋启荣来警卫监督市府。"②

同日下午，中共代表熊中节持陈毅手谕来到上海市政府，手谕写道："着总务处熊处长前往旧市政府布置有关接收事宜，并通知原负责人作准备。"③熊中节通知赵祖康，中共将于28日下午与国民党上海旧市政府举行接收仪式，熊中节并就举行仪式的细节事宜与赵祖康充分商谈，很快便拿出了方案。

国民党上海市政府最后一次会议在社会局会议室召开，由代市长赵祖康主持。赵祖康召集财政局、警察局、工务局等负责人开会，通报了5月25日下午他与中共接管代表联络洽谈的结果，也通报了刚刚与熊中节谈定的28日下午举行交接的情况。赵祖康严肃关照旧政府的工作人员要严格执行军管会的要求，落实八项要求，确保财产档案的安全，不得有丝毫差池。赵祖康考虑问题很细致，会上他还就维持秩序、搞好移交、保障民生等问题作出了具体部署，要求各部门紧密配合，协力完成，主要是：继续征收各项税款，银行不得停业，要继续运转，已经停业的要尽快恢复营业，由代理

---

① 方子文：《忆往昔峥嵘岁月稠——1949年上海财政税务机构接管片断》，《上海财税》1999年第5期。关于这段历史，一些当事人撰写了相关的回忆文章，弥足珍贵，此列举几篇：王伟鼎口述、陈邦本整理的《战斗在旧上海市府大厦里》《世纪》2009年第6期）、杨锡珩：《有关"保卫市府大厦纠察队"的一些史实》《世纪》2010年第6期），方子文：《忆往昔峥嵘岁月稠——1949年上海财政税务机构接管片断》《上海财税》1999年第5期），等等。

② 据"赵祖康1949年5月日记"，引自陈伯强：《赵祖康与上海解放》一文附录，载《武汉大学学报（社会科学版）》1986年第1期。

③ 参见《上海人民政府志》，上海社会科学院出版社2004年11月版，第132页。

市长与中共接洽交接各项册式。会议决定于5月27日上午交接进入程序，各部门向赵祖康汇报工作进展情况，进一步商讨如何把交接工作做得更好。

5月27日上海全境解放，这座历尽沧桑的城市迎来了天翻地覆的巨变。纪律严明的解放军部队在市区作战时牢记"瓷器店里捉老鼠"的教导，最大限度地保护上海城市诸多设施和百姓安全。同时，他们为不打扰市民而露宿街头，也给上海社会各界留下深刻的印象。

同日，中国人民解放军上海市军事管制委员会在这幢大楼里正式宣告成立，陈毅为主任，粟裕为副主任。该会是上海市军管时期的最高军政权力机关，下设军政、政务、财政经济、文化教育四个接管（管理）委员会和公安部、外侨事务处、近郊接管委员会。

上海市军管会下属的军事接管委员会由粟裕兼任主任，唐亮任副主任，下设军事部、政工部、后勤部、空军部、海军部和训练部；政务接管委员会由周林任主任，曹漫之任副主任，下设民政接收处、法院接收处以及20个市区的接管委员会；财政经济接管委员会由曾山任主任，许涤新、刘少文任副主任，下设贸易、工商、财政、金融、劳工、轻工、重工、农林、铁道、电信、邮政、航运、工务、公用、房地产、卫生等多个处，另有复兴岛接管处和接管工作队、接管海关专员等；文化教育管理委员会由陈毅兼任主任，夏衍、钱俊瑞、范长江、戴白韬任副主任，下设高等教育处、市政教育处、文艺处和新闻出版处；市郊接管委员会和中共上海市委近郊工作部，则由赵毓华负责领导。

成立伊始，上海市军管会便发布了第一号布告：

中国人民解放军上海市军事管制委员会布告
军秘字第一号

案奉中国人民革命军事委员会电令内开："上海市及其近郊国民党匪军业已肃清，为保障全体人民的生命财产，维护社会安宁，确立革命秩序，着令在原大上海市所辖区内，实行军事管制，成立上海市军事管制委员会，为该市军管时期的最高权力机关，统一军事政治经济文化等管制事宜，并任命陈毅为主任，粟裕为副主任。"等因。奉此，本会遵令即于五月二十七日宣告成立。毅等亦于该日到职

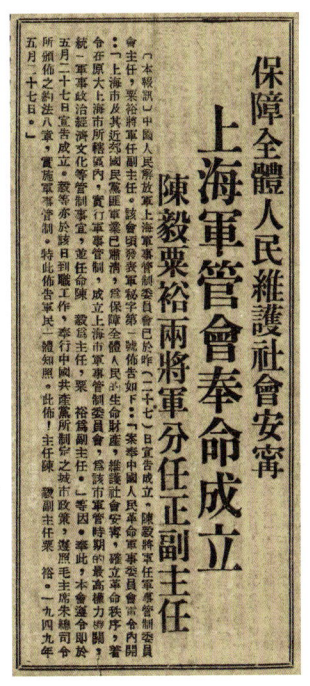

图5-4，上海市军管会成立公告，1949年5月27日

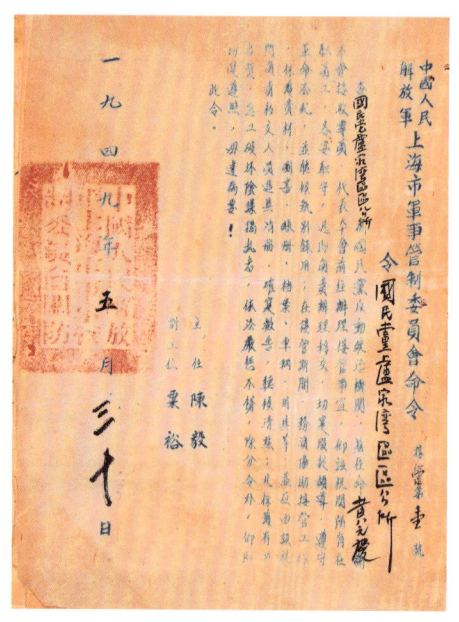

图5-5，由陈毅、粟裕签署，中国人民解放军上海市军事管制委员会发出的任命书

工作，奉行中国共产党所制定之城市政策，遵照毛主席朱总司令所颁布之约法八章，实施军事管制。特此布告军民一体知照。

此布！

主　任　陈毅
副主任　粟裕
一九四九年五月二十七日

下面是上海市军管会的接字一号令样张：

查　为国民党反动统治机关，兹任命　为本会接收专员，代表本会前往办理接管事宜，仰该机关所有在职员工，各安职守，迅即负责办理移交，切实服从领导，遵守革命法纪，并听候甄别录用；在接管期间，务须协助接管工作，保护资材、图书、账册、档案、车辆、用具等，并应由该机关负责移交人员造具详细清册，确实报告，听候清点；凡保护有功者奖，怠工破坏阴谋捣乱者，依法严惩不贷。除分令外，仰即切实遵照，毋违为要！

此令。

主　任　陈毅
副主任　粟裕
一九四九年五月　日

随着上海市军管会正式接管国民党上海市政府，自5月28日起，市军管会委派的接管代表们，便对原国民党军政机关、官僚资本经营的金融机构、公共事业单位、工商企业和文教机关等宣布接管，以"稳步前进，按照系统，整套接收，调查研究，逐步改造"为方针的接管工作有条不紊地全面铺开了。

在这幢办公大楼里，作为接管上海各项工作的中枢机构，上海市军管会夜以继日精心谋划，细致周详加紧部署，一张张接管布告，一道道接收命令，带着幽香的墨渍接连而出，各委员会齐头并进，接管工作进展极为迅捷。该会文化教育管理委员会迅速接管国民党上海广播电台，随即建立上海人民广播电台，于5月27日晚开始正式向全市广播。5月29日，上海市军管会颁发税收政策的布告，6月6日又颁发了关于解散国民党、三青团、青年党与民社党等反共组织的布告。15日起，先后接管上海交通大学、上海市立图书馆、复旦大学以及14个区的中心小学。

6月29日，上海市军管会颁布《关于原伪市府旧人员处理办法》："一月以来，对旧人员处理，分为两个步骤：一、前半月着重接收工作，对旧政府机构及旧人员原封不动，自上而下，命令按级办理接收手续，造具清册，并实行清点，进行顺利，大致二十天左右，市政府范围已基本上完成接收任务。至于市府本部各处不到十天时间已接收完竣。二、依据市委讨论之精神，对旧人员分别对待，采取留用与学习作为初步处理办法，以保证工作照常进行，不因性急而造成混乱。"

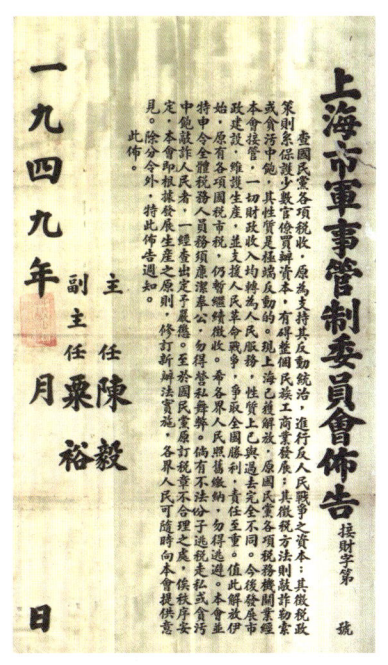

图5-6，上海市军事管制委员会发布的有关经济政策的布告

7月15日，军管会命令驻沪的美、英两国新闻处自即日起停止一切活动，16日即颁布了《国际电讯检查办法》。23日，市军管会颁布《上海市劳资争议处理办法》，以制止部分工商业者停、歇、关厂（店）的企图，鼓励企业劳资双方协商共同克服困难，此为新中国成立后上海体现"劳资两利"最初的法制设计。8月6日，市军管会财政经济接管委员会卫生处通知，自8月8日起迁至汉口路223号市政府大楼二楼231室办公。

8月13日，军管会明令解散原国民党交通部民航局直辖空运队，19日颁布了《关于私营企业劳资争议调处程序暂行办法》。30日，通令所有在沪的外国通讯社于8月底前一律停止业务活动。9月9日，

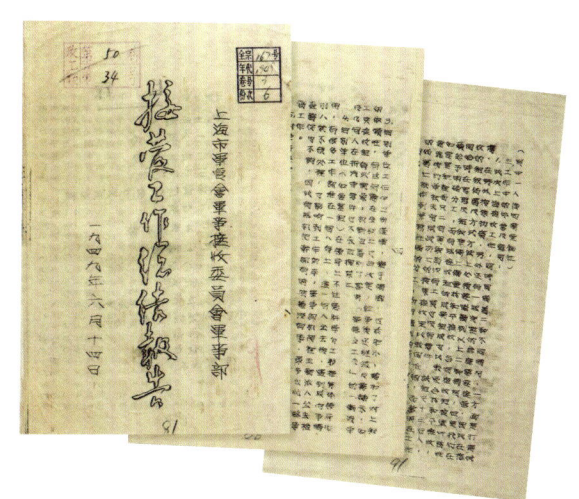

图5-7，上海市军管会军事接收委员会军事部"接管工作总结报告"（1949年6月14日，上海市档案馆藏）

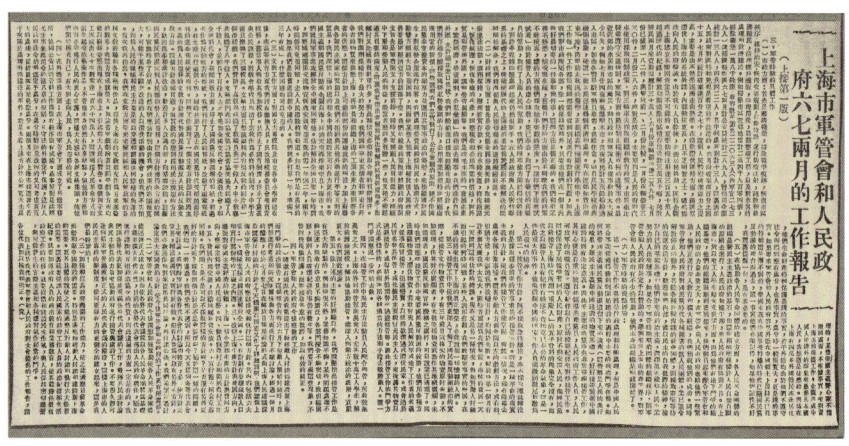

图5-8，上海市军管会和人民政府六七两月的工作报告（《文汇报》1949年8月7日第3版）

市军管会贸易处改组为华东贸易部，标志着财经系统的军管工作顺利完成。10月6日，军管会发出通告，凡与我国无邦交的外国记者，禁止以记者身份开展活动。

正是依据中共中央制定的正确接管方针，在上海接管工作中发挥着神经枢纽作用的市军管会如同指挥一场作战，指挥员运筹帷幄，工作人员全力以赴，上下一心，仅仅不到两个月时间，各方面捷报频传，顺利完成了接管接收任务，可以说是打了一场完美的胜仗。在接管过程中，所有参与接管工作的人员严守纪律，廉洁清正，夙夜在公，使诸多公用财产设施完璧归赵，真正重回人民手中。

整个接管工作涉及方方面面，在此过程中非但未出现可能会有的混乱情形，而且社会经济状况竟在很短的时间内就恢复了正常。为此，陈毅在总结接管工作经验时曾十分感慨地说道："这是一种革命现实主义的方针。这使得我们的接管工作能掌握极复杂的情况，能有余裕去处理各种日常事变，这就使得敌人方面以'左'的刺激方法或'右'的引诱方法来逼迫我们改变方针的企图不能不归于失败。解放后第一个月有许多朋友嫌我们太宽大了，而特务匪徒则误认为我们软弱无能，但是事情的发展证明了前者的顾虑和后者的错觉都不合于事实。"①

革命战争时期的形势风起云涌，而上海解放尤其是中华人民共和国成立后的城市接管工作总体而言较为顺利，这不能不说人心向背起了根本性的作用，得民心者能得天下，得民心者更能安天下。

---

① 当代上海研究所编：《当代上海历史图志》（上卷），上海人民出版社2009年9月版，第25—26页。

第五章 成为上海市人民政府大厦

第二节

新旧政权的交接

上海市军事管制委员会最重要、也最具有划时代意义的工作之一就是5月28日接管国民党上海市政府。

5月28日,上海市人民政府成立。中国人民革命军事委员会委任陈毅为上海市市长,曾山、潘汉年、韦悫为副市长。当日下午,陈毅等在该楼代表市军管会、市人民政府接管国民党上海市政府,国民党上海市代市长赵祖康作移交。国民党政权上海市政府结束。

图5-9,上海市人民政府市长陈毅任命书

具体的接管过程是:1949年5月28日下午,上海市军管会主任、市长陈毅来到江西中路215号大楼2楼市长办公室①,举行接管国民党市政府的仪式。随同陈毅参加接管仪式的有副市长潘汉年、韦悫,淞沪警备区司令员宋时轮和市政府副秘书长周林、沙千里以及有关部门负责人周而复、刘丹、熊中节等人。接管仪式开始,国民党上海市代市长赵祖康将旧市政府的两枚印章呈交陈毅。陈毅在询问赵祖康一些问题后说:"赵祖康先生率领旧市政府人员悬挂白旗并向人民解放军交出关防印信,保存了文书档案,这种行动深堪嘉许。"②陈毅还希望赵祖康努力配合做好人民政府接管旧政权的工作。随后,陈毅来到会议室,参加有旧市政府本部全体人员参加的会议,他以市长的名义对他们没有去台湾表示欢迎,并宣布了对旧市政府工作人员的政策,要求留下的

---

① 即145室。
② 周林:《接管上海大事记实——纪念上海解放三十五周年》,载中国人民政治协商会议上海市委员会文史资料工作委员会编:《上海文史资料选辑·上海解放三十五周年文史资料纪念专辑》,上海人民出版社1984年内部发行。

工作人员各安职守,服从命令,办好移交,争取为人民服务,并作出贡献。会议结束后,陈毅约赵祖康到办公室单独谈话,希望他出任新的市政府工务局局长。①

上海解放初期任上海市军事管制委员会副秘书长、上海市人民政府秘书长的周林在晚年撰有《和陈毅元帅在一起的日子》一文,对当日交接场景进行了回忆,时隔数十年,作为当事人的周林仍历历在目,并娓娓道来:

图5-10,上海市人民政府首次启用的印章

(1949年)5月28日下午,我陪同陈毅市长、曾山、潘汉年、韦悫、上海警备区司令员宋时轮来到上海市政府大楼,在二楼办公室里,由原国民党上海市政府代理市长赵祖康把旧上海市政府的大印交给了陈毅市长。赵祖康是上海市工务局长,是位工程师。伪市长吴国桢辞职逃往台湾后,代理市长陈良逃走前,将代理市长职务交给了赵祖康。当时上海地下党曾派人与他联系,要他把上海的政权接过来,维护好治安,保全好档案。于是,他挑起了这副重担。陈毅市长当即宣布:"仍请赵先生在工务局担任领导。"这一决定完全出乎赵祖康的意料。大胆使用赵祖康说明陈老总不仅善于用兵,也善于用人,体现了无产阶级政治家博大的胸怀。接着在会议室召开了科局长大会。陈毅市长庄严宣告上海市人民政府的成立。他说:"诸位朋友没有去台湾,我们表示欢迎。这次解放上海的胜利不是改朝换代,是国民党统治的灭亡,是帝国主义侵华势力的破产。国民党统治上海22年,搞得民不聊生。"讲到这里,他指着墙上挂的孙中山先生像说:"怎么对得起他啊!今天上海已变成人民的城市,我们接管上海就是要建立人民政权。改造旧上海,建设新上海,是人民政府的根本宗旨。"他勉励大家"各安职守,努力学习,改造世界观,为革命多做贡献"。他要求"大家服从命令,办理好移交,协助接管,听从人民政府量才录用"。

---

① 关于国共上海市政府的"接管"过程,已有不少研究成果,既有亲历者的回忆,也有一些学者依据档案资料的研究,具体包括:周林:《接管上海大事记实——纪念上海解放三十五周年》,载中国人民政治协商会议上海市委员会文史资料工作委员会《上海文史资料选辑·上海解放三十五周年文史资料纪念专辑》,上海人民出版社1984年内部发行;赵祖康:《回忆上海解放前后我的亲身经历》,载中国人民政治协商会议上海市委员会文史资料工作委员会编:《文史资料选辑·上海解放三十周年专辑》(上),上海人民出版社1979年内部发行;陆大公口述,陆文彬整理:《陆大公:旧上海警政大权被接管始末》,《档案春秋》2007年第10期;吴跃农:《国共上海市政府移交接管纪实》,《党史文苑》2005年第21期;黎霞:《上海新旧政权交替的见证》,《中国档案报》2014年5月26日,等等。

第五章 成为上海市人民政府大厦

陈毅市长的讲话使到会的人很受感动,特别是他大胆启用赵祖康,使大家消除了疑虑,安定人心。由于采取了团结一切可以团结的人的政策,调动了各方面的力量,使上海市的接管工作得以顺利进行。同时,也使我们能够集中主要精力来抓上海市的社会治安,整顿金融市场和建设民主政权。①

具体交接的另一方当事人赵祖康,在《回忆上海解放前后我的亲身经历》一文中,对当时的细节作了如下记述:

> (1949年5月)28日下午3时,司令员兼市长陈毅同志偕同副市长曾山、韦悫两同志以及潘汉年、刘晓、周林等同志来到了市府大厦。我怀着喜悦而又紧张的心情欢迎他们,陈毅微笑着同我握手。接着,大家在市长办公室里坐了下来。陈毅同志招呼我坐在他办公桌的对面,问我关于24日晚间陈大庆、陈良是怎样逃跑的情况,我如实作了汇报。同时,周林同志叫我的秘书通知市府旧职工,齐集二楼小礼堂,参加我们准备的欢迎会。陈毅同志丝毫没有我见惯了的国民党官僚作风,特别关照让所有勤、杂、工、警人员全部参加。到会的共约二三百人,把小礼堂挤满了。大会由人民政府秘书长周林主持,介绍陈毅司令员兼市长给大家讲话。陈毅同志一开始就说:"你们没有去台湾,很好。我们表示欢迎。"他说:"蒋介石背叛革命,统治了23年,搞得民不聊生。"讲到这里,他指着墙上挂的孙中山先生像,说:"怎么对得起他!"接着说:"历史是无情的。蒋介石现在逃跑了,他是不会甘心失败的。我看还是甘心的好,不甘心最后是要完蛋的!"末了,他说:"上海解放是一个伟大的变革。几十年来在国民党反动统治下的上海,现在已成为人民的城市。请大家各安职守,努力学习,改造世界观,为革命、为人民多做些贡献。我们的党是不会埋没人才的。"他勉励大家服从命令,办好移交,协助接管,听候人民政府量才录用。这番话,深深地感动了与会者,激起了热烈的掌声。②

---

① 周林:《在跟随陈毅工作的日子里》,选自中共上海市委党史研究室编:《陈毅在上海》,中共党史出版社1992年版,第190—191页,周林,上海解放初期曾任上海市军事管制委员会副秘书长,上海市人民政府秘书长。
② 赵祖康:《回忆上海解放前后我的亲身经历》,载中国人民政治协商会议上海市委员会文史资料工作委员会编:《文史资料选辑·上海解放三十周年专辑》(上),上海人民出版社1979年内部发行。

再看另一位亲历者的口述：

> 上午十时，是我毕生最难忘的一刻。我在李士英和扬帆同志的引导下，来到市府大楼，荣幸地见到第三野战军司令员兼上海市人民政府市长陈毅同志。当时我既激动又紧张，不知应该如何应对。但他并不像我想像的那样"神圣不可侵犯"，而是一位和蔼可亲的长者。陈毅同志向我伸出手，和我紧紧相握，我激动得差点掉下泪来。接着，他携我入座并开始谈话。我心里琢磨着，这位首长必定是首先向我垂询有关上海的治安情况和交接事宜，暗自打下腹稿，准备回答。却万万没想到他身为百万大军统帅，在这戎马倥偬之际，日理万机不遑，却最关心上海人民的切身利益。陈毅同志极为关心上海市的交通问题，频频向我询问市区的交通状况，问我何者应当兴革，以福利人民。
>
> 我向他汇报说，过去的反动政府不顾人民安全，交通秩序很乱，例如在龙门路和爱多亚路（今延安路）转角之处，常常出车祸死人，又如北京东路交通过于拥挤，旧政府当局就是明知不问，不加改善……
>
> 陈毅同志听了汇报，当即严肃地表示："我们共产党人有决心，有气魄，也有能力，敢于破坏一个旧世界、旧中国和旧上海，我们也敢于建设一个新世界、新中国和新上海！我们坚决相信不要很多的时间就可以把这个所谓'十里洋场'的旧上海彻底改造过来，荡涤一切污泥浊水，把它建设成为一个伟大的工业化的新城市！"他是那样有信心、有魄力地讲出这番动人心魄的豪言壮语。谈到这里，陈毅同志转而用十分温和亲切的态度和我叙起"掌故"来。他说："在帝国主义者统治上海的时代，上海是富人的天堂和穷人的地狱，我就在上海被法国巡捕房抓进去坐过牢，并不是因为我犯了什么罪，而只是因为住在大世界附近一家旅店里欠了一点房租付不出，就被老板报告巡捕房将我抓去关了起来。现在好了！上海终于回到人民的手里，过去那种黑暗时代将一去永不复返！"他的讲话是那么明朗、爽快和亲切感人，使人深受教育，深受感召。①

---

① 陆大公口述，陆文彬整理：《陆大公：旧上海警政大权被接管始末》，《档案春秋》2007年第10期。

第五章 成为上海市人民政府大厦

图5-11，上海市人民政府首次启用的牌匾

图5-12，上海市人民政府

旧楼新生，这里成为崭新的上海市人民政府办公大楼。

关于市长办公室的分布："市长陈毅和副市长潘汉年办公室在145室，刘人寿和熊中节在149室，机要室在市长室斜对面130室。"①

1949年6月17日，市政府在该楼召开第一次政务会议，市长陈毅作关于上海解放20多天来的工作情况报告。②

其时，上海解放伊始，抢劫、偷盗案件不断，政治暗杀事件也时有发生。6月

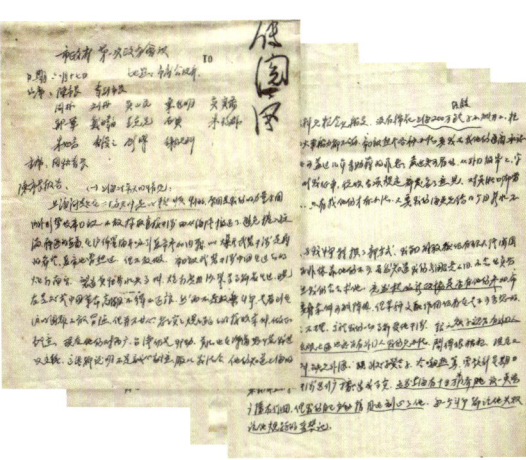

图5-13，1949年6月17日上海市人民政府召开的第一次政务会议记录，地址市府会议室

---

① 据刘人寿回忆，见陈邦本：《"全能特工"刘人寿和他的妻子》，《档案春秋》2010年第7期。
② 见《上海市政府第一次政务会议记录》，召开时间：1949年6月17日，地址：市府会议室。

的一天，陈毅市长接到一封恐吓信，里面装了两颗子弹，随即召开市政府全体留用人员大会，他义正词严地说："最近有特务给我们写恐吓信，还寄来两颗子弹，想吓人。淮海战役我们飞机大炮都不怕，消灭了五六十万敌人，还怕你两颗花生米，岂不笑话。"①他再次讲明党的政策，除了个别劣迹昭著者外，人民政府对留用人员采取团结、教育、改造的方针，本着三个人的饭五个人吃的精神，使大家各得其所，他严厉告诫过去干过特工或私藏武器的人，主动向保卫科交出，坦白悔过。倘若执迷不悟，那就勿谓言之不预了。经过动员，个别人交出了枪支。

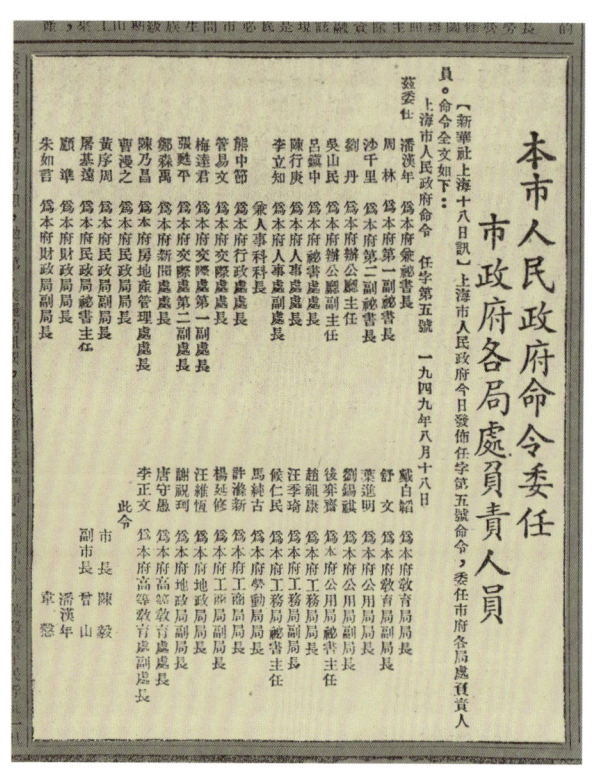

图5-14，《文汇报》1949年8月19日公布"本市人民政府命令委任市政府各局处负责人员"

7月24、25日，特大台风袭击上海，浦东海塘决口20处，淹没棉田7.86万亩，冲毁房屋6 900多间，受灾人口达7.5万人左右。市区马路普遍积水，有的地方深达6尺。市长陈毅在市政府大楼主持紧急会议，部署开展紧急救灾工作。②8月3日，陈毅作关于"上海市军管会和人民政府六七两月的工作报告"。③8月18日，市长陈毅与副市长曾山、潘汉年、韦悫共同签署委任令，委任潘汉年兼市人民政府秘书长，周林为第一副秘书长，沙千里为第二副秘书长，刘丹为办公厅主任，同时任命了各局处负责人。④

1949年10月1日，中华人民共和国成立。10月2日上午8时，上海市军管会及上海市人民政府在该楼举行升国旗典礼。

---

① 周林：《在跟随陈毅工作的日子里》，选自中共上海市委党史研究室编：《陈毅在上海》，中共党史出版社1992年版，第190—191页。
② 《上海人民政府志》，上海社会科学院出版社2004年版，第25页。
③ 报告全文刊登在《文汇报》1949年8月7日，第1版、第3版。
④ "本市人民政府命令委任市政府各局处负责人员"，《文汇报》1949年8月19日，第1版。

第三节

人民的上海

1949年5月27日，中国人民解放军攻占上海。5月30日，中国共产党中央委员会发来贺电，电贺上海解放："中国和亚洲最大的城市，中国最重要的工商业中心上海，已于二十七日解放。"①但就西方人而言，对于这座曾经认为是他们"自己的城市"——上海的"失守"及其未来前景，他们会有另外一番心境：

> 上海的失守，让中国成为世界关注的焦点。世界各地的人们都带着极大的兴趣，想看看中国共产党下一步会怎么走，看其是否能够管理这座世界第四大的城市。不过他们很快就会看到答案。现在，共产党已迅速接管了国民党在上海的政府机构及附属工业、财政机构，并保证其有序、有效地运转，这证明中国共产党有能力管理大型城市。②

作为新上海市市长的陈毅，他的一言一行都被外媒所注意。

在上海市政府召开的一次大会上，陈毅作了激动人心的讲话，其内容也被外媒广泛引用："这次变革是一次历史的巨变，无论在深度还是广度上都史无前例。中国历史上有过多次革命，但都无非是从一种奴役状态过渡到另一种奴役状态。然而，他指出，当下这场革命却史无前例，因为'这场革命是一场人民的革命，纯粹为了人民。'"③陈毅向全世界宣告上海已变为人民的城市，中国共产党接管上海就是要建立人民的政权。他明确指出"改造旧上海，建设新上海"，就是人民政府的宗旨。作为美侨在上海创办的《密勒氏评论报》也以期待的眼光审视着新政权："上海由共产党来管辖，也在中国与列强的关系上开启了一个新的时代。上海的变革，从世界各国关系的角度看，也是一次历史巨变。"④

---

① 《中共中央电贺上海解放》，1949年5月30日，《北平解放报》1949年5月31日。
② 1949年6月4日刊印的《密勒氏评论报》以大量篇幅介绍上海市长陈毅，在刊登"Shanghai's New Mayor"（《上海的新市长》）后，又在"一周要闻"中以"Chen Yi New Shanghai Mayor; Takeover Progress Smoothly"为标题整版报道，见杨琴译、校：《陈毅出任新任上海市长，接管顺利进行》《密勒氏评论报》1949年6月4日，马学强、王海良主编：《〈密勒氏评论报〉总目与研究》，上海书店出版社2015年版，第1198页。
③ 杨琴译、校：《陈毅出任新任上海市长，接管顺利进行》，《密勒氏评论报》1949年6月4日，马学强、王海良主编：《〈密勒氏评论报〉总目与研究》，上海书店出版社2015年版，第1198页。
④ 杨琴译、校：《陈毅出任新任上海市长，接管顺利进行》，《密勒氏评论报》1949年6月4日，马学强、王海良主编：《〈密勒氏评论报〉总目与研究》，上海书店出版社2015年版，第1198页。

从工部局大楼到上海市人民政府大厦
——一幢大楼与一座城市的变迁

图5-15，上海市政府大厦上升起五星红旗（江西中路215号，1949年10月2日）

作为人民上海的市政府新大楼,成为人民上海的政治中心。

有几个细节值得披露。原工部局大楼里的那块"工部局一战阵亡雇员"纪念碑,被陈毅市长1950年5月28日为上海解放一周年纪念的题词所覆盖,他的题词是"上海人民按自己的意志建设人民的新上海",以此鼓励上海人民建设好人民的新上海。

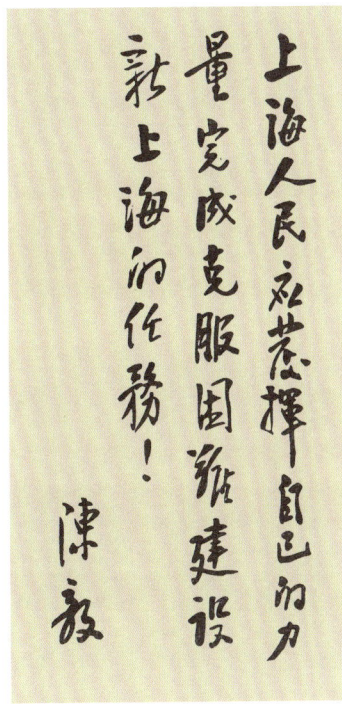

图5-16,陈毅市长为上海解放一周年纪念的题词(1950年)

图5-17,现存陈毅市长为上海解放一周年纪念的题字碑

也就在这一年的5月、6月间,北京电影制片厂与苏联莫斯科中央文献电影厂联合摄制《锦绣河山》纪录片,共5部,[①]其中《人民的上海》在上海拍摄。在《人民的上海》中,有多个镜头是在上海市政府大楼前拍摄的,记录了陈毅市长的活动画面,弥足珍贵。

[①] 纪录片《锦绣河山》系列,由北京电影制片厂与莫斯科中央文献电影厂联合摄制,拍摄于1950年5月、6月间,是反映中国秀美壮丽河山和人民生活习俗的彩色纪录片,全片由5部短片组成,分别为:《大江东去》《中国的南方》《江南胜景》《人民的上海》《新北京》,每部约20分钟。

图5-18，纪录片《人民的上海》中陈毅前往市政府截图（图片来源：上海音像资料馆）

图5-19，纪录片《人民的上海》截图（图片来源：上海音像资料馆）

中华人民共和国成立初期，上海召开的一系列会议与举办的一些重要活动，都在这幢上海市政府大楼举行。

图5-20，1950年1月27日，华东军政委员会在上海成立

为了更好体现人民的上海,上海市人民政府于1950年改建大礼堂。位于福州路210号的原有修车大棚改建为上海市人民政府大礼堂,以开会为主,兼文艺演出、放映电影,以后又多次扩建、改善条件。观众厅2层,共设软席座位1 768个;舞台台口宽15米、深14.6米、高8.5米,总高18米,辅台宽敞;台前有可供较大乐队使用的乐池;后台化妆室、服装室等冷暖空调一应俱全,设备条件优于市区老剧场,成为接待国际文化交流演出的重要场地之一。先后来此演出的演员来自印度、匈牙利、波兰、南斯拉夫、民主德国、日本、柬埔寨、朝鲜、英国、美国、法国、加拿大、新西兰、丹麦、澳大利亚、比利时、苏联等国,以舞蹈、歌舞剧和芭蕾舞为多,国内各省市的艺术院团及上海市院团也常在此演出。除"文化大革命"期间外,年均演出百余场,最多的一年达250场左右,在市区会堂、礼堂中演出场次名列前茅。

这一年的2月3日至7日,上海市首届工人代表大会在市政府大礼堂召开。中共上海市委第一书记、市长陈毅到会致辞。大会决定新成立的上海工人阶级的统一组织恢复大革命时期的"上海总工会"的名称。在上海总工会第一届第一次全体委员会上,刘长胜当选为主席。

图5-21,1950年2月3日召开上海市工人代表大会

1950年9月8日至25日，上海市首届劳动模范大会也在市政府大礼堂召开。上海市总工会主席刘长胜致开幕词。他说，解放一年来，上海工人阶级在护厂、接管、清点、抢修、反轰炸、反浪费、提高质量、降低成本、合理化建议及若干企业克服困难、维持生产当中，发挥了高度创造性、积极性和主动性。相信通过这次大会，上海工人阶级一定能更加发挥这种创造性、积极性和主动性，克服困难，搞好生产，争取经济建设形势进一步好转。评选委员会副主任胡厥文报告评选673名上海市劳动模范的经过。市长陈毅作报告，指出：劳动模范是新民主主义经济建设中的先锋和旗帜，负有引导大家向更新更高的生产标准前进，完成建设新中国的建设任务。大会表彰市劳模673人，选出杭佩兰、计浩然等15人出席全国工农兵劳动模范大会。①

图5-22，为追悼斯大林，上海市人民政府大楼下半旗致哀

1953年3月9日，为追悼斯大林逝世，上海市人民政府大楼下半旗致哀。

1954年2月25日，上海市政府委员会在市政府举行第二十一次会议，通过《关于市人民代表大会代表名额及提名协商办法的规定》，确定上海市第一届人民代表大会代表名额为800名。②

1954年8月16日至21日，上海市第一届人民代表大会第一次会议在市政府大礼堂举行，主要讨论《中华人民共和国宪法（草案）》。市长陈毅作《关于上海市讨论中华人民共和国宪法（草案）情况的报告》。市财政经济委员会副主任宋季文作《关于上海市1953年决算和1954年预算（草案）的报告》和《关于实行粮食定点供应问题的报告》，大会通过相应决议。③

---

① 参见《上海工运志》"大事记"，上海社会科学院出版社1997年版；《上海人民政府志》，上海社会科学院出版社2004年版，第28页。
② 《上海人民政府志》，上海社会科学院出版社2004年版，第34页。
③ 《上海人民政府志》，上海社会科学院出版社2004年版，第35页。

1955年2月5日至12日，上海市第一届人民代表大会第二次会议在市政府大礼堂举行。市长陈毅作政治报告，副市长潘汉年作《上海市人民政府工作报告》，经会议审议通过相应决议。① 根据《中华人民共和国宪法》的有关规定，在此次会议上，决定将上海市人民政府改为上海市人民委员会（简称"市人委"）。大会选举陈毅为上海市市长，潘汉年、盛丕华、许建国、刘季平、金仲华、宋日昌为副市长，于伶等44人为市人民委员会委员。

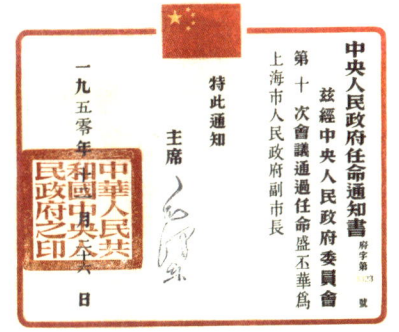
图5-23，上海市人民政府副市长盛丕华任命书

图5-24，上海市人民政府委员赵祖康任命书

从1955年11月起，上海市人委及有关单位开始陆续搬入外滩中山东一路10—12号原汇丰银行大楼。②

1956年5月1日，中国人民解放军上海市军事管制委员会、上海市人民委员会分别正式发出通告，市军管会、市人委机关从江西中路215号迁至外滩中山东一路10号原汇丰银行大楼内办公。③

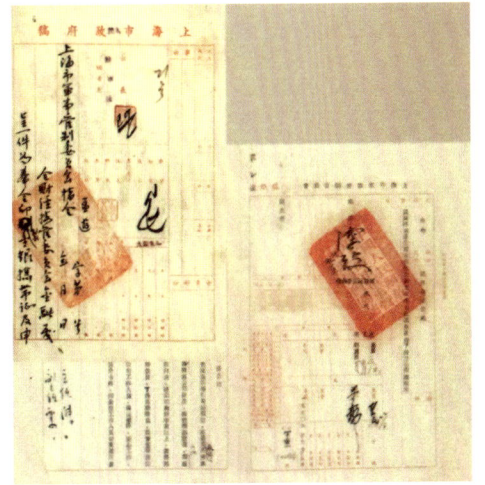
图5-25，老市政府大楼市长办公室内陈列陈毅签发的上海市人民政府文件

---

① 《上海人民政府志》，上海社会科学院出版社2004年版，第35页。
② 上海市人民委员会办公厅关于试行上海市人民委员会大厦出入传达会客和住宿制度问题的通知，上海市档案馆档案，档案号：B1-2-1661-25。
③ 《解放日报》1956年5月1日刊登上海市军管会、上海市人民委员会迁址通告。

解放日报

18747 4.

1956年
5月
1
星期二
夏曆丙申年
三月廿一
廿五立夏

在我們的前面擺
六億人口的大國建設
主义陣營極大地加强
体先進生產者代表和
們所代表的每一位先
和其他愛國人民中的
众，帶領羣众不斷地
完成我們共同的歷史
——摘自

1949年5月28日創刊 | 第2505号 今日6版 | 社址：上海市漢口路309号

帶領羣众前進再前進，向社会主
全國先進生產者代表会

新華社北京30日电 全國先進生產者代表会議，今天在北京开幕。
开幕式在下午四时开始。
毛澤东主席和中共中央政治局委員刘少奇、周恩來、朱德、彭真、董必武、張聞天、彭德怀、康生、鄧小平，出席了今天的开幕式。

刘少奇在祝詞中号召每个代表和他們所代表的每个先進生產者和先進工作者，以及農民、手工業者、人民解放軍战士和其他愛國人民中的每一个先進分子，在党中央和國务院的領導下，密切地联系羣众，帶領羣众不斷地向先進的水平看齐，不斷地前進再前進，为把我國建設成为一个偉大的、有强大的工業、農業和有高度文化的社会主义國家而奋斗。
出席今天会議的正式代表和特邀代表，

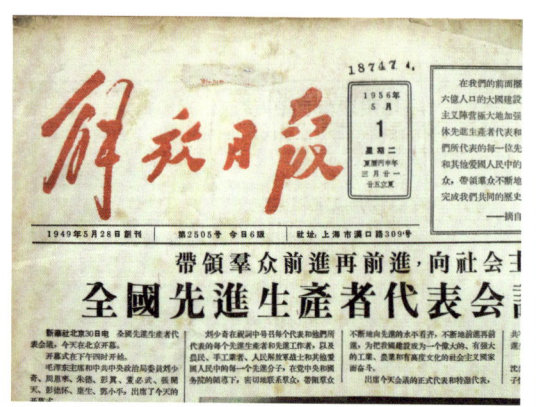

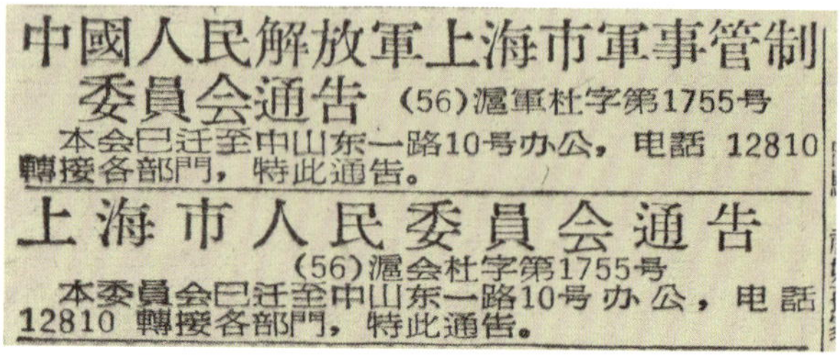

中國人民解放軍上海市軍事管制委員会通告 (56)滬軍杜字第1755号
本会已迁至中山东一路10号办公，电話12810轉接各部門，特此通告。

上海市人民委員会通告
(56)滬会杜字第1755号
本委員会已迁至中山东一路10号办公，电話12810轉接各部門，特此通告。

图5–26，《解放日报》1956年5月1日刊登上海市军管会、市人民委员会迁址通告1

图5–27，《解放日报》1956年5月1日刊登上海市军管会、市人民委员会迁址通告2

从1949年5月到1956年5月，原工部局大楼这幢建筑作为上海市人民政府机关办公大楼，见证了共和国初期上海所发生的深刻变革。这是一个时代的巨变，上海城市的运作机制、管理模式乃至城市的特点与性质，也在这“天翻地覆”中发生了变化。

第六章
城市更新中的上海老市府大厦

　　从近代的公共租界工部局大楼,到1949年5月以后成为上海市人民政府办公大厦,这不是普通的公共建筑,这里书写着近现代上海市政管理的历史谱系,刻画了上海这座城市一段市政治理现代化的画卷,凝固着上海城市特有的历史记忆。

图6-1,工部局老大楼(老市府大厦)航拍图,摄于2018年4月26日

图6-2，江西中路215号老上海市政府入门处，摄于2016年5月20日

图6-3，1989年9月25日，工部局大楼以优秀近代建筑列入"上海市文物保护单位"

如今，租界的时代早已离我们远去，但当我们漫步在这幢大楼所在的街区，街头至今还耸立着不少带有明显欧美风格的建筑，教堂、饭店、银行、公共建筑与民居，周边还有诸多的历史名胜。这是一片具有深厚人文底蕴的历史街区。1989年9月25日，原工部局大楼作为优秀近代建筑列入"上海市文物保护单位"，成了法定保护的永久保留建筑。

第一节

上海市政府搬迁后的大楼变化

自1949年5月起，上海市军管会、上海市人民政府及相关委办局一直在原工部局

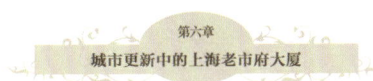

大楼旧址办公。至1956年5月1日，上海市人民委员会发出通告，市机关从江西中路215号迁至外滩中山东一路10号原汇丰银行大楼内办公。有了新的办公场所，这里就成了老的市政府大楼。1956年3月，有关部门曾提出了该大楼三个名称的供选方案，分别取名为：市府大厦、联合大厦、汉口路大厦。据相关档案记载：

> 关于原市府大厦的名称问题，经征询有关各局意见，并经大厦管理委员会研究，现初步提出三个名称，呈请批示或另予命名。
> （1）市府大厦。现市人民政府虽已改为市人民委员会，但市府二字是作为大厦的名称，市府大厦名称不仅具有历史意义，且已为众所周知，最好能袭用此名。
> （2）联合大厦。因现有若干机关共同在大厦内办公，故拟此名。
> （3）汉口路大厦。以地址座落，亦可拟此名。
>
> 1956年3月22日 ①

图6-4，江西中路187号门口，摄于2016年5月20日

---

① 上海市机关事务管理局关于原市府大厦名称方案的报告，上海市档案馆档案，档案号：B50-1-4。

后来，人们习惯称为"老市府大厦"或"老市府大楼"。

以后，老市府大楼成为上海市民政局、园林管理局、市政工程局、卫生局、劳动局、社会团体管理局、上海市医疗器械集团、市政府退伍军人和军队离休退休干部安置领导小组办公室等单位办公地。

下面结合档案资料，具体梳理这幢大楼在市政府搬迁后发生的功能性变化以及修复情况等。

自市人委机关搬迁后，成立老市府大厦管理委员会办公室，主要承担在该楼办公的单位食堂，大厦所有电话通信及大门警卫、车辆出入管理、水电维修、大院清洁卫生、水电电话费账务处理、安全保卫、设施管理等工作。据统计，该办公室1980年10月在编人员49人。①

1955年7月，市测量总队由市房地局划归市规划建筑管理局，即从四川中路德士古大楼迁至汉口路193号该大楼办公。该总队原由市城市建设局所属的市城市规划勘测设计院领导，1959年3月改为市城市建设局直接领导。1958年7月，在该楼办公的市政工程局、规划建筑管理局及城市规划设计院合并，组成上海市城市建设局。1963年9月，新成立的上海市环境卫生局在江西中路209号该大楼底层办公。②局机关设办公室、计划财务处、劳动工资处、人事保卫处、废气废水管理处等1室4处。下辖市肥料公司（仍与市清洁管理所合署一个机构、两块牌子）和市工业废渣管理所。

1982年4月7日，经上海市卫生局批复，设在该楼的上海市府大厦公费医疗门诊部恢复原名。该门诊部原名"上海市府大厦公费医疗门诊部"，于1968年10月被撤销，原门诊部房屋由市城建局测绘处使用。

图6-5，江西中路189号上海市府大厦公费医疗门诊部，摄于2016年5月20日

---

① 老市府大厦管理委员会办公室关于体制问题的报告，上海市档案馆档案，档案号：B242-4-366-42。
② 上海市环境卫生局关于变更所属机构办公地址的通知，上海市档案馆档案，档案号：B256-1-2-8。1963年7月24日，市人民委员会第十二次会议上，曹荻秋副市长提出上海市环境卫生是大问题，市长办公会议研究，建议单独成立环境卫生局，请委员会审议。委员会通过后，7月27日报请国务院审批。8月6日，经国务院批复同意，上海市环境卫生局正式设立，归口市人委公用事业办公室管理。

1979年6月,该门诊部恢复后,改称"上海市江西路门诊部"。①

这里,特别要提到老市府大楼的几次改建与维修。该大楼自建成后,历经数十年风雨,建筑的功能与结构也发生了一些变化。1950年,位于福州路210号的原有修车大棚改建为上海市人民政府大礼堂,以开会为主,兼文艺演出、放映电影,②以后又多次扩建、改善条件。市政府机关事务管理局曾于1960年对市政府礼堂进行改建。是年3月11日,"在《上海市人民委员会机关事务管理局1960年工作纲要(二稿)》中,提出1960上半年完成市人委大礼堂的改建工程"。③1971年又进行大修。④1982年2月22日,上海市政府机关事务管理局向市政府秘书长张甦平报送《关于整修市府礼堂房屋的请示》,提到:"市府礼堂房屋于1971年大修,目前已出现局部屋面渗水,会场内墙壁陈旧、地面毛糙、座椅塑面老化、钉子松动、消防用水压力不足等问题。为迎接市党代会召开,我们已和市房修部门联系,请协助修理屋面渗水问题。"提出停止对外开放一周,并将今后礼堂大修和设备更新问题,列入1983年老市府大楼大修计划内一并解决。⑤1983年,有关部门对这幢大楼再度进行大修。同时,在该楼办公的市政工程局为解决办公用房困难,着手进行对该大楼的加层立面设计方案。⑥

1984年提出的对大楼改建计划,值得一提。因位于外滩中山东一路12号的市政府办公大楼用房紧张,市政府要求机关事务管理局(简称机管局)对江西路汉口路的老市府大厦房屋能否加层问题进行调查。机管局经调查了解后,于1984年1月28日向市府报送《关于老市府大厦房屋加层的调查

图6-6,汉口路193号、201号车辆进出口大门,摄于2016年5月20日

---

① 上海市卫生局关于同意恢复"上海市府大厦公费医疗门诊部"名称的批复,上海市档案馆档案,档案号:B242-4-637-106。
② 上海市大礼堂经常放映电影,到20世纪的80年代还是如此,有一份档案是上海市电影发行放映公司"关于市府礼堂等放映票价的批复",其中提到:"根据市人民政府大礼堂,上海展览馆电影院的设备、场地等条件,已在国际儿艺二类影像之上,且年放映新影片与其他对内放映单位不相同,因此,同意两单位的对内对外放映票价,一律可按二类影院票价处理。"
③ 上海市机关事务管理局关于原市府大厦名称方案的报告,上海市档案馆档案,档案号:B50-1-4。
④ 上海市机关事务管理局关于整修市府礼堂房屋的请示,上海市档案馆档案,档案号:B50-6-323。
⑤ 上海市机关事务管理局关于整修市府礼堂永恒的请示,上海市档案馆档案,档案号:B50-6-323。
⑥ 上海市机关事务管理局关于老市府大厦房屋加层的调查情况汇报和请示,上海市档案馆档案,档案号:B1-9-1455-12。

情况汇报和请示》，提出拟对该大楼加层，初拟加2—3层。由市住宅建设总公司科技设计室进行可行性研究。"在原始资料不齐，缺少建筑和结构详图，也无地质资料的情况下"，该室根据地面沉降观测资料及现场观察、地质调查等情况，进行加层结构验算，并对加层立面的处理进行估算，于当年6月8日形成可行性研究报告。报告指出："最多仅能加一层，并且立面处理难度及费用较大。"6月26日，市政府机管局根据可行性研究报告，因大楼结构问题，以及材料、施工、经费等方面存在较大难度，综合考虑，决定取消加层计划。①

1989年9月25日，位于汉口路193号的原公共租界工部局以优秀近代建筑列入"上海市文物保护单位"。②

1995年，位于福州路210号的市政府礼堂因建筑老化、场内积水停业。2003年3月7日晨5时许，市府礼堂毁于一场大火，现作停车场。

图6-7，被烧毁的礼堂仅存之南内立面，摄于2016年5月20日

历经沧桑的老市府大楼在上海城市发展中亟待保护，其蕴含的历史价值需要重新认识。

---

① 关于老市府大厦加层可行性研究的请示报告，上海市档案馆档案，档案号：B1-9-1455-18。
② 《上海名建筑志》，上海社会科学院出版社2005年版，第852、857页。

第六章 城市更新中的上海老市府大厦

第二节
留存在大楼里的职能机构

据20世纪70年代起就在该大楼上海市民政局工作的蔡华山先生讲述，自从他踏上工作岗位，迄今40多年来，从弱冠到耳顺，每天都在这幢办公楼上班，风雨无阻，直至退休，40余年机关生涯告一段落，半生忙碌，与这座建筑结下了不解之缘，感触颇深。[1]

图6-8，汉口路193号上海市民政局人民群众来信来访接待室等，摄于2016年5月20日

蔡华山有个形象的比喻，凡是去过江西中路老市府大楼的人都有一个共识，即进门之后经常分不清该从哪个门口出来，整个建筑颇像一个迷宫。正是它的设计特点，使其有着"迷宫"般神奇的建筑特质。

---

[1] 据上海市民政局原副巡视员蔡华山2016年10月口述，彭晓亮整理。

大楼中的上海市民政局

1949年5月起,中国人民解放军上海市军事管制委员会政务接管委员会民政接收处和福利接管组全面接管了旧民政系统、旧社会局第九科、第五科、社会福利团体。是年8月24日,成立上海市人民政府民政局(后改称上海市民政局)。上海市民政局是与这幢大楼关系最为长久的机构,自解放初创立之日起,就在这幢楼内办公,直至2013年迁至浦东新区世博村路300号新址,岁月不居,已走过了近70年时光。70岁,于人的生命历程来说,已属古稀之年;就一座建筑而言,数十载斗转星移,岁月流逝,物是人非,所涉纷繁,其蕴含的意味当更深远。建筑本身是固态的,但因涉及人与事,从而展现其鲜活。随着社会嬗替与城市变迁,建筑亦被赋予生命,历经世间沧桑,诉说几多往事。

自1949年上海解放初期直至现在,这幢大楼先后留下了几代人的足迹,在时代变迁中,作为社会群体,他们的共同之处,便是与这幢大楼结下了不解之缘,作为曾短期驻足的人生驿站,或是事业扬帆启航的起点,或是生命旅途的中转站,老市府大楼必定在他们脑海中留下了永不磨灭的记忆。

民政局,顾名思义,是与民生息息相关的政府服务机构。粗略一看其机构职能,就有18条之多,而且每项职责都内涵丰富,事无巨细,无论生老病死,还是婚丧嫁娶,以及救灾救助、社会福利、拥军优属等,都是民政局的工作职责。可见,整个上海的民生运作机制和具体政策规定等,都是在这幢大楼里制订修改完善的,其机构宗旨就是更好地服务民生、服务社会。市民政局履职尽责的过程,也是见证上海社会发展进步、百姓日常生活的晴雨表。在此期间,发生了许许多多说不完道不尽的故事,这在《上海民政志》以及那个时期的新闻报道中都有详尽生动的记录。

1993年1月,由市民政局拟定的中国第一份"城市最低生活保障制度草案"摆上了市长办公桌。全国第一条最低生活保障线在该楼制定,由此引发了上海从社会救济到社会救助的制度大变革。参照国际通行做法,综合运用市场菜篮法和恩格尔系数法,按照生存所必需的基本热量测算确定——当时上海市民最低生活保障标准为每人每月120元。[①]新时期以来的民政各项举措屡有出台。这些惠及民生的政策,都是在这幢大楼内形成并出台的,虽说仅是一个办公所在,但其象征的意义和产生的社会影响极为

---

① 《90多岁的江西中路215号大楼见证申城变迁——市府大楼的"变"与"不变"》,载《新民晚报》2009年5月28日,第1版。

深远。

1996年1月18日经市人民政府批准，上海市勘界工作领导小组成立。领导小组下设办公室，负责勘界的日常工作。办公室设于该楼的市民政局内。

2008年10月，在这幢大楼里，上海市社团局出台了全国第一个"年金制度"试行办法。上海市27家社会组织在全国率先试行"年金制度"："政府采取税收优惠、税前列支等经济手段，鼓励社会组织为从业人员办理补充养老基金，'年金制度'让社会组织从业人员养老更有保障，促使更多人转变就业观念，选择在社会组织就业。"①

图6-9，老市府大厦内留存的一些局办标牌，摄于2016年5月20日

2013年5月20日起，上海市民政局、上海市社会团体管理局机关从该楼搬迁至新址（浦东新区世博村路300号6号楼）办公。② 2016年1月1日至7日，市民政局下属的上海市居民经济状况核对中心、上海市社会救助事务中心（上海市民政减灾中心）、上海市民政局信息研究中心三家事业单位陆续自该楼搬迁至新址杨浦区江浦路2100号办公。截至2017年1月，市民政局下属的上海市社会福利国际交流中心、市民政局财务服务中心、上海市民政传媒中心仍分别在该楼336-1室、258室、343-2室办公。

大楼中的上海市卫生局

1949年5月27日，上海解放。上海市军事管制委员会卫生处处长崔义田、副处长陈行庚率领接管专员等接管原上海市卫生局，经过整顿，改组为"上海市人民政府卫生局"。6月10日，中央任命崔义田为首任上海市人民政府卫生局局长。同年8月6日，市军管会财政经济接管委员会卫生处发出通知，自8月8日起，由扬子饭店迁至汉口路223号市政府大楼二楼231室办公。1952年9月，崔义田离任，改任王聿先为局长。同年10月15日，制定《上海市人民政府卫生局组织规程》，明确主要职责任务为：掌握全市医疗保健卫生机构设置、审核、管理和业务督导；全市中西医及药事人员的申请登记、审核、发证和管理；全市传染病报告、调查、统计、管理和预防接种之推行；全市妇幼卫生、学校卫生、

---

① 《90多岁的江西中路215号大楼见证申城变迁——市府大楼的"变"与"不变"》，载《新民晚报》2009年5月28日，第1版。
② "上海市民政局、上海市社会团体管理局迁址公告"，载《解放日报》2013年5月17日。

图6-10，上海市药材有限公司曾在此办公，摄于2018年12月3日

工厂卫生、卫生宣传教育、饮水消毒、生命统计、卫生运动等的推行、督导；饮食品厂店卫生管理，取缔不洁、腐败食物，以及理发店、浴室、洗衣作坊、旅店等有关卫生行业的卫生监督、检查、登记发证；药厂、医疗器械厂商的业务督导，药品、生物制品、毒剧限药品管理，取缔伪劣药品；宰牲场和菜场管理，肉类、乳品检查，乳场、牧场及其正副产品的卫生监督管理；垃圾、粪便的清除和处理；公墓、殡葬管理和积枢处理；医疗卫生机构的收费标准管理等。

自成立以后，随着卫生事业的发展，市卫生局掌管的业务有所增减。1950年3月，宰牲场、菜场分别划归市财政局、税务局管理。1953年3月，公墓、殡葬管理业务划归市民政局。1958年2月，清道、清洁等环境卫生业务交由市农业局主管。市卫生局增加的业务有：郊区血吸虫病防治，中等医学教育，公费医疗预防工作和劳保医疗任务的计划安排，爱国卫生运动组织发动检查总结，计划生育技术指导等。1958年1月17日，负责全市中药材产供销业务的上海市药材公司划交市卫生局主管。同年，江苏省10个县划入上海市，市卫生局相应承担农村卫生业务管理。1961年，原由市仪表电信工业局管辖的医疗器械工业划交市卫生局领导。1964年1月，上海市药材公司又划给市第一商业局管理。1968年8月，市医疗器械工业公司划还市仪表电信工业局。"文化大革命"期间，各项卫生业务受到严重干扰，有的陷于停顿。

1976年10月以后，市卫生局的上述职责任务逐步恢复。这里有一份档案显示卫生局在大楼办公的情形。1977年10月31日，在该大楼办公的上海市卫生局革委会致函黄浦区大楼管理所革委会，提及"一、要设法迁移大楼的电话总机架子间，市电话局建议安装在409室；二、市卫生局使用的401会议室面积太小，已由该管理所大修一年多，但无法扩大为中型会议室；三、请求在该大楼四楼搭建20平方米房屋一间，以解决与使用409室办公的市城市建设局测量总队对调问题"[①]。1978年8月，恢复上

[①] 上海市卫生局为迁移大厦电话总机架子间申请搭建一间房间致黄浦区大楼管理所的函，上海市档案馆档案，档案号：B242-4-23-3。

海市卫生局原名后，何秋澄出任局长。

1949年5月刚接管时，卫生局设5室3处，即秘书室、人事室、会计室、技术室、统计室和医药管理处、防疫保健处、环境卫生处，原有职员248人中实际留用233人。旋改秘书室、人事室为处。1950年又增设妇幼卫生处、医事教育室、区卫生科指导室，防疫保健处改为防疫处，会计室改为财务处，撤销技术室，机关干部增至330人。1952年改秘书处为办公室，区卫生科指导室、统计室并入计划检查室。1954年，部门设置变动较多，先后成立工业卫生处、私立医疗机构管理处，改环境卫生处为清洁科，计划检查室并入办公室，增设卫生宣传、药政两直属科，共为2室7处2直属科。1954年1月，市卫生试验所化学系与华东药品食物检验所合并，成立市卫生局药品检验所，所长汪殿华，所址位于汉口路223号市政府大楼。1955年，加强中医工作，将原属医疗预防处的中医科改为中医处。1956年改药政科为药政处，公费医疗业务从医防处划出独立成处，医学教育室改处，共1室16处1直属科（保卫科）。同年，根据中央指示精神，整顿机构，紧缩编制。1957年实行两级制，撤销科一级建制。1958年精简处室，卫生防疫处、工业卫生处并入医疗预防处，财务处并入办公室，减为1室7处。此后又几经变动：1961年为1室9处；1965年春，增设农村卫生办公室；1966年"文化大革命"前，共2室11处。1968年4月"局革会"改组后仅设办事、政工、医疗卫生3组，负责处理日常工作。1972年增为3室6组。1978年十一届三中全会后，恢复局、处两级建制，设4室8处。其后又不断调整。1979年6月，分后勤处为计划财务处和总务处。1981年撤销医院管理处、医疗预防处，改设医政处，公费医疗办公室并入医政处；增设卫生防疫处、工业卫生处，分计划财务处为财务处和基本建设处。1984年增设干部保健处。至此，局机关行政处室增为1室15处，其中三分之二的处设科，共26科。1986年撤销科一级建制，恢复公费医疗管理办公室。1989年增设审计室、收费管理处。1990年成立基层卫生处和卫生法规处，行政部门增为3室18处。

大楼中的上海市政建设机构

1949年5月28日，上海市军事管制委员会财政经济委员会工务处接管工务局。8月4日，市军管会工务处的业务行政关系，隶属上海市人民政府。9月3日，上海市人民政府工务局成立。市工务局主管全市市政工程设施的建设、管理、养护与维修，并掌管都市计划、城市测绘、营造管理、园林绿化和海塘工程等业务。1951年8月，都市计划研究业务划归市政建设委员会。

1955年2月，上海市人民政府工务局改名为上海市市政工程局。1955年5月，城市规划、建筑管理业务划入建筑工程部给水排水设计院上海分院；6月，园林绿化业务划入上海市园林管理处；12月，技术设计业务划入上海市市政工程设计院；1957年5月，海塘工程业务划入上海市水利局。上海市市政工程局成为市市政工程专业化管理的行政主管机构。

1958年，江苏省10个县划入上海市管辖。7月，上海市建筑管理局与上海市市政工程局合并，成立上海市城市建设局。1960年2月，上海市人民委员会设立上海市隧道工程局。1962年1月，并入市城建局。1962年12月，市城建局主管的城市规划、勘察业务，划归上海市规划建筑设计院。

1966年"文化大革命"开始后，打乱了管理系统。1968年3月，成立上海市城市建设局革命委员会。1968年7月至1969年12月，上海市肥料公司、上海市规划建筑设计院、华东市政工程设计院、上海市环境卫生管理局所属废水废气废渣管理所、地质部第五物探大队等先后划入市城建局。1973年至1977年，除肥料公司外，各单位陆续从市城建局划出。

1978年中共十一届三中全会后，逐步调整上海市城市建设局的管辖业务。1979年3月，正式恢复上海市城市建设局。1979年6月，上海市测绘处、上海市建筑管理处先后划入上海市城市规划建筑管理局。1981年10月，将环境卫生业务划入上海市环境卫生管理局；同时，上海市城市建设局更名为上海市市政工程管理局。1983年9月，上海市市政工程管理局正式使用局名，改为市政工程专业管理的行政主管机构，掌管的主要业务为：城市道路、桥梁、城市排水、防汛、污水治理、公路、地下铁道与越江隧道等市政工程设施的建设、设计、施工以及维修养护和管理。

图6-11，大楼内的一份迁址公告（2012年5月19日）

上海市测绘处与大楼的三十年

1955年7月，上海市测量总队由市房地局划归市规划建筑管理局后，即从四川中路德士古大楼迁至汉口路193号该大楼办公。

该总队原由市城市建设局所属的市城市规划勘测设计院领导，1959年3月改为市城市建设局直接领导。1978年1月25日，经上海市基本建设委员会批复同意，在该大楼办公的上海市城市建设局测量总队改称为上海市测绘处。①

1985年8月，自1955年起在该楼办公整30年的上海市测绘处迁至武宁路419号。根据1987年《上海市测绘管理工作暂行规定》，明确上海市测绘处是上海市城乡基本测绘业务和测绘资料的主管部门。为了更好地行使政府管理职能，同年12月，上海市编制委员会批复同意将上海市测绘处改名为上海市测绘院和上海市测绘管理处，实行两块牌子，一套机构。上海市测绘管理处为行业管理部门。1994年6月，经中共上海市委批准，成立上海市测绘管理办公室，仍和上海市测绘院实行一套机构。②

2003年，有关部门建议上海市历史博物馆入驻。上海市历史博物馆一度也在这里办公。

图6-12，上海市历史博物馆一度在该大楼里办公，摄于2016年5月20日

这些部门与机构在这幢大楼中所经历的一切，也已成为这座城市的历史记忆。

---

① 上海市基本建设委员会关于城建局公路所、测量总队改名的批复，上海市档案馆档案，档案号：B257-2-1479-116。
② 其办公室下设测绘管理处、测绘产品质量监督检验站、测绘技术培训考核站和测绘仪器检验站。上海市测绘管理办公室的基本职责是面向全市及测绘行业，贯彻执行《中华人民共和国测绘法》、《上海市测绘管理条例》以及国家测绘局和上海市制定的各项测绘管理规定。

第三节

留住城市的重要人文遗产

城市空间布局是过去的积淀、现在的建构共同作用的产物。百年来,从工部局大楼到上海市政府办公楼,这一带街区空间布局发生了很大变化。作为上海城市一个具有特殊记忆的重要历史街区,它具有动态性、复杂性、多样性和时空连续性的特征,这是一个有机体,而这个有机体是需要新陈代谢的,这就涉及"城市更新"。

工部局大楼旧址,经历百年变迁,因其所具有的建筑独特性、环境与功能多样性、遗产连续性等价值而备受关注,尤其重要的是,蕴藏着上海这座城市重要的记忆,所以,在上海城市更新中也被赋予了特殊的地位。

上海近代优秀建筑荟萃,很多区域风貌独特,但在上海20世纪90年代开始的大规模城市更新中,一些富有特色、文化积淀深厚的原有历史风貌被破坏甚至消逝。也就在这一时候,为了加强上海市中心城历史文化风貌的保护,上海市政府陆续出台了一系列有关优秀历史建筑保护的法律、法规:1991年颁布《上海市优秀近代建筑保护管理办法》,1999年颁布《关于本市历史建筑与街区保护改造试点的实施意见的通知》,2001年颁布《上海市文物经营管理办法》。2003年施行《上海市历史文化风貌区和优秀历史建筑保护条例》,[1]该保护条例对"历史文化风貌区"做了明确的界定:"历史建筑集中成片,建筑样式、空间格局和街区景观较完整地体现上海某一历史时期地域文化特点的地区,可以确定为历史文化风貌区。"[2]与此同时,对历史文化风貌区的保护从规划到建设活动均作出严格的规定,如相关规划应该包括下列内容:

(一)该地区的历史文化风貌特色及其保护准则;

(二)该地区的核心保护范围和建设控制范围;

(三)该地区土地使用性质的规划控制和调整,以及建筑空间环境和景观的保护要求;

---

[1] 《上海市历史文化风貌区和优秀历史建筑保护条例》,2002年7月25日上海市第十一届人民代表大会常务委员会第四十一次会议通过,于2003年1月1日起施行。

[2] 《上海市历史文化风貌区和优秀历史建筑保护条例》,国家文物局编:《文化遗产保护地方法律文件选编》,文物出版社2008年版,第112页。

（四）该地区与历史文化风貌不协调的建筑的整改要求；

（五）规划管理的其他要求和措施。[①]

位于江西中路、汉口路、福州路、河南路一带的原工部局大楼街区（或老市政府街区），无疑是属于历史建筑集中成片，建筑样式、空间格局和街区景观比较完整地体现"上海某一历史时期地域文化特点"的重要区域，就在这一过程中，这幢大楼的建筑群逐渐得到了有关部门的关注与重视。

就这幢建筑本身而言，近百年来这幢公共建筑在功能上也发生了很大变化，各个部门根据不同的需求，对建筑的内外结构，或加或拆，或增或减，需求与功能的改变影响到建筑的整体结构。作为公共建筑，长期以来只注重使用，而疏于维护与管理。如此使用不当或过度使用，必然对建筑本身造成不同程度的损害。另一方面，随着时间的流逝，建筑物也面临着"物质性衰退"，建筑物及其设施，都超过了其使用年限，结构开始破损腐朽，设施逐渐陈旧，使用功能日益退化，这是建筑的自然老化。

图6-13，江西中路187号车辆进出门铁门（局部），基本保持原样，摄于2016年5月20日

图6-14，建筑内仍保存大量原始物件，摄于2016年5月20日

图6-15，建筑内保存原样的电气地插，摄于2016年5月20日

图6-16，建筑内的一些办公室仍保持原貌

[①]《上海市历史文化风貌区和优秀历史建筑保护条例》，国家文物局编：《文化遗产保护地方法律文件选编》，文物出版社2008年版，第113页。

图6-17,大楼内景,摄于2018年12月3日

图6-18,工部局大楼里的原物件,摄于2018年12月3日

图6-19,楼梯间,摄于2018年12月3日

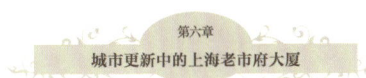
第六章 城市更新中的上海老市府大厦

风雨沧桑，与所有的历史建筑一样，工部局大楼这幢建筑同样也面临着严峻的"今生"，对其加以修缮与保护也被有关部门提到了议事日程。

原工部局大楼由于建造年代久远，配套设施陈旧落后，且使用单位众多，不同程度存在加建、搭建及外立面附加物等问题，严重影响建筑质量、建筑外观及历史街区风貌，不利于文物建筑的保护和历史风貌的展示。街坊内居民使用的房屋设备简陋、结构老化，且伴有加建、搭建等问题，导致建筑破损严重，存在消防、安全等隐患。

图6-20，工部局老大楼现状，摄于2018年4月26日

为"加强优秀历史建筑和历史文化风貌区保护，加快推进核心区域城市更新工作"，使外滩区域历史建筑"重现风貌、重塑功能"，变"古旧"为"经典"，黄浦区人民政府和上海地产集团于2014年4月签订《黄浦区160街坊保护性开发合作协议》，并建立了市、区联席会议领导，项目改造指挥部协调和合资项目公司具体实施的三级联动工作机制，通过市、区联手的方式协调推进原工部局大楼的保护性综合改造。

图6-21，2014年4月，黄浦区人民政府和上海地产集团签订《黄浦区160街坊保护性开发合作协议》

根据市、区联手构建三级联动推进机制的工作思路，黄浦区外滩投资开发集团和上海地产集团下属世博土控公司按50%：50%的股权比例投资组建了上海外滩老建筑投资发展有限公司（以下简称"外滩老建筑公司"），负责该项目的具体实施。外滩老建筑公司于2014年5月完成工商注册，注册资本金为5亿元，于2014年7月正式集中办公。

这幢历史建筑，对其进行保护与修缮，必须严格遵守文物方面的相关法律与条例。2015年5月28日，上海市文物局出具《〈关于对市级文物保护单位原公共租界工部局大楼开展保护修缮工作的申请〉的批复》，对外滩老建筑公司负责原工部局大楼的保护修缮工作进行确认。

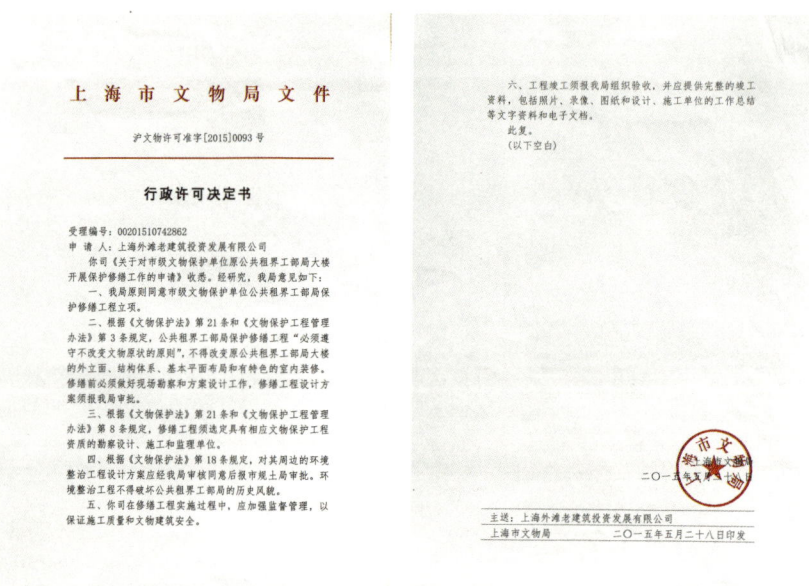

图6-22，上海市文物局《〈关于对市级文物保护单位原公共租界工部局大楼开展保护修缮工作的申请〉的批复》1

图6-23，上海市文物局《〈关于对市级文物保护单位原公共租界工部局大楼开展保护修缮工作的申请〉的批复》2

与此同时，为了系统了解这幢建筑的历史与内涵，从中外文献获取第一手的原始资料与图纸，2015年12月，上海外滩老建筑公司与上海社会科学院历史研究所合作，签订《上海工部局大楼旧址历史考证与专项研究》项目协议书，专门成立课题组，对该大楼及其所在街区的变迁进行细致梳理与全面考察，尤其侧重于对历史内涵、人文遗产等方面的研究。

在具体实施中,第一步就是征收腾空阶段。2014年6月25日,市住房保障和房屋管理局组织召开黄浦区外滩历史文化风貌区160号街坊房屋征收相关问题协调会,对启动征收工作进行了部署。2014年7月10日召开房屋征收专家论证会,论证了征收的必要性和可行性。2014年8月19日召开房屋征收范围确定会议,对征收范围形成一致意见;8月27日市房管局正式发文确定项目房屋的征收范围;10月13日,征收范围公告上墙,向被征收单位及居民公开征收范围。2015年1月20日,黄浦区人民政府下发征收决定。2015年3月15日启动了居民征收签约,4月15日启动了单位征收签约,其中居民征收于2015年底完成全部签约。

第二步,进入了方案设计阶段。首先,从海内外征集方案。2014年12月,邀请戴卫·奇普菲尔德、西班牙BLAU、如恩、华东建筑设计院等四家国内外知名设计机构参加建筑规划设计概念方案的征集。四家机构于次年的4月中旬提交了设计成果。

其次,确定基础方案。2015年6月,戴卫奇普菲尔德、西班牙BLAU、如恩和华东建筑设计院四家参与国际方案征集的设计单位,就设计成果向区规委会进行了汇报,经黄浦区规委会与会专家讨论研究,明确以戴卫·奇普菲尔德方案为基础进行深化和

图6-24,老市府院内红楼,摄于2016年5月20日

优化。

随后,明确方案调整方向。2015年7月,时任中共中央政治局委员、上海市委书记韩正到黄浦区指导工作时,专门听取该项目方案的汇报,并提出了进一步优化调整的方向和要点,主要包括:充分尊重历史,深入挖掘建筑及人文历史资料,保留红楼,突出中庭广场公共活动空间,实现原工部局大楼历史性合围,重点做好历史建筑保护和历史街区风貌恢复等。

最后为方案的优化调整。2015年7月—2016年3月,根据市、区领导提出的方向和要求,对戴卫·奇普菲尔德方案作了多轮优化调整,形成多个优化调整方案成果。经多方听取意见,从中选定了现有方案。2016年3月,会同市、区规划部门召开了专家咨询会,就概念方案听取专家意见。2016年4月,黄浦区主要领导组织召开了项目专题会议。经讨论研究,会议原则同意现有概念设计方案及咨询会专家意见。

历史建筑保护要做到整旧如旧,整体风貌原汁原味,改造后的新空间布局合理,这需要在历史文化遗产保护方面做许多有益的探讨。为此,上海外滩老建筑公司作出了不少努力,也获得了一些阶段性成果:2015年12月14日,"2015上海智慧城市建设

图6-25,工部局老大楼(老市府大厦)鸟瞰图,摄于2016年8月31日

图6-26，老大楼雪景，摄于2018年1月25日

优秀应用"评选活动各大奖项在中国智慧城市创新发展峰会上揭晓，"工部局大楼全生命周期管理平台"荣获"上海智慧城市建设十大优秀应用奖"。在2016年5月上海市规划和国土资源管理局公布的《城市更新"四大行动计划"总策划方案》中，160街坊被列为上海市"城市更新示范项目"。

要留住这座城市重要而特殊的人文遗产，在具体实施中，有关部门需要严格执行相关规定，修旧如旧，尽量恢复历史原貌，从整体性、真实性、原样性、可持续性出发，立足保护，注重传承，结合内涵，实现功能提升。

这幢大楼，承载着上海难以忘怀的城市记忆。

我们期待着这幢已沉寂多年的历史建筑重新焕发光彩。

图6-27，大楼改造设计效果图，上海外滩老建筑投资发展有限公司提供

附 录

附录1

大 事 记

1904年

工部局提出扩大办公规模的建议,并建议将汉口路、江西中路、福州路、河南路所围合而成的街区全部买下,建设能供工部局各机关部门集中工作的新办公楼。其中,特别提到要购买167、171号册地。

1908年

6月3日,工部局董事会会议,首次提及并讨论了购买167号册地事宜。

1910年

6月1日,工部局董事会会议,决定任命一个特别委员会,由克莱格、朱满和德格雷先生组成。

1911年

4月12日,工部局董事会会议,宣读了马克拜先生的便函,内称他已取得第171号册地的估价数字,今后将就此事与董事会函商。

4月19日,工部局董事会会议,宣读了马克拜先生的便函,内称他已对第171号册地作了估价，表明其价值大大超出60万两白银。

6月16日，工部局董事会举行特别会议，会议最后决定向马克拜先生转达的正式开价为407 826两白银。如对方仍不满意，则建议按照《土地章程》第6款甲项规定将此案提交地产委员会解决。至于要求对此重要案例任命一特别仲裁委员会的建议，摩尔先生指出，工部局如按上述讲法提出建议，则有表示对地产委员会不信任之意。

1912年

1月3日，工部局董事会会议，涉及总办处扩建需购置的第171号册地的估价。

4月3日，工部局董事会会议，讨论总办公大楼的重建计划。总董宣读了李德立先生的来函，希望取得关于重建总办公大楼的某些平面图及其他参考资料，并称一份所需的平面图在工务处遗失。工程师提出报告，将提供复制设计草图。

11月20日，工部局董事会会议，同意工部局大楼委员会主席辞职。

11月27日，工部局董事会会议，选举工部局大楼委员会人选。

1913年

2月26日，工部局董事会会议，工部局大楼委员会报告的校样已经呈递，并已付印和分送各纳税人。对于报告所附的大楼正视样图，总董指出"总设计方案"中的插图是平面图，而不是透视图。因此这幅样图并未能恰当显示该大楼总方案中的设想。他还说总建筑师助理患病住院已有10天之久，这些图纸是由一地基的建筑师所绘。因此，会议认定这些图纸的内容是欠妥的。

3月19日，上海公共租界纳税人年会，通过了工部局大楼委员会报告。

3月26日，工部局董事会会议：总董称，171号册地业主马克拜想以现款进行交易董事会同意立即与其办理过户手续。

4月30日，工部局董事会会议，根据议案的记录，会议讨论了有关搁置1912年房屋委员会的建议，而委托工务处设计一座新大楼的可能性。

5月14日，工部局董事会会议：董事会一致同意委员会（工务委员会）的意见：工务处对拟建的大楼要着手绘制设计图纸。据悉他们所提到的那位绘图专家，具有足够资格向董事会提供关于设计方面的有价值又有见解的意见。古柏先生已经注意到这是一种竞争性质的问题，如果会议决定由谁制图，接着就可能研究制图的手续和费用。

7月9日,工部局董事会会议,批准工务委员会7月7日会议记录。其中关于新总办事处,提出了五个设计方案以供董事们仔细审阅,并把可行的方案留在董事会办公厅作进一步的研究,在完成大楼入口和楼梯的另一设计图纸后,才能获得董事会的正式批准。

10月29日,工部局董事会会议,工程师经与原业主长时间会晤,其同意取消171号册地的租约。

11月5日,工部局董事会会议,为解决原业主因取消租约而索赔的协议草案提交审议。

1914年

1月7日,工部局董事会会议,安布罗斯对租赁原业主册地171号期满,应付补偿费的裁决书,已呈准董事会并予公布。

3月21日,召开纳捐西人常年大会,提及新工部局大楼建造后的安排。

3月30日,《申报》报道,涉及"工部局添建房屋之布置"。

4月1日,工部局董事会会议,董事会同意工务委员会大多数委员的意见,新的总办事处工地周围的广告牌,为非住宅地区的广告牌,不应加以干涉。

5月20日,工部局董事会会议,会议批准对操练厅钢结构建筑的投标。

7月29日,工部局董事会会议,会上宣读了司令官的信件,希望对此大楼中万国商团部分的图纸作些修改。菲奇先生认为此建议要牵涉到增加已由工部局大楼委员会分配好的空间面积,此事碍难办到。这一看法获得董事会的普遍支持,当此建筑图纸递呈时,上述问题将由工务委员会详细考虑。

8月5日,工部局董事会会议,董事会指示,对于用苏州花岗石以及人造石进行建筑事宜,可邀请其他投标人进行投标。

10月21日,工部局董事会会议,为操练厅的钢结构招标。为响应工部局工务处第183号招标通告,有7份投标书递交。其中最低者即阖辟洋行,索价4 800镑,在11个月内交货。此项投标被批准接受。

10月28日,工部局董事会会议,操练厅的钢结构招标。由于投标过程中阖辟洋行操作失误,因此董事会决定接受耶松老船坞之投标,并通知阖辟洋行,其投标不具备条件。是年12月底,动工兴建。

1915年

1月27日，工部局董事会会议，董事会接受大楼底层和所有柱子的投标报价，为裕昌泰中标，并把该情况交即将召开的纳税人大会上总董发言作参考。

2月3日，工部局董事会会议，美里门先生指出采用天然石块装饰新大楼的二楼比较适合，其费用为1.5万两，至于大楼的整体建造则成为纳税人大会上的议题。这项建议终于获得了通过。

3月17日，工部局董事会会议，纳税人年会第四项决议案，关于新建的总办公大楼的发言获得了董事会的一致通过。

1918年

1月23日，工部局董事会会议，涉及新的总办公楼内是否可以为电气处准备办公室作出报告。

11月20日，工部局董事会会议，讨论了关于及早进入工部局办公楼的可能性。

1919年

2月26日，工部局董事会会议，重新安排总办公处。

3月12日，工部局董事会会议，会上提出了可分配给电气处的办公用房的一份计划。

10月29日，工部局董事会会议，讨论原来设计的塔楼是否仍然要保持，或加以修改或干脆不用。

11月19日，工部局董事会会议，会议将工务处长的另一份报告连同建筑师给该处关于塔楼远景规划的报告，交给工务委员会研究。

12月3日，工部局董事会会议，董事们同意建造塔楼。

1920年

3月24日，工部局董事会会议，讨论了新总办事处问题——电话系统。

3月31日，工部局董事会会议，经工务处代处长调查证实：总工程师兼经理曾反对该处和各处之间用内部自动电话系统联系。而董事们认为电气处与各处间的通话应通过内部自动电话系统进行。

7月14日，工部局董事会会议，讨论了行政办公大楼里嵌板与内部装修，以及自动电话系统安装事项。

8月20日，工部局董事会特别会议，会议提出并讨论了美艺洋行与汇司洋行的又一批设计图纸。该设计图纸将讲台上的桌旁座位间隔作了必要改动，但删去了讲台前面的围栏。董事们对是否需作此删除意见有点分歧，但同意将此事交工务委员会决定，并将向他们再送交一份设计图纸，注明将栏杆简化并可自由移动。讲台旁的台阶要改动，使上下层高低一致，其式样为凸圆形。会议批准接受美艺洋行的设计图纸。

1921年

1月5日，工部局董事会会议，会议收到一份处务通信，内容是关于在新的工部局总办事处分配用房问题。

3月9日，工部局董事会会议，董事们同意把电气处在总办公处分配到的房屋的约略租金通知电气处，并指示工务处长和代理财务处长参与此事。董事会还批准将弹子房和毗连的两个小房间分配给电气处。

5月18日，工部局董事会会议，讨论关于弹药库或弹药储备室的建造，财务处长出席会议。

6月15日，工部局董事会会议，董事们获知工部局大楼已接近完工，预计在7月份可正式开放。

1922年

2月8日，工部局董事会会议，讨论关于建造工部局雇员的一战阵亡者纪念碑事宜。

3月8日，工部局董事会会议，霞飞元帅访问。董事们被告知，霞飞元帅将于今日到沪。他将在星期六中午12:50视察万国商团，然后与董事会共进午餐。来宾名单增添英王陛下、法官，英、美商务参赞以及卡凡诺和诺克斯将军。

3月，霞飞将军访沪，参加工部局举行的公宴。

9月27日，工部局董事会会议，查看董事会会议室——行政大楼。会议决定邀请华人顾问委员会的委员们于10月2日（星期一）下午4点与总董会面，由总董向他们转达邀请视察行政大楼一事。

10月4日，工部局董事会会议，关于设立华人顾问委员会。总董西姆士氏会见了华人顾问委员会的委员。他带领他们参观了办公大楼、警务处、财务处以及万国商团等，有关主管向他们解释了各自的工作特点。他希望在以后某个日子，该委员会的成员们能够参观其余部门。

10月5日，工部局宴请华顾问，提及工部局大楼即将竣工。

10月18日，正式开放工部局行政大楼。

11月16日，工部局举行大楼落成礼，工部局总董致辞。

12月，在沪出版的《东方杂志》第19卷第24号（1922年12月25日出版），在爱因斯坦第二次访沪的一星期前，刊发"爱因斯坦号"。

12月15日，《申报》报道"团练处俱乐部新屋将开幕"。

1923年

1月3日，《民国日报》报道爱因斯坦在工部局大楼礼堂用德语讲解相对论。

1月17日，万国商团授军旗仪式。

1月26日、29日，工部局董事会在工部局大楼举行特别会议，研究总办处和各处之间、各处和各委员会之间执行行政管理工作是否存在某些可以消除的不足之处，并就目前各处处长、各委员会和总办处之间开展行政管理工作所采用的制度听取各处长的意见。

2月6日，工部局董事会在工部局大楼特别会议，再次讨论行政管理工作的现行制度。总董提交一份收录各项决议的备忘录，经董事们认真考虑。

3月14日，工部局董事会会议在工部局大楼举行，定于3月23日星期五下午4时举行大战阵亡者纪念碑的揭幕仪式。

4月1日，工部局董事会会议，商团授军器仪式。董事们同意于4月21日星期六举行商团授新军器的仪式，并建议，若可能，时间应定在下午4时30分。

5月10日，工部局董事会会议，日本官员来访，参观工部局大楼。代理总办报告，来自熊本市的日本官员已在沪访问考察上海的情况，日本驻沪总领事曾要求允许他们参观工部局大楼。这些官员已来参观并受到非常殷勤的接待。

7月，工部局救火队在新大楼前试演比赛。

9月12日，工部局董事会会议，奈特先生提议根据《土地章程》第21款的规定选举S.费信惇先生当总董。该提议获得通过，费信惇先生便主持会议。

附 录

10月24日，工部局董事会会议，副总董提议费信惇先生为总董候选人。他简短地谈及费信惇先生对工部局的杰出服务，并向他保证，如他接受总董之职，他本人及其同事将给予支持。洛森先生支持副总董的提议，全体一致通过。费信惇先生对给予他这一荣誉表示感谢，他非常愉快地接受这一荣誉，并说他将致力于促进董事间现有的友好感情。接着他主持会议。

1924年

2月27日，工部局董事会会议，涉及工部局旗杆。

是年，*Far Eastern Commercial and Industrial Activity—1924*（亦译《商埠志》）刊登工部局大楼建筑图片。图片中显示了旗杆。

1925年

4月29日，工部局董事会会议在工部局大楼举行，讨论市政厅地基的出售事宜。

6月1日，工部局董事会特别会议在工部局大楼举行，讨论学生骚乱和总罢工事宜。

6月22日，工部局董事会会议在工部局大楼举行，调查5月30日的开枪事件（五卅运动）。

1926年

2月24日，工部局董事会会议，建议出版工部局中文版年报和每周公报。

7月21日，工部局董事会会议在工部局大楼举行，讨论目前霍乱流行的问题。

7月28日，工部局董事会会议，决定"以125万两的价格出售市政厅"。

1927年

1月11日，工部局董事会会议，董事会决议以每月不超过15 000元的预算费用组建队伍俄国分队。

2月4日，工部局董事会会议，讨论政治局势。总裁起草一份在必要时将外国侨民撤离边远地区计划的备忘录。

4月6日，工部局董事会会议，工部局董事会副总董辞职。

4月11日，工部局董事会会议，利用体育场作飞机场。总董向董事们通告，上星期四英国军事当局、体育场的体育基金受托人与这个体育场的有关人士召开了一个会议。他们达成协议，利用部分体育场地作英国防军所属飞机的机场。

4月14日，工部局董事会会议，选举新一届工部局总董。费信惇先生再次当选为董事会总董。贝尔先生当选为副总董。

警备和防务委员会：福岛、莱曼、麦克诺登（准将）

工务委员会：贝尔、麦克贝恩、肖先生

财政、捐税及上诉委员会：费信惇、船津辰一郎、罗先生、警备委员会和工务委员会的主席委员

卫生委员会：麦区（博士）、尼尔德（博士）、麦克诺登（准将）

铨叙委员会：莱曼、麦克诺登（准将）、罗先生

公用事业委员会：贝尔、费信惇、麦克贝恩

电气委员会：贝尔、黑田、尼席尔先生、莱斯特先生、麦克贝恩

西人学务委员会：鲍曼夫人、库珀先生、莱曼、马士德

华人学务委员会：张笮云、聂其杰、歇褒特（牧师）、肖先生

公园委员会：恩卡纳考、福斯特（修士）、沃德

乐队委员会：伊森曼（博士）、肖先生

交通委员会：库珀、休士、马士德、警备委员会和公务委员会各一名委员

图书馆委员会：总办将在下次会议上提交该委员会各委员提名供董事会批准

11月30日，工部局董事会会议，讨论重新设计工部局盾形纹章一事，董事会一致认为"考虑到自采用现在的设计图案以来，情况发生了许多变化，因而需要重新设计图案"。会议要求总办向董事会提出建议，一旦决定采纳某种设计方案，工部局应支付多少费用。

1928年

1月11日，工部局董事会，会议同意任命7位华人和董事会共同商讨工部局下一年度预算。

4月19日，工部局董事会会议，提议费信惇再次担任董事会总董。关于董事会的组成。总董谈到由于选举了3名华人董事，董事会的人数已增至12人。

10月3日，工部局董事会会议，会议决定工部局继续使用原来的印章，直到获得更有价值的新设计印章时为止。

10月17日，工部局董事会会议，关于新的市政厅，总董说由于工部局大楼已经容纳了本局的大多数处室，且训练厅也可作为纳税人会议大厅，因此是否需要建一座新的市政厅还没有取得一致意见。他的意见是：鉴于购买一块新的地皮，建立一座新的市政厅需大笔支出，因此他认为此事需要周密考虑。

12月12日，工部局董事会会议，会议讨论关于任命华人担任工部局高级行政职位的问题。

1929年

5月1日，工部局董事会会议，总董宣读一封致各处处长的信，该信通知他们已任命了一位高级行政官员，其职称为总裁，他的总权力和职责相当于负责常设铨叙机构行政主管和董事会总董的代表。董事们一致同意总董的措施。

11月28日，工部局董事会会议，讨论关于上海的未来地位。各位董事都一致认为，聘用费唐法官来协助工部局就上海未来地位问题提出建设性的建议。

1930年

1月22日，工部局董事会会议，会议决定费唐大法官在工部局任职期间的报酬为每年2 500英镑，加上额外的零星费用。

2月12日，工部局董事会会议，关于年报的发表问题。会议采纳麦西的建议：为了便于参阅，今后在年报中应同时刊载上年度纳税人会议报告的全文。

4月17日，工部局董事会会议，麦克诺登准将再度当选总董。

5月28日，工部局董事会会议，会议决定出版年报华人版的缩写本。会议指示应对本年10月份开展的五年一次的人口调查做好必要安排，开始日期暂定为10月22日。

6月11日，工部局董事会会议，工部局买办退休事宜。潘国兴由代理财务处长陪同出席会议，为了对他表示敬意并对他长达48年的工作表示感谢，总董代表董事会向他赠送一只刻花托盘。潘对于董事会对他的表扬和敬意表示感谢，并对他经常受到工部局和工部局雇员的体恤表示感谢，同时答称，关于工部局买办的继任人选，董事会仍从他的家属中挑选，这是令他高兴的事。

1931年

3月13日，上海公共租界工部局停职总办爱德华控告工部局"要求赔偿损失五千金镑（原文如此，注），照付明年合同终了俸给，以及其本人与家眷回英旅费"一案，在下午二时半由比总领事范好德、英总领事白理南、美总领事岑金斯、荷总领事葛礼曼、日总领事村津，组织混合法庭在工部局会议室开审至下午五时退庭。

3月16日，工部局停职总办爱德华控告工部局案二次开庭，仍由比总领事范好德、英总领事白理南、美总领事岑金斯、总领事葛礼曼、日总领事村津组织国际法庭在工部局会议室举行第二次审讯。

1932年

2月28日，万国商团谍报处解散。

1933年

3月1日，工部局董事会作出规定：今后被工部局聘为法律顾问的律师事务所中的任何律师不得为工部局雇员辩护，否则雇员与工部局的利益可能发生冲突。

7月5日，工部局董事会。总董说，对租界以外产业没有估定捐税，至于特别房捐是根据自愿方式征收的。财务处长宣称，工部局无权在租界以外征收捐税，除了与公用事业合同有关者以外。

1934年

3月21日，工部局董事会，涉及1934年度预算。

1935年

5月28日，驻沪法国代理总领事鲍旦芝夫人近患肺炎，前日病势突然转剧。下午3时在医院逝世，享年40岁。公共租界工部局董事会，昨致函法总领事鲍旦芝慰唁，并于工部局大楼屋顶悬挂半旗，以致哀悼。

1936年

2月19日，工部局董事会会议讨论关于为董事会会议室安装空调系统问题。

3月24日,上海公共租界工部局董事选举投票。

4月26日,公共租界工部局公布举行公债事。

6月4日,工部局警务处举行华人探目90号张金龙葬礼。

1937年

2月22日,举行工部局董事会。"工部局工务处所拟具之一九三七年度支出预算草案,其中单列工部局会议室装置冷气机费用一万八千元。"

10月29日,租界领事国在工部局大楼召开防御会议。

1938年

8月19日,美国电话专家来访。中、英、美、日四国电话专家在工部局办公室举行非正式会议,交换此后调查事宜进行之意见。

12月23日,上海天花猖獗,报告达1 000起,多系租界以外传入。工部局之痘苗,均在工部局大楼中制造。

1939年

工部局大楼,由局部四层加建至全部四层。

4月5日,关于工部局西董、日董选举提名。工部局之1939年度西董日董选举提名,已于今日(4日)正午截止。经提名之候选人,仅有9名,故无须举行投票,下开各董事将于本年4月20日与华董五人同时就职。华董人选,尚未经通知工部局,康尼斯君A. C. Cornish、樊克令君C. S. Franklin、赫莱君G. A. Haley、凯自威君W. J. Keswiek、麦唐纳君R. G. MacDonald、米契尔君G. E. Mitehell、冈本乙一君、鲍威尔君T. S. Powell、杉坂富之助君,本年度之地产委员候选人,经公共租界内之注册地产业主提出者,仅有薛尔贝君R. D. K. Silby一名,即作为当选。

4月29日,公共租界警务处特别巡捕,在万国商团操练厅会集列队,绕行工部局大楼一周。

5月11日,公共租界华字报纸之外籍发行人及总编辑在工部局大楼召开会议,讨论相关事宜。

8月21日,工部局董事在工部局大楼举行第一次集会。

1940年

4月10日，工部局董事竞选，日本人觊觎。

4月11日，工部局董事竞选继续举行。

4月13日，据报道"中英美日本届工部局均已选举竣事"。

4月18日，本届工部局新董事在工部局大楼举行就职典礼。工部局相关办公室有较大的调整。5月11日，工部局小组委员会在工部局大楼举行会议，讨论平抑物价等问题。

5月中旬，工部局新成立之铨叙委员会在工部局大楼举行会议，讨论工部局雇员薪给问题，及修正领取养老金规则之建议。

6月，工部局在工部局大楼开会，讨论设立新组织负责管理特价、取缔商人投机谋利、与法租界通力合作等问题。

7月，工部局在工部局大楼A字五〇六号房间（即土地局卷宗密藏之处）"移交"档案，引起各方关注。

7月25日，领事团在工部局大楼开特别会议，主张协助工部局。

8月，工部局大楼招请华籍机械工头。

8月初，工部局在大楼举行董事会。领事团发表重要决议，致函工部局附若干建议，促令各国防军密切合作。

8月15日，外国防军司令会议在工部局会议室举行。

8月21日，工部局董事在工部局大楼会集，讨论公共租界防务计划。

9月12日，由工部局组织警务合作会议在工部局大楼会议室举行。

12月24日，公共租界与法租界在江西路工部局会议室邀集各界集议公仓储粮办法。

1941年

2月11日，工部局组织税制改革委员会，工部局最近所组织之税制改革委员会，定今日在工部局大楼举行第一次会议。费利溥谈该会任务。

2月11日，工部局特别选举委员会在工部局大楼成立，并举行第一次会议。

3月2日，工部局总董凯自威回沪。

4月7日，工部局开始节约电力。

5月8日，工部局公用事业委员会举行会议。

5月12日，华籍地主四人控诉工部局征收方单地税一案开庭。

6月16日，工部局董事会讨论职员加薪案。

7月15日，福新烟公司女工约百人请愿，围集工部局大楼。

8月7日，据日文上海每日新闻记载，公共租界工部局公共事业委员会于5日下午4时半在工部局会议室开会，讨论上海电力公司要求实行限制电力三成案及用电超过限额追缴费用问题。鉴于该公司存煤数量日益减少，认为限制电力三成案，似可准予实施。至于超过限度之电力收费办法，决按普通用电三倍收费。

8月21日，关于公共租界工部局拟征收营业税一案，工部局财政委员会曾于18日下午4时半，在工部局会议室开会复议，闻对原案已有修正，将名称改为营业房捐特别附加税，并决定将此项修正案，提出工部局会议作最后决定。

9月22日，据日文报记载云，对公共租界工部局征收营业房屋特别房捐作最后决定之咨询委员会，刻已决定于本月22日下午4时半，在工部局会议室召开第一次会议，预定先由工部局总办兼总裁费利溥充任临时主席。

9月26日，公共租界工部局咨询委员会前为征收营业房屋特别房捐问题，曾于22日下午举行第一次会议，在原则上予以通过。前日（24日）下午四时半，该会又在工部局会议室继续举行第二次会议讨论此事，并将工部局所提出征收方法及税率提付审议。

10月14日，工部局因各种物价高涨，对于下级职员及警务人员家属津贴将再行研究，故于13日下午4时半在工部局会议室召开会议，提出讨论。大概此项津贴比率，均在一成左右，付给此项津贴者将以月薪在六七百元者为限，结果如何尚无所闻。

10月22日，公共租界工部局为预防界内水患，最近会着手进行排水设备，并拟发行公债400万元，充作此项工程之经费。

10月30日，公共租界工部局鉴于抑止物价高涨，必须获得大进口商家之合作，乃于昨日下午2时，假该局会议室召集海上进口洋行35家之代表，举行空前未有之会议。

11月15日，进口商暨制造家协会主席柯赖，昨日下午2时15分在工部局会议室招待全市新闻界，说明协会组织情形以及工作方针，并由工部局情报处转发书面文告。

12月20日，法当局通告（煤），涉及共界之消费者，"零售商或堆栈由汉口路一九三号工部局大楼三三○号办公室发给"。

1942年

1月，原工部局董事会总董英人李德尔等辞职，日本人冈崎胜男担任总董，工部局总办处、警务处、财务处等重要机构均为日本人所控制。

2月2日，工部局大楼签发通行证办事处及其他东西北三区新办事处，对于离沪回乡华人之发给通行证申请书格式，自前日起填写事项更改，但因填写手续增繁，致签发上不无濡滞，特由办理是项签证之主持人，向工部局当局要求删繁改简，已经允准。自今日起各签证处，将上星期五所发新申请书废止，改发一种油印申请书，填写以每一人为单位，手续简便，至上星期五及六所已发申请书，均于今日收回另发换填。

2月7日，工部局为积极疏散人口起见，特组织"华人疏散委员会"，现设办事处于福州路一八〇号工部局大楼三楼第二七七号写字间，已自昨日起开始办公。本埠各同乡会、各公团以及各业公会等等，凡欲代共同乡或会员集团请领回乡通行证、旅费半价券者，可向该委员会上述办事处洽领申请书式。至于个人请领通行证件，应照常向各签证办事处申请核发，无须前往该委员会办事处。

3月2日，工部局前任总裁兼总办费利溥氏，自经辞职照准后，昨起业已卸除任务。

3月7日，工部局米粮管理会昨日宣布，米号应于下星期一（即9日）上午向工部局大楼七〇三号米粮管理会领取卖单。

3月24日，工部局财政委员会举行会议，讨论工部局一九四二年度预算问题。

4月3日，工部局自于前日起颁发房屋转租执照以来，昨为第二日。二房东携同申请书前往工部局捐税股及各区分办事处领取者极形拥挤。

5月16日，工部局江西路大楼操练厅内之归乡特别通行证总办事处，于上星期开始发给临时通行证，嗣于本星期一，复又恢复发给归乡特别通行证。自混合发给以来，因申请领取两种通行证人数过众，拥挤不堪。

5月26日，华人疏散委员会发表疏散工作概况。

6月1日，工部局房屋转租执照，今日起只独处发给，已将各分办事处撤消。

9月14日，汉口路工部局大楼分布发返乡证处于今日起开始恢复全日办公。

11月6日，新任驻南京日大使馆公使堀内干城赴工部局大楼，向工部局官员正式辞行。该局特派仪仗队在大楼入口处迎接，会见堀内之工部局官员，有总董冈崎、警务总巡渡正监及董事袁履登、葛乐泰等。

1943年

6月3日,上海特别市政府及公共租界工部局双方高级人员在工部局会议室,签订《沪西财务补充协议》。

8月1日,日本帝国主义策划将公共租界"交还"给汪伪政权,工部局自然消亡。公董局也因法租界"交还"汪伪政权而结束。日军占领上海后,先后操纵建立了"上海市大道政府""督办上海市政公署"和"上海特别市政府"等伪上海市政权。

1945年

8月15日抗日战争胜利,日本侵略者宣布无条件投降。

8月13日、15日,国民政府先后任命钱大钧、吴绍澍为上海市正、副市长,任命吴绍澍为行政院政治特派员(早在1944年冬吴已被军委会派为上海军事特派员),先后在上海公开设署办公。

8月18日,蒋介石又派蒋伯诚为军事委员会委员长驻沪代表,并设立公署。

9月12日,钱大钧、吴绍澍等政府接收人员,正式对伪上海特别市政府实行接收。同日,市长钱大钧(兼淞沪警备司令)、副市长吴绍澍(兼国民党上海特别市执行委员会主任委员)正式视事,组成上海市政府,设址于汉口路江西中路原公共租界工部局办公大楼。吴绍澍于11月间呈请辞去副市长职务,前公共租界工部局华人总办何德奎继任副市长。

钱市长及各局局长抵沪后,已积极开始筹备本市复员工作。

1946年

1月21日,国民党上海市政府举行"国父纪念周"。白崇禧在市府作报告。

2月10日,宋美龄代表蒋介石在市政府市长办公厅举行授勋典礼。

2月11日,蒋介石由渝飞沪,在沪逗留4日。13日,在市府礼堂接见中外记者。

5月14日,国民党行政院例会通过上海市市长钱大钧辞职,任命吴国桢继任上海市市长,调任副市长何德奎为市政府秘书长,从此副市长一职撤除。

5月20日,国民党上海新市长吴国桢到任。

1947年

8月28日,为办理本市选举事宜,市政府大楼二楼二三五室特辟为选举事务所开始办公。

1948年

国民党上海市政府、市政机构组成，详见1948年版《上海统览》。

2月27日，上海市救济特捐募集委员会在市政府会议室举行成立大会。

3月15日，"国民大会"上海接待站成立，并在福州路200号市政府大楼办公。

6月27日，国民党上海市政府在大礼堂举行第六次月会，由工务局长赵祖康报告工务建设。

12月30日，在国民党上海市政府大礼堂举行上海市荣誉市民张翰庭授章典礼。

1949年

5月1日，南京国民党政府行政院第五十七次政务会议决议，上海市市长吴国桢辞职照准，任命陈良为上海市市长（自4月1日起已奉命代拆代行）。

5月24日，陈良委托赵祖康代理市长。陈良与赵祖康在市政府会议室举行了"移交"仪式。

5月25日，凌晨，赵祖康命警察局局长陆大公给警察下令不要进行任何抵抗，务必保护好市政府大楼，并签发手令，要市政府立即升白旗，向人民解放军投降。

5月25日，国民党上海市政府大楼插上白旗。

5月26日，国民党上海市政府最后一次会议在社会局会议室召开，由代市长赵祖康主持。

5月27日，上海全境解放。中国人民解放军上海市军事管制委员会成立，陈毅任主任，粟裕任副主任。

5月28日，上海市人民政府成立。中国人民革命军事委员会委任陈毅为上海市市长，曾山、潘汉年、韦悫为副市长。当日下午，陈毅等代表市军管会、市人民政府接管国民党上海市政府，国民党上海市代市长赵祖康作移交。

此后原工部局大楼成为上海解放后的市人民政府办公大楼。

6月17日，市政府在该楼召开第一次政务会议，市长陈毅作关于上海解放20多天来的工作情况报告。

8月6日，市军管会财政经济接管委员会卫生处发出通知，自8月8日起由扬子饭店迁至汉口路223号市政府大楼二楼231室办公。

9月13日,撤销劳工处,成立上海市人民政府劳动局,主管全市劳动行政工作。1955年4月2日改名为上海市劳动局。

10月2日上午8时,市军管会及上海市人民政府在该楼举行升国旗典礼,由副市长潘汉年主持。"保卫世界和平,庆祝中国人民政治协商会议成功,庆祝中华人民共和国中央人民政府成立。"

1950年

2月3—7日,上海市首届工人代表大会在市政府大礼堂召开。中共上海市委第一书记、市长陈毅到会致词。大会决定新成立的上海工人阶级的统一组织恢复大革命时期的"上海总工会"的名称。在上海总工会一届一次全委会上,刘长胜当选为主席。

2月6日,台湾国民党飞机轰炸上海,市政府在该楼召集紧急会议,确定反轰炸和维护社会秩序的措施。二六轰炸后,上海市各界人民反对美帝蒋匪轰炸暴行追悼死难同胞大会在市政府大礼堂召开。

4月15—23日,市第一届第三次各界人民代表会议在市政府大礼堂举行。市长陈毅作《上海市工作任务报告》;市财政局、劳动局和市折实公债推销委员会、生产救灾委员会分别作专题报告;市协商委员会秘书长许涤新作《市协商委员会工作报告》。会议选举陈毅为市协商委员会主席,胡厥文、潘汉年、刘长胜、刘鸿生为副主席,王艮仲等69人为委员。会议通过《关于上海市工作任务报告的决议》和其他有关决定。

5月10日,市政府在该楼召开行政会议,决定5月28日为上海解放纪念日。

5月,上海解放一周年,刻有市长陈毅手书的"上海人民按自己的意志建设人民新上海"的石匾镶嵌在该大楼二楼大厅正面的墙壁上。

9月8—25日,上海市首届劳动模范大会在市政府大礼堂召开。上海市总工会主席刘长胜致开幕词。大会表彰市劳模673人,选出杭佩兰、计浩然等15人出席全国工农兵劳动模范大会。

10月16—24日,市第二届第一次各界人民代表会议在市政府大礼堂举行。市长陈毅致开幕词,市协商委员会副主席胡厥文作《上海市第一届第三次各界人民代表会议协商委员会工作报告》,会议通过《上海市第二届各界人民代表会议组织条例》和《上海市人民政府暂行组织条例》。会议选举陈毅为市长，潘汉年、盛丕华为副市长，丁超五等30人为市人民政府委员会委员；选举产生第二届协商委员会，陈毅为主席，潘汉年、刘长胜、胡厥文、金仲华为副主席，方明等75人为委员。会议由副市长潘汉年作总结发言。

12月23日，市政府在该楼举行行政例会，通过《上海市郊区土地改革工作计划》，决定设立郊区土地改革委员会，任命周林为主任委员，并发布《关于在本市郊区实施土地改革的布告》。

12月24—25日，上海市合作社第一届社员代表大会在市政府大礼堂召开，通过了《上海市合作社工作报告》、《成立上海市合作社联合社》等决议，并选举了理事会和监事会。

1951年

是年，位于福州路210号的原有修车大棚改建为上海市人民政府大礼堂。

1月9日，市长陈毅，副市长潘汉年、盛丕华暨全体市政府委员，在市政府礼堂举行就职典礼后，即召开市政府委员会首次会议。市长陈毅作《上海1951年工作任务的报告》。副市长潘汉年宣布市政府所属各局、处、院负责人名单。

2月12日，市人民政府办公厅行政处制发《上海市人民政府大礼堂管理规则》。

4月11—18日，市第二届第二次各界人民代表会议在市政府大礼堂举行。市长陈毅作《1951年上海市工作任务》的报告，副市长潘汉年作《上海市人民政府1950年工作总结》的报告，副市长盛丕华作《关于上海市1950年决算和1951年预算（草案）的报告》，市公安局局长扬帆作《关于严厉镇压反革命的报告》。会议同意以上报告，并通过《关于严厉镇压反革命的决议》和其他相应决议。陈毅在会上提出，上海的城市建设应贯彻"为生产服务，为劳动人民服务，并且是首先为工人阶级服务"的方针。会议选举陈毅为市二届二次各界人民代表会议协商委员会主席，潘汉年、刘长胜、胡厥文、金仲华为副主席，方明等79人为委员。

4月20日，上海市人民政府与市政治协商委员会在市府大礼堂召开上海市街道里弄代表会议。会议通过了在原有的人民冬防服务队的基础上，改组为居民委员会的方案，并确定普陀区的梅芳里为建立居民委员会的试点单位。

5月17日，市政府委员会在该楼举行第五次会议，讨论各区民主建政工作，并决定在1952年春召开各区各界人民代表会议。市长陈毅在会上号召进一步深入开展镇压反革命斗争。

9月6日，下午2时至5时，人民广场建设管理委员会在市政府会议室召开第一次全体委员会议。许涤新主持，姚溱、赵祖康、熊中节等参加。会议决定跑马厅改称人民广场，通过人民广场建设计划和开工典礼会议程序，并商议委员会下设机构等事宜。

11月15日，市政府在该楼举行第十二次行政扩大会议。副市长潘汉年作《关于开展精简节约运动的报告》，提出在市政府所属各单位中迅速普遍开展精简节约运动，深入开展反贪污、反浪费、反官僚主义的斗争。

12月10—15日，市第二届第三次各界人民代表会议在市政府大礼堂举行。市长陈毅致开幕词，副市长潘汉年作《上海市人民政府八个月来的工作报告》，华东军政委员会主席饶漱石作《关于开展增产节约运动，反对贪污、反对浪费、反对官僚主义问题》的报告，会议通过《关于严惩贪污、反对浪费的决议》和《关于贯彻执行（中华人民共和国婚姻法）的决议》等5项决议。

1952年

是年，市人民政府办公厅建立传达室，并制定《上海市人民政府市府大厦传达问讯规则》、《工作人员须知》、《市府大厦内宿舍管理规则（草案）》等相关规定。

3月15日，下午2时，副市长潘汉年在市政府会议室召开市政建设座谈会，公用局、工务局、市政建筑公司建筑工业处等单位负责人，及公交公司、电力公司、电话公司代表参加。

5月13日，市政府委员会在大楼召开会议，讨论"五反"工作。市长陈毅就"五反"定案处理工作等问题作了发言。会议根据政务院命令，决定成立负责处理"五反"运动中违法户问题的人民法庭，任命韩述之为审判长。

9月25—27日，市第二届第四次各界人民代表会议在市政府大礼堂举行。副市长潘汉年作《上海市人民政府八个月来的工作和当前任务的报告》，市财经委副主任宋季文作《关于上海市1951年决算及1952年预算（草案）的报告》，市政府有关部门作政法、文教卫生等工作专题报告，会议通过相应决议。

10月13日，市政府行政例会在该楼举行，通过《市区设置区人民政府街道办事处的试行方案（草案）》。

10月30日，市政府行政例会在该楼举行，讨论决定，进一步加强处理人民来信和接见人民来访的工作。

10月，在该楼办公的上海市地政局与市政建设委员会公共房屋管理处合并，建立上海市房地产管理局，下设测量总队。

11月13日，市政府在该楼召开机关内部统一战线工作组成立大会，副市长、中共上海市政府党组书记潘汉年作《关于进一步加强市政府机关内部统一战线工作的报告》。

1953年

1月2日，市政府在大楼举行行政例会，讨论加强基本建设力量，迎接国家大规模经济建设问题。会议通过关于成立市建筑工程局和允许一部分营造厂商结束私营，参加国营建筑机构工作的决定。

2月12日，市政府委员会在该楼举行会议，讨论开展贯彻执行《中华人民共和国婚姻法》宣传教育活动问题。

2月26日—3月2日，市第三届第一次各界人民代表会议在市政府大礼堂举行。市长陈毅作政治报告，副市长潘汉年作《上海市人民政府关于1952年工作和1953年工作任务的报告》，副市长盛丕华作《关于上海市第三届第一次各界人民代表会议选举工作的报告》，市协商委员会副主席胡厥文作《关于上海市协商委员会1952年工作报告》。会议通过《关于上海市人民政府委员会和上海市协商委员会继续连任的决议》，决定现任市长、副市长及市政府委员和市第二届各界人民代表会议协商委员会主席、副主席及委员继续连任至市第一届第二次人民代表大会开幕时为止。市长陈毅致闭幕词。

3月9日，为追悼斯大林逝世，上海市人民政府大楼下半旗致哀。

3月31日，市政府委员会在该楼举行扩大会议。副市长潘汉年主持会议，市财政局局长马一行作《上海市1952年决算和1953年预算（草案）的报告》，副市长兼秘书长刘季平作《关于市人民政府各单位开展反对官僚主义、反对命令主义和反对违法乱纪斗争情况的报告》。市长陈毅出席会议并讲话。

1954年

2月25日，市政府委员会在该楼举行第二十一次会议，通过《关于市人民代表大会代表名额及提名协商办法的规定》，确定上海市第一届人民代表大会代表名额为800名。

2月26日，市第三届第二次各界人民代表会议在市政府大礼堂举行，听取并通过市政府《关于上海市实行食油计划供应问题的报告》。会议还作出《关于为发展市政建设建议地方自筹经费以充实市政建设经费案的决议》。会后，市政府制订了食油计划定量供应和上海地方自筹经费具体实施方案，并分别于3月上旬和下旬公布执行。

5月30日，1953年度工业劳动模范和先进工作者代表大会在市政府大礼堂召开。评出市劳模251名，并首次评出陆阿狗、戴可都、裔式娟等9个先进班组。大会倡议全市职工开展技术革新运动。

6月2—24日，中国共产党上海市第二次代表会议在市人民政府大礼堂举行。市委第一副书记潘汉年作《上海市委对饶漱石阴谋的揭发和五年来工作的检查》的报告。会议要求上海全党必须贯彻中共七届四中全会决议，提出增强党的团结的关键在于有领导地发扬民主，正确地开展批评与自我批评。

6月26日，上海市政府委员会举行第二十五次全体会议，讨论关于召开各区第一届人民代表大会第一次会议的问题，确定各区人民代表大会会议的主要议程是讨论《中华人民共和国宪法（草案）》和选举市第一届人民代表大会代表。

8月13日，上海市政府委员会举行第二十六次全体会议，通过关于召开市一届人大一次会议的决定；提请市一届人大一次会议讨论、选举第一届全国人大代表的63名候选人。

8月16—21日，市第一届人民代表大会第一次会议在市政府大礼堂举行，市长陈毅作《关于上海市讨论中华人民共和国宪法（草案）情况的报告》。市财政经济委员会副主任宋季文作《关于上海市1953年决算和1954年预算（草案）的报告》和《关于实行粮食定点供应问题的报告》，大会通过相应决议。

9—10月，为庆祝中华人民共和国成立五周年，上海市政府大楼装饰一新，灯光璀璨。

11月1日，市政府委员会在该楼举行第二十八次扩大会议，会议要求在干部和人民群众中组织传达和学习《中华人民共和国宪法》及全国人民代表大会文件，讨论在华东行政大区撤销后机构下放与干部分配问题。

1955年

1月7日，华东财委三办撤销后，原部分工作人员移至市府大楼市建委集中办公，地点分别为：351—353室，中楼703—704室。上海市人民政府为华东财委三办撤销后的工作联系问题，致函长江航运管理局上海分局、上海海运管理局、上海铁路管理局、中央民用航空局上海办事处，表示由市建委负责对接联系。

2月3日，上海市政府委员会举行第三十次全体会议，讨论、通过关于召开市一届人大二次会议的决定；根据《中华人民共和国人民法院组织法》的规定，决定增设3个市中级人民法院。

2月5—12日，市第一届人民代表大会第二次会议在市政府大礼堂举行。市长陈毅作政治报告，副市长潘汉年作《上海市人民政府工作报告》，经会议审议通过相应决议。并根据《中华人民共和国宪法》的有关规定，决定将上海市人民政府改为上海市人民委员会（以下简称"市人委"）。大会选举陈毅为上海市市长，潘汉年、盛丕华、许建国、刘季平、金仲华、宋日昌为副市长，于伶等44人为市人民委员会委员。

2月19日，市人委在该楼举行第一次会议，市长陈毅作就职讲话。会议决定，对原市人民政府所属工作部门机构进行调整和充实。

2月26日，上午9时，上海市人委在该楼502室召开中央及各地在沪机关、企业等单位会议，100余家单位党员负责人参加。

2月，上海市人民委员会决定撤销市工务局，成立上海市市政工程局。

3月12日，下午2时，上海市人委在该楼502室举行第二次会议，决定在全市人民中广泛宣传和讨论《中华人民共和国兵役法（修正草案）》，并征求人民群众意见；讨论《上海市粮食及粮食复制品外运暂行管理办法（草案）》。

3月14—23日，全国政协副主席、全国人大常委会委员十世班禅额尔德尼·却吉坚赞来沪参观考察，由上海市人委负责接待，班禅曾专程至该楼回拜。

3月18日，上海市人委通知上海市各机关、团体、党派、部队：撤销原上海市人民政府所属财政经济、政治法律、文化教育、市政建设、工业生产等五个委员会，同时成立上海市人民委员会政法、文教、重工业、轻工业、财粮贸、交通、市政建设、国家资本主义、文艺等九个办公室，协助市长分别掌管市人民委员会所属各工作部门的工作。其中，在该楼办公的五个：政法办公室（一楼）、文教办公室、交通办公室（中楼）、市政建设办公室（四楼）、文艺办公室（47室）。

4月7日，下午2时，上海市人委在市人委大楼一楼140室召开第一次区长会议，讨论关于粮食的销售及管理问题。

4月19日，下午，上海市人民委员会文艺办公室在该楼（江西路209号）53室召开音乐、戏剧、美术等相关院校及市文化局、市文教办公室参加的座谈会。

附　录

4月23日，下午2时，上海市人委在市人委大楼一楼140室召开第二次区长会议，研究本市实行粮食按户计划供应方案（草案），讨论当前粮食节约运动如何与粮食按户计划供应工作结合问题。

4月29日，下午2时，上海市人委在市人委大楼一楼140室召开第三次会议，讨论《中华人民共和国兵役法（修正草案）》。

5月16日，下午2:30，上海市人委在市人委大楼中楼底层502室召开第四次会议，讨论上海市粮食计划供应问题，并由徐平羽秘书长作关于中苏友好大厦建筑的报告。

5月27日，上海市民族事务委员会、上海市人委宗教事务处共同函告：上海市民族事务委员会第三科（管理佛道教），已划归市人委宗教事务处，改为佛道教科，已于1955年5月25日迁至市人委大楼55室办公。

5月28日，下午2时，上海市第一届人民代表大会临时会议在市人委大礼堂举行，讨论本市人民代表大会代表协同全国人民代表大会代表对本市工作进行视察的问题。

5月31日，下午2:30，上海市第一届人民代表大会临时会议在市人委大楼中楼底层502室举行主席团扩大会议，听取小组讨论和分组情况的汇报。

6月10—11日，市人委和市工联在市人委大礼堂联合召开劳模大会。

7月1日，市测量总队由市房地局划归市规划建筑管理局，即从四川中路德士古大楼迁至汉口路193号该大楼办公。该总队原由市城市建设局所属的市城市规划勘测设计院领导，1959年3月改为市城市建设局直接领导。

7月29日，上海市人委通过动员农民回乡生产方案。

9月16日，上海市人委在大楼举行第八次行政会议，讨论贯彻执行国务院《关于国家机关工作人员全部实行工资制和改行货币工资制的命令》。

9月23日，上海市人委举行第七次会议，通过《上海市粮食定量供应实施细则》、《上海市加强粮食复制品及熟食品行业管理暂行办法》、《上海市管理私营粮店暂行办法》和《上海市实行粮食定量供应方案》。

是年11月起，市人委机关及有关单位陆续搬入外滩中山东一路10—12号原汇丰银行大楼内办公。

1956年

3月22日，向市人委办公厅提出对该大楼三个名称供选的方案，分别为：市府大厦、联合大厦、汉口路大厦。

5月1日,市人民委员会正式发出通告,市人委机关从江西中路215号迁至外滩中山东一路10—12号原汇丰银行大楼内办公。

以后,大楼成为上海市民政局、园林管理局、市政工程局、卫生局、劳动局、社会团体管理局、上海市医疗器械集团、市政府退伍军人和军队离休退休干部安置领导小组办公室等单位办公地。

市人委机关搬迁后,成立老市府大楼管理委员会办公室,主要承担在该楼办公的单位食堂,大楼所有电话通信及大门警卫、车辆出入管理、水电维修、大院清洁卫生、水电电话费账务处理、安全保卫、设施管理等工作。据统计,该办公室1980年10月在编人员49人。

1958年

7月,在大楼办公的市政工程局、建筑管理局及城市规划设计院合并,组成上海市城市建设局。

1960年

3月11日在《上海市人民委员会机关事务管理局1960年工作纲要(二稿)》中,提出1960上半年完成市人委大礼堂的改建工程。

1963年

7月24日,市人民委员会第十二次会议上,曹荻秋副市长提出上海市环境卫生是大问题,市长办公会议研究,建议单独成立环境卫生局,请委员会审议。委员会通过后,7月27日报请国务院审批。

8月6日,经国务院批复同意,上海市环境卫生局正式设立,归口市人委公用事业办公室管理。

9月1日,市环境卫生局在江西中路209号该大楼底层开始办公。局机关设办公室、计划财务处、劳动工资处、人事保卫处、废气废水管理处等1室4处。下辖市肥料公司(仍与市清洁管理所合署一个机构、两块牌子)和市工业废渣管理所。

12月16—25日,中国共产党上海市第三届代表大会在市人民委员会大礼堂举

行。中共上海市委书记处书记陈丕显作《深入开展三大革命运动,为把上海建设成为我国一个先进的工业和科学技术基地而斗争》的工作报告。中共上海市委第一书记柯庆施作《为促使干部、党员和各项工作革命化而奋斗》的政治报告。大会通过《中共上海市第三届代表大会决议》;选出中共上海市第三届委员会委员45人,候补委员21人。

1969年
10月,市革命委员会工交组决定撤销上海市环境卫生局。

1971年
是年,市政府礼堂进行大修。

1977年
10月31日,在大楼办公的上海市卫生局革委会致函黄浦区大楼管理所革委会,提及:一、要设法迁移大楼的电话总机架子间,市电话局建议安装在409室;二、市卫生局使用的401会议室面积太小已由该管理所大修一年多,但无法扩大为中型会议室;三、请求在大楼四楼搭建20平方米房屋一间,以解决与使用409室办公的市城市建设局测量总队对调问题。

1978年
1月25日,经上海市基本建设委员会批复同意,在大楼办公的上海市城市建设局测量总队改称为上海市测绘处。

1980年
3月15日,市政府机关事务管理局向市政府办公厅报送《关于改进市府大礼堂和上海展览馆会场收费办法的请示》,凡市委、市人大常委会、市人民政府召开干部会、代表会和市政协的委员会,市府大礼堂和上海展览馆不收场租费;部委办召开的会议,或以市委、市府、市政协名义召开的业务性会议,租用会场仍按规定收取场租费。5月10日,该请示经上海市人民政府办公厅批复同意。

9月17日，市人民政府决定恢复建立上海市环境卫生管理局。

1982年

2月22日，市政府机关事务管理局向市政府秘书长张甦平报送《关于整修市府礼堂房屋的请示》，停止对外开放一周；并将今后礼堂大修和设备更新问题，列入1983年老市府大楼大修计划。

4月7日，经上海市卫生局批复，设在该楼的上海市府大楼公费医疗门诊部恢复原名。该门诊部原名"上海市府大厦公费医疗门诊部"，1968年10月被撤销，原门诊部房屋由市城建局测绘处使用。1979年6月该门诊部恢复后，改称"上海市江西路门诊部"。

1983年

是年，大楼进行大修。在大楼办公的市政工程局为解决办公用房困难，着手进行对该大楼的加层立面设计方案。

1984年

1月，因位于外滩中山东一路12号的市政府办公大楼用房紧张，时任市政府秘书长张甦平要求市政府机管局对江西路汉口路的老市府大楼房屋能否加层问题进行调查。机管局经调查了解后，于1月28日向秘书长张甦平、副秘书长肖车及市政府办公厅报送《关于老市府大厦房屋加层的调查情况汇报和请示》，提出拟对该大楼加层，初拟加2—3层。

由市住宅建设总公司科技设计室进行可行性研究。在原始资料不齐，缺少建筑和结构详图，也无地质资料的情况下，该室根据地面沉降观测资料及现场观察、地质调查等情况，进行加层结构验算，并对加层立面的处理进行估算，于当年6月8日形成可行性研究报告。报告指出：最多仅能加一层，并且立面处理难度及费用较大。

6月26日，市政府机管局根据可行性研究报告，因大楼结构问题，以及材料、施工、经费等方面存在较大难度，综合考虑，取消加层计划。

1985年

8月，自1955年起在大楼办公的上海市测绘处迁至武宁路419号。

附录

1989年
9月25日,大楼被列为上海市文物保护单位。

1993年
1月,由市民政局拟定的中国第一份"城市最低生活保障制度草案"摆上了市长办公桌。全国第一条最低生活保障线在该楼制定,当时上海市民最低生活保障标准为每人每月120元。

1995年
是年,市政府礼堂因建筑老化、场内积水停业。

1996年
1月18日,经市人民政府批准,上海市勘界工作领导小组成立。领导小组下设办公室,负责勘界的日常工作。办公室设于在大楼办公的市民政局。

2003年
3月7日晨5时许,位于福州路210号的市府礼堂毁于一场大火。现作停车场。

2008年
是年,有关部门建议上海市历史博物馆入驻大楼。
10月,在这幢大楼里,上海市社团局出台全国第一个"年金制度"试行办法。

2013年
5月20日起,上海市民政局、上海市社会团体管理局机关自该楼搬迁至新址(浦东新区世博村路300号6号楼)办公。

2014年
4月,黄浦区人民政府和上海地产集团签订《黄浦区160街坊保护性开发合作协议》,通过市、区联手的方式协调推进原工部局大楼的保护性综合改造。由上海外滩老建筑投资发展有限公司（简称外滩老建筑公司）负责该项目的具体实施。

5月，外滩老建筑公司完成工商注册，注册资本金为5亿元，7月正式集中办公。

6月25日，上海市住房保障和房屋管理局组织召开黄浦区外滩历史文化风貌区160号街坊房屋征收相关问题协调会，对启动征收工作进行部署。

7月10日，召开房屋征收专家论证会，论证征收的必要性和可行性。

8月19日，召开房屋征收范围确定会议；27日，市房管局正式发文确定项目房屋的征收范围。

10月13日，征收范围公告上墙，向被征收单位及居民公开征收范围。

12月，外滩老建筑公司邀请戴卫奇普菲尔德、西班牙BLAU、如恩、华东建筑设计院等四家国内外知名设计机构参加建筑规划设计概念方案的征集。

2015年

1月20日，黄浦区人民政府下发征收决定。

3月15日，启动居民征收签约。

4月15日，启动单位征收签约，其中居民征收于是年底完成全部签约。

5月28日，上海市文物局出具《〈关于对市级文物保护单位原公共租界工部局大楼开展保护修缮工作的申请〉的批复》，对外滩老建筑公司负责原工部局大楼的保护修缮工作进行确认。

7月，中共中央政治局委员、上海市委书记韩正来黄浦区指导工作时，专门听取了项目方案的汇报，并提出进一步优化调整的方向和要点。

12月16日，外滩老建筑公司与上海社会科学院历史研究所马学强研究员团队签订《上海工部局大楼旧址历史考证与专项研究》（第一期）项目协议书，对该大楼及其所在街区的变迁进行细致梳理与全面考察，侧重于历史内涵、人文遗产等方面研究。

2016年

1月1日起，上海市居民经济状况核对中心自大楼搬迁至新址（杨浦区江浦路2100号A楼三楼）办公。

1月6日起，上海市社会救助事务中心（上海市民政减灾中心）自大楼搬迁至新址（杨浦区江浦路2100号A楼一楼）办公。

附 录

1月7日起,上海市民政局信息研究中心自大楼搬迁至新址(杨浦区江浦路2100号A楼四楼)办公。

3月,召开专家咨询会,就概念方案听取专家意见。

5月,在上海市规划和国土资源管理局公布的《城市更新"四大行动计划"总策划方案》中,160街坊被列为上海市"城市更新示范项目"。

说明:1.关于大事记所涉及时段,工部局新大楼于1922年竣工,但从谋划到筹建,经历了很长一段过程,所以,本大事记始于1904年,截止日期为2016年5月。2.关于大事记撰写的依据,编写者主要征引了原始档案文献,包括中外文档案资料、报刊杂志等。

注:工部局大楼,在一些文献中也称"大厦",为统一起见,大事记中均改为大楼。

附录2

上海公共租界工部局董事名录
(1919—1943)

组成日期	姓　　名	备　　注
1919.4.10	总　董：皮尔斯（E. C. Pearce） 副总董：怀德（E. White） 董　事：多拉尔（大来 J. H. Dollar） 　　　　伊吹山（T. Ibukiyama） 　　　　贝恩（C. M. Bain） 　　　　霍华德（A. Howard） 　　　　美里门（W. L. Merriman） 　　　　麦克利（H. A. J. Macray） 　　　　史密斯（A. Brooke Smith） 　　　　兰牧（W. P. Lambe） 　　　　吴大五郎（D. Goh）	1919年2月20—21日选出。8月31日怀特辞职，补选兰牧，并由史密斯接任副总董。12月10日伊吹山去世。1920年1月补选吴大五郎继任。 2月20日利德尔（N. O. Liddell）接任总办。
1920.4.8	总　董：史密斯（斯密士 A. Brooke Smith） 副总董：兰牧 董　事：贝恩 　　　　吴大五郎 　　　　埃德金斯（G. T. M. Edkins） 　　　　麦辛台（H. A. Macintyre） 　　　　本杰明（M. Benjamin） 　　　　考克斯（P. A. Cox） 　　　　费信惇（Stirling Fessenden） 　　　　吉拉德特（H. H. Girardet） 　　　　麦凯（E. F. Mackay）	1920年2月16—17日选出。埃德金斯未就任即离沪，补选麦凯。5月13日考克斯辞职，补选吉拉德特。5月26日贝恩辞职，补选兰塞姆。11月，拉姆、吴大五郎辞职，补选樱木俊一、西姆士。12月8日麦凯接任副总董。 总办：利德尔

（续表）

组成日期	姓　　名	备　　注
1921.4.15	总　董：史密斯 副总董：麦凯 董　事：本杰明 　　　　吉拉德特 　　　　麦辛台 　　　　兰塞姆（兰孙 S. A. Ransom） 　　　　樱木俊一（S. Sakuragi） 　　　　西姆士（H. G. Simms） 　　　　费信惇 　　　　洛森（A. B. Lowson） 　　　　莱曼（V. G. Lyman） 　　　　兰牧 　　　　威瑟姆（P. P. Whitham）	1921年4月选出。 4月底，麦辛台离沪，补选洛森。7月，兰塞姆离沪，补选莱曼。8月，本杰明辞职，补入兰牧。11月，费信惇辞职。1922年1月19日补选威瑟姆。 1921年12月21日利德尔任总裁兼总办。
1922.4.20	总　董：西姆士 副总董：兰牧（W. P. Lambe） 董　事：费信惇 　　　　吉拉德特 　　　　莱斯特（H. W. Lester） 　　　　洛森 　　　　莱曼 　　　　樱木俊一 　　　　威尔逊（G. N. Wilson） 　　　　阿特金森（C. W. Atkinson） 　　　　休士（A. J. Hughes） 　　　　麦凯 　　　　奈特（P. L. Knight）	1922年3月16—17日选出。年底，吉拉德特、莱曼辞职，补选阿特金森、麦凯。次年2月，威尔逊辞职。3月，补选奈特。 总裁兼总办：利德尔。
1923.4.19	总　董：西姆士 副总董：兰牧 董　事：费信惇 　　　　莱斯特 　　　　洛森 　　　　樱木俊一	1923年4月底选出。6月，阿特金森辞职，补选莱曼。9月，麦凯辞职离沪后又返回续任。10月12日西姆士辞职，补选威尔逊，并由费信惇接任总董。1924年3月莱斯特、洛森辞职，补选贝克、麦西。4月

(续表)

组成日期	姓　名	备　注
1923.4.19	阿特金森 麦凯 奈特 莱曼 威尔逊 贝克（A. E. Baker） 麦西（P. W. Massey）	18日利德尔辞总裁兼总办。鲁和（E. S. B. Rowe）任代总办。
1924.4.17	总　董：费信惇 副总董：兰牧 董　事：贝克 　　　　奈特 　　　　莱曼 　　　　麦凯 　　　　樱木俊一 　　　　威尔逊 　　　　贝尔	1924年3月3—4日选出。11月，兰牧辞职，补选贝尔。次年1月和2月，威尔逊、奈特辞职。 代总办：鲁和
1925.4.16	总　董：费信惇 副总董：麦西 董　事：贝克 　　　　樱木俊一 　　　　莱曼 　　　　贝尔 　　　　汉弗莱斯（G. G. Humphrys） 　　　　佩特森（J. J. Paterson） 　　　　蒂斯代尔（J. H. Teesdale）	1925年3月2—3日选出。次年2月，蒂斯代尔辞职。4月，贝克、汉弗莱斯辞职。 2月1日，鲁和任总办。 2月1日希尔顿-约翰（A. H. Hilton-Johnson）任总裁
1926.4.15	总　董：费信惇 副总董：麦西 董　事：樱木俊一 　　　　罗（H. B. Roe） 　　　　莱曼	1926年3月1—2日选出。次年4月纳税人年会前，麦西、佩特森、樱木俊一先后辞职，补入比思（倍思、贝特）、费信惇、船津辰一郎。

（续表）

组成日期	姓　名	备　注
1926.4.15	贝尔 麦克诺登（E. B. MacNaghten） 佩特森（J. J. Paterson） 麦边（W. R. B. McBain） 比思（B. D. F. Beith） 船津辰一郎（T. Funatsu）	4月1日爱德华（Sidneg martin Edward）任总办。 总裁：希尔顿-约翰
1927.4.14	总　董：费信惇 副总董：贝尔 董　事：福岛（K. Fukushima） 船津辰一郎 莱曼 麦克诺登 约翰斯顿（B. C. M. Johnstom） 麦边 罗 肖（T. H. R. Shaw） 佩特森	1927年4月选出。10月，麦克诺登辞职。次年年初，补选佩特森。4月纳税人年会前，罗辞职，补选约翰斯顿（B. C. M. Johnstom）。 总办：爱德华 总裁：希尔顿-约翰
1928.4.19	总　董：费信惇 副总董：贝尔 董　事：安诺德（H. E. Arnhold） 福岛 船津辰一郎 约翰斯顿 兰牧 莱曼 佩特森 贝淞荪（华董）（Pei Sung-sun） 袁履登（华董）（L. T. Yuan） 赵晋卿（华董）（S. U. Zau）	1928年4月选出。4月10日纳税华人会按规定选出华董3人。次年4月，佩特森辞职。 总办：爱德华 6月2日由费信惇接任总裁。

(续表)

组成日期	姓　　名	备　　注
1929.4.18	总　董：安诺德 副总董：麦克诺登 董　事：贝尔 　　　　费尔巨（C. H. French） 　　　　福岛 　　　　船津辰一郎 　　　　莱曼 　　　　麦西 　　　　歇褒特（G. W. Sheppard） 　　　　徐新六（华董）（S. L. Hsu）（Singloh Hsu） 　　　　袁履登（华董） 　　　　虞洽卿（华董）（Yu Ya Ching）	1929年3月4—5日选出外董。4月10日纳税华人会选出华董3人。1930年3月5日安诺德辞职，麦克诺登接任总董，歇褒特接任副总董。 总办：爱德华 总裁：费信惇
1930.4.17	总　董：麦克诺登 副总董：歇褒特 董　事：贝尔 　　　　勃朗痕（N. S. Browh） 　　　　卡纳（J. W. Carney） 　　　　福岛 　　　　休士 　　　　莱士利（N. Leslie） 　　　　齐藤武夫（T. Saito） 　　　　徐新六（华董） 　　　　刘鸿生（华董）（O. S. Liu）（Liu Oung Sung） 　　　　贝淞荪（华董） 　　　　袁履登（华董） 　　　　虞洽卿（华董） 　　　　冈本乙一（Otoick Okamoto） 　　　　胡孟嘉（华董）（T. D. Woo）	1930年3月3—4日选出外董。4月16日纳税华人会选出华董5人。5月2日纳税外人会通过增加华董提案。5月14日华董正式就职。5月，齐藤武夫辞职，补选冈本乙一。9月，贝淞荪辞职，补入胡孟嘉。 总办：爱德华 总裁：费信惇

（续表）

组成日期	姓　名	备　注
1931.4.16	总　董：麦克诺登 副总董：歇褒特 董　事：贝尔 　　　　勃朗痕 　　　　卡纳 　　　　福岛 　　　　休士 　　　　冈本乙一 　　　　蕾文（F. J. Raven） 　　　　徐新六（华董） 　　　　刘鸿生（华董） 　　　　胡孟嘉（华董） 　　　　袁履登（华董） 　　　　虞洽卿（华董） 　　　　莱士利	1931年3月16—17日选出外董。4月10日纳税华人会选出华董5人。11月，勃朗痕辞职。补入莱士利。5月1日钟思（J. R. Jones）接任总办。 总裁：费信惇
1932.4.14	总　董：贝尔 副总董：安诺德 董　事：卞笙（J. J. Bahnson） 　　　　贝特（B. D. F. Beith） 　　　　福岛 　　　　莱士利 　　　　麦西 　　　　冈本乙一 　　　　蕾文 　　　　徐新六（华董） 　　　　刘鸿生（华董） 　　　　胡孟嘉（华董） 　　　　袁履登（华董） 　　　　虞洽卿（华董） 　　　　寺井久信（H. Terai） 　　　　船津辰一郎	1932年3月21—22日 选出外董。4月11日纳税华人会选出华董5人。5月，福岛辞职，补选寺井久信。年底，寺井久信辞职，补入船津辰一郎。 总办：钟思 总裁：费信惇

（续表）

组成日期	姓　　名	备　　注
1933.4.20	总　董：贝尔 副总董：安诺德 董　事：船津辰一郎 　　　　冈本乙一 　　　　麦克诺登 　　　　蕾文 　　　　樊克令（C. S. Franklin） 　　　　哈理士（E. F. Harris） 　　　　麦西 　　　　兰牧 　　　　勃郎痕 　　　　徐新六（华董） 　　　　贝淞荪（华董） 　　　　胡孟嘉（华董） 　　　　袁履登（华董） 　　　　虞洽卿（华董）	1933年3月27—28日选出外董。4月12日纳税华人会选出华董5人。 总办：钟思 总裁：费信惇
1934.4.19	总　董：安诺德 副总董：麦克诺登 董　事：船津辰一郎 　　　　冈本乙一 　　　　李德尔（J. H. Liddell） 　　　　哈理士 　　　　麦西 　　　　樊克令 　　　　卡纳 　　　　兰牧 　　　　山本武夫（T. Yamamoto） 　　　　布蒙（A. W. Beaumont） 　　　　徐新六（华董） 　　　　江一平（华董）（Eugene Y. B. Kang） 　　　　贝淞荪（华董） 　　　　袁履登（华董） 　　　　虞洽卿（华董）	1934年3月26—27日选出外董。4月16日纳税华人会选出华董5人。5月，麦西辞职，补入兰牧。夏季休假后，船津辰一郎辞职，补选山本武夫。 总办：钟思 总裁：费信惇

（续表）

组成日期	姓　名	备　注
1935.4.18	总　董：安诺德 副总董：兰牧 董　事：山本武夫 　　　　卡部卓江（T. Urabe） 　　　　李德尔 　　　　樊克令 　　　　卡纳 　　　　柏达（H. Porter） 　　　　祁勒理（V. St. J. Killery） 　　　　陈蔗青（华董）（Chen Chieh） 　　　　郭顺（华董）（W. Gockson） 　　　　徐新六（华董） 　　　　江一平（华董） 　　　　虞洽卿（华董） 　　　　奚玉书（华董）（His Yu Lin）	1935年3月25—26日选出外董。4月16日纳税华人会选出华董5人。1936年1月4日陈蔗青辞职，补入奚玉书。 总办：钟思 总裁：费信惇
1936.4.16	总　董：安诺德 副总董：樊克令 董　事：麦克诺登 　　　　凯自威（W. J. Keswick） 　　　　米契尔（G. E. Mitchell） 　　　　柏达 　　　　葛洪（A. D. Calhoun） 　　　　卡部卓江 　　　　山本武夫 　　　　虞洽卿（华董） 　　　　徐新六（华董） 　　　　江一平（华董） 　　　　奚玉书（华董） 　　　　郭顺（华董）	1936年3月23—24日选举外董。因3月23日票漏检，宣告无效，定于4月20日重新选出。纳税华人会选出华董5人。 10月1日费利溥（G. Godfrey Phillips）接任总办。 总裁：费信惇

（续表）

组成日期	姓　名	备　注
1937.4.15	总　董：樊克令 副总董：柏达 董　事：祁勒理 　　　　金（W. S. King） 　　　　麦道南（R. G. MacDonald） 　　　　马素（F. N. Matthews） 　　　　普兰德（W. H. Plant） 　　　　卡部卓江 　　　　山本武夫 　　　　冈本乙一 　　　　虞洽卿（华董） 　　　　徐新六（华董） 　　　　江一平（华董） 　　　　奚玉书（华董） 　　　　郭顺（华董）	1937年4月选出。4月12日纳税华人会选出华董5人。次年2月，卡部卓江辞职，补入冈本乙一。 总办：费利溥 总裁：费信惇
1938.4.14	总　董：樊克令 副总董：麦克诺登 董　事：凯自威 　　　　麦道南 　　　　马素 　　　　米契尔 　　　　冈本乙一 　　　　普兰德 　　　　高尼煦（A. C. Cornish） 　　　　杉坂（T. Sugisaka） 　　　　虞洽卿（华董） 　　　　奚玉书（华董） 　　　　徐新六（华董） 　　　　江一平（华董） 　　　　郭顺（华董） 　　　　奚玉书（华董）	1938年4月选出。纳税华人会决定华董连任。后郭顺辞职，补入袁履登。8月24日徐新六飞机失事身亡，补选郭顺。10月，普兰德辞职，补选高尼煦。 总办：费利溥 总裁：费信惇

（续表）

组成日期	姓　名	备　注
1939.4.20	总　董：樊克令 副总董：凯自威 董　事：高尼煦 　　　　赫兰（G. A. Haley） 　　　　麦道南 　　　　米契尔 　　　　冈本乙一 　　　　李德尔（立特尔 J. H. Liddell） 　　　　麦唐纳（R. T. Mcdonnell） 　　　　鲍威尔（T. S. Powell） 　　　　杉坂 　　　　高雄太郎（Y. Hanawa） 　　　　虞洽卿（华董） 　　　　袁履登（华董） 　　　　江一平（华董） 　　　　郭顺（华董） 　　　　奚玉书（华董） 　　　　卡纳	1939年4月选出。4月17日纳税华人会选出华董5人。5月4日高尼煦辞职。5月11日补入卡纳。10月，杉坂辞职，补选高雄太郎。12月，卡纳、米契尔辞职，补选李德尔。 总办：费利溥 总裁：费信惇
1940.4.18	总　董：凯自威 副总董：卡纳 董　事：阿乐满（N. F. Allman） 　　　　赫兰 　　　　鲍威尔 　　　　麦道南 　　　　米契尔 　　　　高雄太郎 　　　　田诚（M. Den） 　　　　冈本一策（I. Okamoto） 　　　　明思德（R. J. Mc Mullen） 　　　　郭顺（华董） 　　　　奚玉书（华董） 　　　　江一平（华董） 　　　　袁履登（华董） 　　　　虞洽卿（华董） 　　　　陈霆锐（D. S. Chen）	1940年4月10—11日选出外董。4月16日纳税华人会决定华董连任。4月，田诚辞职，补选冈本一策。次年1月，江一平辞职，补入陈霆锐。2月，卡纳辞职，补选明思德，并由米契尔接任副总董。 总办兼总裁：费利溥

（续表）

组成日期	姓　　名	备　　注
1941.5.1 （临时董事会）	总　董：李德尔 副总董：冈本一策 董　事：阿乐满 　　　　葛利安（J. D. Carriere） 　　　　葛乐泰（A. Glathe） 　　　　高雄太郎 　　　　麦唐纳 　　　　明思德 　　　　米契尔（G. E. Mitchell） 　　　　鲍威尔 　　　　克隆（R. Von der Crone） 　　　　矢岛安造（Y. Yazima） 　　　　张德钦（华董）（Theodore C. Charg） 　　　　许建屏（华董）（Hsu Jabin） 　　　　袁履登（华董） 　　　　陈霆锐 　　　　赫兰（赫莱 G. A. Haley） 　　　　沙普（C. J. Schaap） 　　　　坡罗克（F. A. Pollock） 　　　　冈崎胜男（K. Okazaki）	1941年4月17日纳税外人特别会授权工部局组织临时董事会，并批准其董事人选。其中，华董额定4人，后出席3人，年内，阿乐满离沪，米契尔、葛利安、鲍威尔、冈本一策辞职，补选赫兰、沙普、坡罗克、冈崎胜男。次年年初，赫兰、麦唐纳离沪，李德尔、明思德、坡罗克、沙普辞职。 总办兼总裁：费利溥
1942.1.7 （临时董事会）	总　董：冈崎胜男 副总董：袁履登（华董） 董　事：葛乐泰 　　　　高雄太郎 　　　　克隆 　　　　矢岛安造 　　　　小室建夫（T. Komuro） 　　　　神户豪太郎（G. Kambe） 　　　　许建屏（华董） 　　　　张德钦（华董）	本年临时董事会重新推举总董、副总董。董事暂不增补。1月高雄太郎辞职，补选神户豪太郎。10月22日神户豪太郎辞职。11月23日补选小室建夫。 2月28日费利溥辞去总裁兼总办。3月1日由寺冈洪平（K. Teraoka）任总办。

（续表）

组成日期	姓　名	备　注
1943年上半年（临时董事会）	总　董：冈崎胜男 副总董：袁履登（华董） 董　事：葛乐泰 　　　　克隆 　　　　黑田进（K. Kuroda） 　　　　张德钦（华董） 　　　　许建屏（华董）	1943年8月1日汪伪国民政府接收公共租界。 1月13日小成泽一（S. Oz-awa）任总办。

资料来源：《上海租界志》编纂委员会编：《上海租界志》，上海社会科学院出版社2001年版，第651—659页。

附录3
《申报》相关记载（节选）

> 说明：工部局新大楼1914年底开始兴建，1922年11月，基本建成。《申报》从预告新建工部局大楼到1948年底国民党上海市政府的活动，记载连续完整。此为节选的部分内容。

1914年

3月21日，召开纳捐西人常年大会，提及新工部局大楼建造后的安排。

在南京路议事厅召开公共租界纳捐西人，开常年会议，与会者六七百人，推英按察使沙斯玛尔斯为主席，爱兰为书记，其中提到新工部局大楼建造过后的一些安排："公认现行规则仍皆有效，继由工部局总董裴亚斯君提出一九一三年工部局报告及决算书一案，并陈述去年七八月间工部局办事为难情形。又谓凡上海之西人必须以服役义勇队数年引为己责，至公共图书馆应需整顿一节，则拟俟新建之工部局落成后，将现设议事厅之义勇队总机关部移入，而将腾出之屋作为扩张图书馆之用"。

——《纳捐西人常年大会记》，《申报》1914年3月22日第10版

3月30日，工部局添建房屋之布置。

英美工部局扩张房舍业已兴工建造并建广大之办公室，俾与总巡捕房共处办公，以期遇事联络，而英美总巡麦高云君以各捕房捕头向无聚会机关，遇有紧要事磋商殊欠便利，因特商明工部局总办雷君，添设各捕房捕头之公共写字间一所，并订立时刻俾便各捕头日往会晤研究警务。

——《工部局添建之布置》，《申报》1914年3月30日第10版

1922年

10月5日，工部局宴请华顾问，提及工部局大楼即将竣工。

《大陆报》云："公共租界工部局昨晚在礼查旅馆设宴款待华顾问五员，由总董西姆士氏发言，表示欢迎之意，并奉觞祝寿。旋由华顾问主任谢君答谢如仪，陪宴者有工部局各科主任。星期二日华顾问将由总董等导观工部局新屋及各办事部。"

——《工部局宴请华顾问》，《申报》1922年10月6日第14版

10月26日，工部局新屋将正式开幕。

工部局新屋定于十一月间正式开幕，将在公报登报，邀请纳捐人及本埠各报记者并专请领事团法公董局人员及华员参观。

——《工部局新屋将正式开幕》，《申报》1922年10月26日第14版

11月9日，工部局新屋定期行落成礼。

公共租界工部局新屋择于本月十六日星期四举行正式落成礼，是日下午四时至五时半间，总董偕各议董在局中招待本埠纳税人，各部办公室亦于四时至五时间开放。

——《工部局新屋定期行落成礼》，《申报》1922年11月9日第15版

11月16日，工部局今日举行新屋落成礼。

商总会赠大银盾一座。工部局新屋落成定今日举行落成典礼等情，曾志昨报，连日各界赠送纪念品及致祝书祝贺者颇众，本埠各路商界总联合会昨日由委员会议决定制大银盾一座，上镌四字文曰"惠而好我"，并定今日派代表钱龙章、周伯尧、成燮春、张□堂等数人前往参与行礼云。

——《工部局今日举行新屋落成礼》，《申报》1922年11月16日第13版

11月17日，纪工部局新屋之落成礼。

昨日下午四时，公共租界工部局新屋举行落成礼，汉口路正门屋顶上竖有各国之旗，门前之扎以松柏之属，当四时前，中西来宾皆集于汉口大门前，旋由工部局总董西姆士H. G. Sinnns君持钥启门导来宾至楼上董事议事室，华人方面到者如何丰林、沈宝昌、王赓廷、许沅、关炯之、徐冠南、聂云台、宋汉章、方椒伯等，室之四周陈有中国官厅所赠之匾额及其照片。何丰林匾颜曰"乐观厥成"，海军总司令杜锡珪匾颜曰"美轮美奂"，沈宝昌匾为"杰构连云"，徐国梁匾"规模宏远"，许沅匾为"大厦云

祥"。此外尚有工巡捐局长许人俊所赠之匾题字与何丰林同。各来宾至董事议事室入座后，即由西姆士君演说（演辞见后）。继即摄影并设备茶点款待中西宾客，至五时始各尽欢而散。

总董西姆士氏之演说：首欢迎租界纳税人，次领事团，次法公董局，次护军使，次交涉员，继复对于本埠华官总商会中外团体南北市工巡捐局及华顾问等以次表示欢迎之忱，继又谓诸君今日济济一堂，实为吾沪国际和谐之明证，夫吾人范围虽小，实足为国际联盟良好之模范，吾人端藉敏练礼仪及相取相予之政策，用以排除困难，吾人一视同仁之生活，导吾人超脱猜忌之迷雾而能容忍各国人民不同之见解，是以吾人于国家联合之道窃谓视母国人民见地较为清澈。慨自大战以还，欧美政治家莫不谓共同努力救济世界，其重要不亚于修正一九一四年至一九一八年之战祸。讵知至于今日国际间猜忌重有弥漫，全球之劳惟冀吾人之厉居华土者仍复利用大好机会实践国际间之相忍相需，大公无私，以培养吾人之情感。今述新屋之概况，夫此崇楼杰构美轮美奂，大可以吾人民治进步之丰表相视。原工部局建筑相当办公房屋之需要尚发始于一九〇四年至一九一二年，始举定建筑特别委员征集图样规划一应兴筑事宜，遂由局内建筑家杜纳氏绘成详图多种以最佳者送交一九一三年春季之纳税人特别会议通过。复以最后之图样寄与伦敦英国建筑家领袖鉴定，用彼之议易图中原拟之人造石为花岗石。遂于一九一四年十月与裕昌泰订立承揽合同开始建筑。会欧战发生运，华材料多有为潜艇所击沉，而所绘图样亦复屡次修改，工程以是进行甚缓。迨房屋外构大体造竣，面电气处迁入之议起各部办公室又须重行分配，内部工程因是为其延缓计。自开造以至最后竣工之日共历八年之久。新屋占地十二亩，庭除占地三亩半。下层面积除操练厅外共有五万方尺，操练厅长一百八十尺，阔一百二十尺，高五十尺。统计办公房屋共有四百间，办公西人约有八百名。全部建筑经费共耗银一百七十五万两。诸君骤闻此数谅必惊诧，其过巨然房屋内部装饰仍极简朴毫未靡华也。目下工部局新旧房屋，共占地二十六亩，约值银一百六十万两，就以租界发达之情形论，河南路工部局旧屋不久当有改建之必要云云。

——《纪工部局新屋之落成礼》，《申报》1922年11月17日第13版

11月10日，德哲学家安斯坦（爱因斯坦）博士将过沪。

——《德哲学家安斯坦博士将过沪》，《申报》1922年11月10日第13版

12月15日，团练处俱乐部新屋将开幕。

《字林报》云：工部局内顶上一层之团练处俱乐部业已布置粗就，将于十八日（星期一）下午五时一刻，由工部局总董兼团练部主任西姆士氏举行开幕礼。届时于健身房内备有茶点以款来宾及队员，并有《上海团练史》出售，每份取资一元。按上海团练队员在一九〇〇年前尚未有憩息房屋，仅每岁二三月间会操时由工部局暂赁数椽为队员会宿之所。至是年一月一日始有演武场、健身房、办工室等之设置，即今日南京路之市政厅。是嗣以市民假用日繁，演武场徒存其名，仅于无事时始能供队员之用，而司令部备械室等旋亦移至巡捕房，迨一九〇八年设置永久演武场与司令部之议起，自是几经商榷乃决定附设于工部局新屋内。即于一九一三年通过纳捐人年会，未几欧战发生，工程进行甚缓，至一九一八年演武场始竣工。

迨今日而俱乐部等房屋亦相继告成，内有游戏室、阅书室、官长室、厨房，以及健身房、储枪室、沐浴室、演讲厅等构造一从新式设备尤极完全，闻退职队员亦能入俱乐部云。

——《沪裁并运动之酝酿》，《申报》1922年12月15日第13版

1931年

上海公共租界工部局停职总办爱德华控告工部局"要求赔偿损失五千金镑，照付明年合同终了俸给，以及其本人与家眷回英旅费"一案，在下午二时半由比总领事范好德、英总领事白理南、美总领事岑金斯、荷总领事葛礼曼、日总领事村津，组织混合法庭在工部局会议室开审至下午五时退庭。

比总领事为主席。原告律师哈理斯，将爱德华控工部局案情申述，并谓爱德华原将任爱尔兰自由邦要职，嗣因工部局聘请来沪任该局总办之职，合同任期将为三年。然口头契约则爱德华总办之职为永久的，即其合同须每三年续订一次。今工部局通知原告本届合同终了，不再续订，故提起诉讼要求赔偿。被告律师雷德起立，否认有该项口头契约，且谓工部局根据洋泾浜地皮章程有聘请、解雇该局任何职员之权。爱德华总办之职位，并非永久的，工部局根据该章程自有其解雇之权。况爱德华夫人自英来沪时工部局曾代出旅费，唯其时工部局致函爱德华申明其合同三年后如不续订则工部局代其夫人垫付旅费，当由爱德华偿还此函，亦可证明爱德华总办之职并非永久的。爱德华遂坐入证人椅，反复申说其总办职位之永久性。比总领范好德以时晏，宣告退庭改期续审。

——《爱德华控工部局案》，《申报》1931年3月14日第14版

3月16日，工部局停职总办爱德华控告工部局案二次开庭，仍由比总领事范好德、英总领事白理南、美总领事岑金斯、总领事葛礼曼、日总领事村津组织国际法庭在工部局会议室举行第二次审讯。

原告爱德华偕律师哈理斯到庭。被告方面仍由律师雷德代表出庭辩护。原告律师哈理斯首先声称爱德华接受工部局合同之前，工部局驻在伦敦正式代表曾口头允许，谓工部局合同因受洋泾浜地皮章程之规定，只能以任期三年为度，惟实际上工部局职务为永久的，三年期满当自动地续约，并提出物证一件及人证三名。爱德华并声称工部局之停其职务，完全出于费信惇君对彼恶感促成。堂上遂宣谕开始辩论，工部局律师雷德遂起立作长时间之辩护，否认有口头允许，且谓洋泾浜地皮章程正式合同以及往来函件文字上均无工部局职务为永久的字样，且与所谓口头允诺者，适得其反。嗣原告律师哈理斯亦起立辩驳，最后并谓爱德华年事已四十有八，且有家庭之仰给，以其老龄别寻职业颇感困难，所要求赔偿损失之数当亦合理，辩论终结。堂上宣谕保留判决，遂退庭。

——《爱德华控工部局案》，《申报》1931年3月17日第14版。

1935年

5月28日，驻沪法国代理总领事鲍旦芝夫人近患肺炎，前日病势突然转剧。下午三时在医院逝世，享年四十。公共租界工部局董事会，昨致函法总领事鲍旦芝慰唁，并于工部局大厦屋顶悬挂半旗，以致哀悼。

——《法代总领夫人逝世》，《申报》1935年5月28日第10版。

1936年

4月26日，公共租界工部局公布举行公债事。

前外侨纳税人于本月十五日举行年会时，曾通过议案第七款，授权于工部局酌量筹募债款。兹特依据年会之决定，发行一九三六年短期债券，该项债券系以本埠国币计算，利息年利五厘半，自购买之日起息，利息支付之期为六月三十日及十二月三十一日。唯第一期付息之期，则为十二月三十一日。债券售价照票面不折不扣，至一九四六年十二月三十一日，以原额偿还，并以工部局财产及每年收入为此项债券本息偿付之抵押品。唯前此发行一九二五、一九二六及一九二七诸年公债有优先支付之

权。再则债券分一万元、五千元、一千元、五百元及百元诸种,凡承购者自本年五月一日上午十时开始,可向工部局财务处公债银行部登记。地址为江西路二〇九号工部局大楼二五七号办公室,其陈请单及其他问询事项,可致函于工部局财务处处长。

——《公共租界工部局举行短期公债》,《申报》1936年4月26日第10版。

1937年

2月22日,举行工部局董事会。"工部局工务处所拟具之一九三七年度支出预算草案,其中单列工部局会议室装置冷气机费用一万八千元。"

——《工部局工号处本年支出预算》,《申报》1937年2月22日第15版

10月29日,租界领事国在工部局大厦召开防御会议。

"租界领事国防御会,昨在江西路工部局大厦内举行会议,到有英、美、法、意、荷等国领事,会议内容为讨论沪西及汇司捕房区域内防护问题。局经决定对租界防御,全权推委英陆军司令司马一莱,暨工部局总办费信惇二人为正副主任,负责调遣。"

——《租界领事团防御会集议租界防护问题推英陆军司令暨工部局总办任正副主任负全权调遣之责》,《申报》1937年10月30日第9版。

1938年

8月19日,美国电话专家来访。中、英、美、日四国电话专家在工部局办公室举行非正式会议,交换此后调查事宜进行之意见。

"美国电话专家雷氏,已于前晨九时抵沪。在轮埠欢迎者,有工部局代理总办费利溥、财务处处长福特、中、英、美、日四国电话专家。前日下午三时余,在工部局办公室举行非正式会议,交换此后调查事宜进行之意见。查中、英、日三国专家,在电话公司各分站之视察,已于前日告竣。此次美专家抵沪后,或须单独前往视察一周。据熟悉内容者言,上海电话公司一切设备,与美国通行之贝尔系电话公司所有者,大致相同,而为美专家所深知者。故视察时间,一二日内当可竣事,至此后办事大纲。据云大约四国专家每日举行谈话会一次,随时与上海电话公司当局询问一切,或遇须外出调查之事,则四专家将会同前往,而不作单独之行动。前日记者复晤及中国电话专家胡瑞祥氏,胡氏谓对于电话问题,现正在开始调查之中,暂无意见可以发表。至中国各商民团体之意见,彼于最近一星

期内，已与各方面晤谈，对于本埠情形，唯最好应由各团体及各机关随时向专家委员会供献意见，因如此可使其他各专家，亦明了我国各关系团体之公意也。"

——《电话加价问题》，《申报》1938年8月22日第12版。

12月23日，上海天花猖獗，经报告者达一千起，多系租界以外传入。工部局之痘苗，均在工部局大厦中制造。

"上海泰晤士报云，上海之天花传染症，已臻严重之比例。两租界卫生当局方竭全力，尽可能布种牛痘。据公共租界卫生处某员声称，是症大多由租界以外传入者，截至现时为止，上海天花症之已经报告者，达一千起以上。外侨患者八十余人，其中日侨估五十六人，余为欧籍外人，允以英陆海军士兵患者为多。预料英海军士兵染者，多在威海卫染得此症，至今染此症而死亡者，公共租界计二百六十六人，法租界计六十二人。卫生处人员力言每年至少须种痘一次，现公共租界之种痘者，日必数千人，本月内之种痘者，至今总计六万人。而在本埠各慈善团体中布种牛痘者，犹未计入此数。仅以上月计算，慈善团体中种痘者在三万人以上，工部局病理处于今秋发出之痘苗，在一百万枝以上，种痘工作之范围，由此可见。工部局之痘苗，均在工部局大厦中制造，其中辟有小牛棚，可容牛四五头，带入卫生处化验室，即可抽取痘苗，不必待远处牵牛入内，徒耗时光。现时所用者，均属水牛，痘苗取出后，经加入甘油及冰冻等手续，复作慎密试验后，始分发卫生处各分处及其他种痘机关。"

——《天花猖獗》，《申报》1938年12月23日第9版。

1939年

4月5日，关于工部局西董、日董选举提名。

工部局之一九三九年度西董日董选举提名，已于今日（四日）正午截止。经提名之候选人，仅有九名，故无须举行投票，下开各董事将于本年四月二十日与华董五人同时就职。华董人选，尚未经通知工部局，康尼斯君A. C. Cornish、樊克令君C. S. Franklin、赫莱君G. A. Haley、凯自威君W. J. Keswiek、麦唐纳君R. G. MacDonald、米契尔君G. E. Mitehell、冈本乙一君、鲍威尔君T. S. Powell、杉坂富之助君，本年度之地产委员候选人，经公共租界内之注册地产业主提出者，仅有薛尔贝君R. D. K. Silby一名，即作为当选。

英文大美晚报云，本年度将无工部局议董选举，以往数月虽盛传日人企图增多代表之谣诼，但工部局议董仍为中英人各五、美日人各二。推选议董事，今日（四日）午刻，已在工部局大厦中告竣，外籍议董九席，而所接得者，恰为九人之姓名，故无选举之必要。美籍代表仍为现任者，故无更变，即现任总董樊克令与康尼斯两人。日籍代表亦无改动，即冈本乙一与杉坂富之助两人，最近预选所推出之英籍代表五人，现任者中，麦克诺登旅长与麦秀士两人落选，山赫莱与鲍威尔代之，连任者为米契尔、凯自威与麦唐纳三人。未来之市政年度中，工部局议董会将由此九人与尚未选出之华董五人组成之。选举华董将在两周内举行，据现象察之，现任代表郭顺、奚玉书、江一平、袁履登与虞洽卿五人，似将均无更动。今日午刻据宣布，薛尔贝被推为一九三九年之地皮委员，登记地皮委员所推出者仅此一人，故地皮委员，亦无选举必要。

——《工部局发表本年度西董日董候选人仅有九名无须投票·定廿日与五华董同时就职》，《申报》1939年4月5日第9版。

4月29日，公共租界警务处特别巡捕，在万国商团操练厅会集列队，绕行工部局大厦一周。

"上海泰晤士报云，公共租界警务处特别巡捕，昨日（二十八日）午后五时三十分甫过，在万国商团操练厅会集列队，绕行工部局大厦一周，由指挥官代理总巡麦唐纳检阅，乘机以长期服务奖章，颁赠特别巡捕中之警目高尔亭等九人，并致词勉励，后乃散队。"

——《警务处检阅特别巡捕·长期服务人员同时颁给奖章》，《申报》1939年4月30日第10版。

5月11日，公共租界华字报纸之外籍发行人及总编辑在工部局大厦召开会议，讨论相关事宜。

"大陆报云，公共租界华字报纸之外籍发行人及总编辑，定今日（十日）午前九时，在工部局大厦中樊克令总董之办公室中出席会议，届时樊氏拟说明此间局势之跋重。昨悉，数份报纸表示之态度，足证外籍发行人及其编辑对星期五日工部局所发通告，请外商华字报纸免刊与中日战事有关之演词或宣言，未完全明。"

——《华字报编辑赴工部局会议·系友好性质之·会议各方希望努力合作·唯日方对工部局压迫颇紧》，《申报》1939年5月12日第9版。

8月21日，工部局董事在工部局大厦作第一次集会。

"除法领鲍黛芝、工部局总办费利溥与日总领三浦，连日会商外，并经决定组织董事团，由法副总领事凯坦特、犹太难民会金君、日领伊雪葛洛（译音）、工部局代表奈雪等负责组织之。兹悉该董事团为统盘筹商解决困难问题起见，将于今日下午在工部局大厦作第一次集会。"

——《工部局今日开会·讨论处置犹民问题·法日领等均将出席·地点在工部局大厦》，《申报》1939年8月21日第10版。

1940年

4月10日，工部局董事竞选，日本人觊觎。

本年工部局董事竞选，为公共租界历史上七十年来最紧张之一幕，已于昨日展开，系分两地投票，一在福州路万国商团操练厅，一在虹口小菜场，于昨日上午起至今日下午二时止。于（一）阿乐满、（二）卞纳、（三）田诚、（四）海莱、（五）塙雄太郎、（六）凯自威、（七）黑田庆太郎、（八）罗特立克麦唐纳、（九）雷诺尔麦唐纳、（十）密启尔、（十一）冈本一策、（十二）冈本乙一、（十三）鲍威尔等十三人中，选举九人为工部局董事。英美方面以日方企图攫取租界行政管理权，突将候选人增加至五名之多，深知其用心所在，为保持租界现状及维护在租界所拥有权益计，乃组织联合阵线，采取一致步骤，以全力与日方相周旋。其他各国在沪纳税人，初以惑于日方甘言诱引及对工部局目前财务行政上措施不满，少数纳税人颇有拥护日侨纳税人之趋势，唯多数深明大义者，熟谙利害、权衡轻重，怵于日方在占领区内排除第三国权益之殷鉴，加之英美方面之连日大声疾呼，整个局势业已转变。吾人此时固不能逆料竞选结果，胜利究属何方，但为正义公道计，为上海居民安计，自不欲汉口法租界、天津英租界、厦门公共租界之运命光临于上海也。兹将昨日紧张情形，分志于后。上海西桥纳税人，昨日已开始投票，据万国商团操练场及虹口小菜场收票处报告，截至下午三时，两处计收约共五千余票。据目击者谈，收票处之最大困难，厥为过分拥挤，而各纳税人于投票前，须先检查其名字已否登记，而负检查之责者，依照其姓名之第一字母，分别检验。昨日专负检查"A""B""C"一字母者，仅有二人，彼等工作过分忙碌，以致将选举票投入箱内，需费极长之时间。但专负检查"X""Y""Z"字母者之二人，则工作极闲，应付裕如，而投票之事，进行亦颇迅速。据万国商团操练场收票处之报告，该处共收得三千票，据美

侨方面消息，截至昨日，美侨纳税人之未投票者，已属少数，美侨协会今日将继续劝纳税人勿放弃权利，英侨投票者为数亦众，今日当可更多于昨。故据一般推测，今日投票情形，当更形紧张，截至今日下午三时止，全部当可收得一万余票。

虹口犹人执迷不悟

据虹口小菜场投票处报告，截至昨日下午三时为止，共收二千五百票，其中日侨纳税人所投者，约计为二千二百票；犹太难民及犹侨所投者，约计三百票。据称，昨晨九时二十分，即开始投票前四十分钟，虹口收票处即有日侨二百余人伫候门首。至十时，增至六百余人，投票开始后，彼辈更蜂拥而至，间有日籍妇女及西侨杂于其间，全日秩序尚佳，仅有一人因遗失入场证而要求补发。同时亲日犹人，则在虹口各地张贴标语，其言云"勿忘吾人系居住虹口"作为拥护日侨候选人之理由。据悉，在兆丰路日方选举委员会办事处中，昨整日有若干犹人工作，极为忙碌。据称目前已有犹人二百五十余人被彼等吸引至桥北，投票赞助日侨候选人，彼等妄想日人援助彼等之亲友，能逃出欧洲火坑，而来上海。

日人奢望无从实现

英文大美晚报云，工部局下届董事竞选，今（十一日）晨开始投票，大批纳税人纷赴工部局大厦内商团教练所与虹口菜场两投票场投票，整日络绎不绝，英美日侨民选举委员会均促其侨民全体参加投票，工作繁忙前所未有。据消息灵通人士预料，英美候选人当可得多数票，日人奢望排斥英美候选人三名，有如水中捞月云。

纳税日人到场最早

最先抵工部局大厦投票者为纳税日人，其数殊众，致他国侨民到场稍迟者，均待于后，鹄候良久，依次而入。投票场前，有日方所派监察员一队，审慎计算入场人数，在笔记簿录下数目，外面亦有便衣日人四名。虹口菜场投票场入口，并有日方特设问讯处，此乃事先获得许可者。

投票布置甚为周密

工部局方面鉴于本年投票者甚火，事前已有妥善布置，如在两投票场中添设投票柜及增多发票桌，并加分类。投票入场须出示投票证，经检验无讹始能领取选举票填写后投入票柜。

两处均有专人照料

工部局大厦投票场负责人为财务处副处长密特尔顿，管理虹口菜场者为税务处康茂莱，各有助手多人，襄助照料。今日各报刊、广告嘱纳税人弗选英侨独立候选人雷诺麦唐纳，雷氏乃饬人在投票场散发传单，请投票选举"第九号英侨独立候选人雷诺麦唐纳"。

英美方面最后活动

美侨选举委员会在美国总会特挂电话线六条，今晨逐一发电话通知全体纳税美侨及早投票，英侨选举委员会活动月余，至今日最甚。预料参加投票之纳税英人，远较平时为多，两委员会且为英美纳税人便利计，特派车辆接送侨民，到场投票。

今日增添收票柜桌

工部局方面以日侨突将候选人增加至五名之多，而自诩为可获得多数纳税人之投票拥护，英美侨民方面，亦以势非争取胜利，不能维持其权益，乃大肆活动，投票者亦必踊跃，致所设之收票处拥挤不堪。为适应需要计，决于今日在虹口小菜场及万国商团操练厅，分别增加收票处若干，期能于二日内完成投票。

日先民册覆查未竣

工部局对于日方所造选举名册，恐有浮滥情弊，爰着收税课派员复查，以明了各间接纳税者，是否均合选举人资格。但因时间仓卒，调查工作未能普遍，为免与日方发生冲突，对于未经复查者，特按照名册给与选举证。

林雄吉等数夜不眠

日方为达到选举胜利，以便操纵租界行政，在组织与宣传上拼命工作，林雄吉等一般选举委员，因此数夜未眠。前日虹口一带，到处可遇见日本选举委员会所贴之传单标语，鼓励日本人有选举权者"勿放弃贵重的一票"、"选举日籍五候选人"、"勿忘在选举票上署名"。大陆新报昨日且以"建设上海新秩序"之大标题，排为第一条新闻，鼓吹"以选举战的胜利，在上海实施东亚新秩序的原则"。林雄吉复于九日夜间，发表声明，谓维持现状，虽尝为世人所支持，但时势变迁，此种观念已难存在，日本人必须打破上海租界现状，建设"新秩序"。此选举战，即为现状打破战的第一着，此战胜败之数，虽难逆观，但日人务须倾其全力，贯彻对上海租界所抱之主张云。观此，则日方独占上海权益，消灭欧美各国在沪地位之野心，实已情急至极，不遑自讳矣。日方为选举失败后，有所借口，以与工部局为难起见，昨在日文报纸上，制造种种消息，攻击工部局，谓许多犹太人咖啡店，有工部局所派之英籍警员，对犹太选举人作示威的劝诱，并有英警员挨户向犹太人作宣传，嘱其投票选举英美候选人。

日发言人弦外之音

日大使馆发言人昨日在招待新闻记者席上,竟称英美侨关于此次竞举之宣传,几完全失去效用。据称,一英美方面所持之理由无非为日方企图统制租界,而排斥英美在华权益,彼等甚至更暗示租界秩序将因此而发生极大纠纷。但不论选举之结果如何,认为租界应绝对保持国际化,而日人能在工部局中占有更佳之位置。又称,日方所希望者,乃对租界行政遂渐予以改进,而成为完全国际化。发言人复又宣称,目今日方已由一英人、一荷兰人、一华人及一日人,组成委员会专事研究如何使租界国际化之问题,并表示愿其他各国侨民亦参加此委员会。最后发言人又认为此次选举结果,非五日侨候选人全部中选,即全部落选。

——《今日董事竞选结果·觇租界未来命运·昨日两处投票五千余张 英美候选人昨已占优势·租界有史以来最紧张之一页》,《申报》1940年4月11日第9版。

4月11日,工部局董事竞选继续举行。

工部局董事竞选昨晨继续举行,虽两处监票人收票人工作异常紧张,但秩序井然,英美联合阵线出全力以与日方斗争,咸抱乐观及必胜心理。经间日来之短兵相接,至昨日下午三时已照预定程序完成投票手续而决定公共租界之未来地位与命运。昨日下午三时投票截止后当由监票员勃伦茬勃林格特将各票柜严密加封,武装押运至工部局大楼举行开票,迄至今晨三时许竣事。兹将开票结果及昨日一般情形分录如次:

当选董事

工部局董事选举票,于今晨(十二)三时半结算结果,由工部局情报处公表计当先者九人:

(一)阿乐满　　八〇〇〇票　　(二)卡纳　　　七九九八票
(三)凯自威　　七八八三票　　(四)赫莱　　　七八六九票
(五)鲍威尔　　七八六〇票　　(六)罗特立克麦唐纳　七八三一票
(七)米契尔　　七八三〇票　　(八)塙雄太郎　　七二一一票
(九)田诚　　　五二〇五票

落选者四人

(一)冈本一策　　五二〇三票　　(二)黑田庆太郎　　五一八八票
(三)冈本乙一　　五一八七票　　(四)雷诺尔麦唐纳　　三二五票

综上结果、计英美当选者七人　　日本当选者二人

至于所投选举票有效者共一三〇九八张、废票九八张

总投票数一万以上

——《工部局董事选举·英美阵线大胜利·英美候选人已全数入选·日方二人当选余均落第·中外一致庆幸租界现状得保》，《申报》1940年4月12日第7版。

4月13日，据报道"中英美日本届工部局均已选举竣事"。

"中英美日本届工部局均已选举竣事，兹悉外侨新董九人及连任华董五人，已定于本月十七日纳税人年会之下一日，即本月十八日下午，在工部局会议室宣告就职，并即推选总董及副总董。"

——《新选董事·定期就职》，《申报》1940年4月13日第9版。

4月18日，本届工部局新董事在工部局大厦举行就职典礼。工部局相关办公室有较大的调整。

本届工部局新董事，于昨晨在工部局大厦，举行就职典礼，共到华董虞洽卿、袁履登、江一平、郭顺、奚玉书，英董凯自威、海莱、罗特立克麦唐纳、密启尔、鲍威尔、美董阿乐满、卡纳，日董仅到塙雄太郎一人，田诚以在东京故未出席。各新董举行就职典礼后，即行推举本届总董及副总董，结果凯自威被推为总董，卡纳氏被推为副总董，最后摄影而散。

新总副董两人略历

（一）凯自威氏为英商怡和洋行经理，英国商会会员，旅沪已十四载，自一九三六年后，即连任工部局董事，以迄于今。去年工部局总董樊克令氏请假时，其职务即由凯氏代理，其祖其父，早年均在工部局中服务有年，凯氏此次被推为总董，尚属若干年来阿诺德为工部局总董以后之第一英人。

（二）卡纳氏为美孚火油公司上海办事处副经理，旅沪经商已逾二十载，会任工部局董事三载，至冬始因病辞职。今卡纳氏又被推为副总董，盖因其在工部局中服务，较他人有更悠久之历史及卓著之成绩也。

盛传日董田诚辞职

至于日董"华中铁道公司"董事长田诚，据昨日探悉，在未就职之前，即有提出

辞呈之意。昨日日方大陆新报宣称,田诚已有辞职之意见,唯辞职之原因则未能获悉。该报复称,田诚之辞职对日侨团体有极大之影响,盖足以动摇人心也。唯此事尚待田诚自东京返沪后,始可决定。又据日方称,如田诚辞职后,其继任者当为冈本一策。盖在此次竞选中,田诚所得票数为五〇二五票,冈本一策为五〇二三票,仅二票之差,且冈本在沪日侨中,亦有相当声望。又据另一方面称,此次田诚辞职之动机,盖因日人在此次竞选中,竟告惨败,而冈本一策原为工部局董事,此次竟遭落选且田诚为战事爆发后来沪之"新日侨",对于上海情形,不如冈本一策之了如指掌,故田诚提出辞呈,显有退让贤路之意。

各方期望新董殷切

战后租界行政,因环境特殊,艰巨繁剧,迥异往昔。在此非常情形之下,各方对新董之期望更为殷切,各方咸盼诸董不论遭遇任何困难,均应竭全力以维护工部局之权益。而物价飞涨,影响民生,尤应从速改善,对制裁奸商,防止囤积居奇,为全市市民一致属望,应即雷厉执行。

工部局办公室变动

工部局总办处,向设在工部局大厦东部,刻已迁移至北部。即前总裁费信惇办公处、英副总办葛勃、与现任总裁兼总办费利溥合并办公,华副总办何德奎、日副总办指宿、会办那煦等办公室,仍设在东部。总董办公室改设在前葛勃办公室。

——《工部局董事昨就职。各方期待新设施、凯自威卡纳当选总副董。此后改善民生必有嘉谟》,《申报》1940年4月19日第9版。

5月11日,工部局小组委员会在工部局大厦举行会议,讨论平抑物价等问题。

"字林西报云,工部局小组委员会昨日(十日)午后,在工部局大厦举行会议,由马歇尔主席。据该委员所接种报告,上海现存食米与麦粉,苟以目下之消费率为根据,足以维持。该委员会昨日会议甚久,因法币汇价紧缩,将使向海外采购一举,甚感困难,日后拟从内地获取充量给养接济,按时运到充分米粮,以应本市需求该委会并拟采用更有效办法,以遏止米市投机操纵之风。关于货物标价一节,在工部局统制各市场上实行,极可满意,不日当使各店铺一概厉行同样办法,标价条例系四月十五起实行,迄今历时已久,各店铺当已有充量时间准备遵行。"

——《工部局小组会议决平抑物价计划》,《申报》1940年5月12日第9版。

5月中旬，工部局新成立之铨叙委员会在工部局大厦举行会议，讨论工部局雇员薪给问题，及修正领取养老金规则之建议。

"上海泰晤士报云，工部局新成立之铨叙委员会，星期四日午后在工部局大厦举行会议，曾讨论工部局雇员薪给问题，及修正领取养老金规则之建议。会议后局方虽无所发表唯闻该委员会对生活程度近趋高涨事，已加考虑，并决定将其建议书提交财务委员会。一周前谣传工部局雇员薪给，将续增百分之二十至廿五，唯铨叙委员会除提出建议书外，已吾商得其它决议尚未确知财务委员会接获建议书，加以相当考虑后将呈交工部局作最后之核准。观于物价之日涨，预料有关各委员会，对于此事，将尽速促其实行。"

——《工部局铨叙会考虑雇员待遇、薪给及养老金问题》，《申报》1940年5月19日第11版。

7月，工部局在工部局大厦A字五〇六号房间（即土地局卷宗密藏之处）"移交"档案，引起各方关注。

工部局正式受托于中国政府，代为保管之土地局卷宗，终不顾华方之抗议，中外正直人士之反感，擅自交与并无合法地位之第三者，而于昨晨作张冠李戴之"移交"矣。昨日上午八时五十五分，日总领事署高级领事佐藤、携同伪"土地局局长"范某、职员陈某，及伪"市府"代表杨某、吴某，造访工部局总办费利溥，然后同至工部局大厦A字五〇六号房间（即土地局卷宗密藏之处），该室四周曾砌有墙壁（事前经局方夏工卸除），由警务处预备队人员监护之下，完成上海土地局卷宗有史以来最足感喟之一页。

工部局之公表消息

据工部局情报室发表关于经由日本总领事之手而移交前土地局卷宗一事，已由该局于今（五日）晨实行，移交事宜迄中午全部告竣。

追溯往事如在目前

"移交"工作于上午九时十五分开始，至十二时十五分始告毕事。上海市长俞鸿钧氏前将此项宗卷交托工部局时，系以十九辆卡车搬运者，所耗费之时间达三夜之久，即一九三七年十一月二十九、三十日及十二月十一日。今日该项卷宗"移交"之际，捕房人员百余，由司密斯氏领导，俱守卫于工部局大厦。而卡车上则由俄捕及印捕负

保护之责，日方仅由特务队派佐藤参加。新闻记者前往摄影者均被禁止，唯潜行于工部局大厦较高处者，仍能摄取若干镜头。

点查一过　送上卡车

当日上午，工部局大厦中仅有捕房人员百余名。此外，即为三百十二箱之土地局卷宗，堆置两旁。至九时十七分，始由工部局公用事业科主任邓逊氏，开启联系三百十二箱铁格上之锁，木箱上之封条与印章，经双方加以检验后，遂自安全室中，陆续搬出，移上预定在外之卡车上，开始其沦落之运命。当起运时，捕房人员俄捕印捕，均环立四围，从事戒备。

严密保护　陆续驶去

至上午十时一刻，木箱全部装妥，然后由预备队红十警备车保护之下，驶离工部局。同时武装印捕一队及日宪兵数名则在卡车上把守，列车沿外滩向北驶去，经外白渡桥至黄浦路口，易以伪"市府警察"，并由日领署当局重再验看过，然后各卡车续向市中心进行，于是土地局全部卷宗，竟落入伪方之手。

将来纠纷　方兴未艾

查此项卷宗，包括本界以外。昨午前九时一刻甫过，此项卷宗、即运出工部局，午后十二时一刻运毕，时工全部土地契据、中外人士产权，均将因工部局此举而蒙受巨大影响，而尤以华人业主为甚。因华人业主，自此不得不被迫而受伪方左右，据外间谣传，伪"市府"于此项卷宗到手之后，因多数业主，均拥护重庆中央政府，或将采取报复手段，加以威胁，必要时得将其产业予以"没收"。唯其中有若干华人业主，闻早经将其产权名义移与外人，唯此种变史，当然尚未在卷宗中注册，于此可知今后复杂混乱之纠纷，正方兴未艾也。

美国领事　并未赞同

俞鸿钧市长以正式手续寄存工部局之上海土地卷宗，昨已由工部局移交日本驻沪总领三浦矣。查日伪索交此项卷宗，在去年五月间即已开始，工部局始终认为此系中国政府托管之物，碍难交付第三者，中外人士颇引为慰。乃近忽放弃原来立场，尤予交出并已实行，其经过情形如何，亦一般人所欲知者。据日方大陆新报宣称，此乃意大利总领事居间斡旋之结果，该报谓"市府"向领事团提出移交土地卷宗之强硬要求后，工部局董事冈本一策则竭力奔走，向各西董游说，意总领事亦请领事团讨论应付交出。其间虽美总领事不愿赞同交出之议，但卒因意总领事斡旋于工部局与日方之间，遂采取移交三浦总领事接收之办法。

——《土地局全部卷宗昨辗转送江湾·于工部局严密戒备下出发·业主产权将不断发生纠纷》，《申报》1940年7月6日第10版。

7月25日，领事团在工部局大厦开特别会议，主张协助工部局。

工部局总董凯自威，鉴于迩来租界内政治暗杀行为之流行，吁请领事团与租界当局合作，共谋戢止。领事团方面原定于星期二举行，旋因日总领事三浦声称接到通知之时间太促，不及赶会，故延至昨日，在工部局警务处探捕严密保护之下举行，讨论遏止上海恐怖行动之办法，达三小时之久。开幕时间为下午三时三十分，而最后到会者，则为日总领事三浦义秋，但讨论结果，并未通过任何决议。领袖领事布尔对记者所发表之唯一评语，为"吾人当然主张协助工部局，吾人主张协助每一个奉公守法之人"。其余十七名各国总领事，则于会议告毕后，即离开工部局议事厅。希氏称在公共租界与沪西歹土区之间加设障碍物一层，会议中并未提出云。领事团秘书郎格称，此次会议中所讨论之各项问题，目下已决意暂不公开发表，待下星期四实际通过决议后，再行发表。

此次呼吁应予接受

英文大美晚报云，工部局总董近吁请领事团遏制上海政治性恐怖活动，领事团乃定今日（二十五日）下午三时三十分，在工部局会议室集会。查以往九月内，工部局曾两度吁请领事团调解本市越界筑路及华方土地局卷宗移交之重要问题，皆遭拒绝，记者今晨向领事团某官员有所叩询，据答称，确信领事团不致拒绝工部局此次呼吁。

——《领团昨开特别会议·主张协助工部局·讨论之问题决暂不发表 定下星期四开二次会议》，《申报》1940年7月26日第7版。

8月初，工部局在大厦举行董事会。领事团发表重要决议，致函工部局附若干建议，促令各国防军密切合作

由于租界内恐怖行动之猖獗，工部局总董凯自威氏，乃于上月廿二日，向领事团恳切呼吁，要求合作加以戢止。旋经领袖领事希尔氏召集领团会议，加以讨论、无如以日总领三浦之转移目标，诿过于中国政府，致会议结果未有确切决定，而定于昨日

重开领团会议,续加讨论。

门禁森严

昨日下午三时半,此项会议在工部局会议室举行,因其性质之重要,开会时门禁森严,谢绝记者之采访。除各国领事外,局外人绝无旁听余地,会议秘密进行达二小时半之久,内容严守秘密。

发表决议

唯于讨论结果后发表决议如下:"上海领事团认为一切恐怖行动,有违人道与文明之主义。兹因鉴于此种行动在上海一地已发生极可悲之影响,本团对于恐怖行动,无论出于何种方式或由何人实施,均予以严重之谴责,并因鉴于上海一地之实际情形,故特促令工部局对于此间之情形,加以充分之考虑,而竭力扑灭及遏止一切恐怖行动,以保和平而维秩序。"

准备复函

据领袖领事希尔称,领事团已在致区工部局,附以若干建议,并促令警务处与驻沪外国防军协力合作。但在开会之前,有记者访问日总领三浦,三浦仍持其成见,谓租界内恐怖事件全由所谓重庆分子所酿成云。三浦仍以此借口,要挟领团会议。

——《领事团昨日开会·发表重要决议·致函工部局附若干建议·促令各国防军密切合作》,《申报》1940年8月3日第9版。

8月15日,外国防军司令会议在工部局会议室举行。

本埠中外人士均寄以深切关怀之外国防军司令会议,已于昨日上午十时,在工部局会议室举行。但会议结果,并未公布,须至今日上午九时,始能发表。昨日会议时间,达四小时之久,至下午二时,始由会议主席日海军陆战队司令武田少将引导至隔室进茶点。昨日结集在工部局大厦门首之新闻记者及摄影记者,均大感失望,因昨日出席会议之陆军司令,均避不与新闻记者及摄影记者晤面也。

——《防军会议昨日举行·决议案今晨公表》,《申报》1940年8月16日第7版。

8月21日,工部局董事在工部局大厦会集,讨论公共租界防务计划。

今晨华盛顿电传美国政府对公共租界改变防务计划,已予同意,工部局董事今晨亦"秘密"举行会议。午前将近十时,记者见工部局总董凯自威与董事数人在工部局大厦会集，唯该局发言人则否认今晨曾举行董事会议。

——《英军一部今日离沪·两防区昨已交替》，《申报》1940年8月21日第7版。

9月12日，由工部局组织警务合作会议在工部局大厦会议室举行。

由工部局组织警务合作会议，定于今日上午十时，假工部局大厦会议室举行。届时出席会议者，除公共租界警务处长包文、法捕房总监太白尔以外，尚有日本总领署警察长鸠利与卢英等。据租界当局方面称，此项警务合作会议之召集，纯为遏止界内最近所发生之恐怖行动。

——《工部局今晨开·警务合作会议》，《申报》1940年9月12日第9版。

12月24日，公共租界与法租界在江西路工部局会议室邀集各界集议公仓储粮办法。

两租界当局为积，进行公仓储粮起见，业已定于今日下午二时，假座江西路工部局会议室邀集各界集议公仓储粮办法，第八期平粜本拟定于三十年一月二日起开始，昨据平粜会某负责人称该会对于本期平粜，各项手续，甫在积极进行中，所需碎米二万包，业已于本月七日装华纶洋行德达轮由西贡启运，可于本月底到沪，每包成交价格为八十元，故此决平粜成本不无增加，对于价格，每元是否售四市斤，尚待开会决定，顾因为期已迫，一切手续尚未完全办妥，届时行将展期开办。

——《当局邀议公仓储粮》，《申报》1940年12月24日第10版。

1941年

2月11日，工部局组织税制改革委员会。

工部局最近所组织之税制改革委员会，定今日在工部局大厦举行第一次会议，据该会某委员语人，该会第一次开会之工作，为选举一主席及讨论其他组织，以便推进工作。工部局宣称，该会讨论之事保守秘密，不向外界发表，按该会委员名单如下，锺思、樊克令华冈本、梅翰及孙瑞璜各团体及纳税人如欲向该委员会发表意见，可与工部局格里克氏接洽。

费利溥谈该会任务

工部局总裁兼总办费利溥，前日接见字林西报记者，发表谈话如下：工部局

对于各报所发表之"读者来函"向不直接答复,然在此困难之时期,公众若为谬误之言论所惑,实为不幸之事。贵报日前曾发表一具名"纳税人"之来函,批评工部局委派律师研究税收问题,为一不允当之事,此点实为曲解事实之结果。工部局所组成之小组委员会,与增税问题风马牛不相及,其所负责研究者仅为如何补救税制之不公允。该问题全在法律及组织范围之内,研究税源之工作,则由与此绝不相关之另一委员会担任之,其人员却如"纳税者"所希望者,该会由各国商人所组织。

——《税制改革会首次会议·今日在工部局举行》,《申报》1941年2月11日第7版。

2月11日,工部局特别选举委员会在工部局大厦成立,并举行第一次会议。

本年工部局董事选举,系依据洋泾浜地皮章程第十八条之规定,按照自一八六九年以来,始终未变更之制度与方法办理,维持英美日五二二比例席数。预料英美侨民方面所采之联合阵线,必可继续获取胜利,而日方欲变更租界现状之企图,终将失败。讵昨日于工部局公报中,发现日方竟拟破坏历年所采用之选举制度与方法,建议实行一人一票制,以击败敌对方面。此一行动之发展,必为全沪中外市民所重视也。爰工部局特别选举委员会开会,日籍委员安井源吾,复旧事重提,对于英美集团所用之"分散投票法"大肆抨击,日本之轴心国盟友德意两国代表亦从而助长其气焰,对英美法集团进攻,企图能将旧有之选举法取消。

特别选举委员会在此方面之意见,虽不一致,然在他方面则获得一致。该会共向工部局提出建议:(一)指派外籍委员五人,成立一委员会,审定对于投票之声请,并将其意见报告工部局;(二)该委员会向工部局建议投票声请结束后,应立即将选举人名册发表,俾选举人名册无名之人,不得参加选举(姓名遗漏及错误者除外)。最后选举人名单,应与预备选举人名册用同样方式分发;(三)该委员会"强硬建议"工部局应通知领事团,为各方面利益计,应于选举第一日之一个月以前,结束接受投票声请事宜。自该日后一切声请皆不生效力;(四)预备选举人名单,每年十二月一日以后,选举日六星期以前,尽速编成,张贴工部局大厦,并分发于各领事馆、各国侨民会及总会,并在各报公布,俾众周知。

该委员会于昨日下午,在工部局大厦成立,举行第一次会议,选举樊克令氏为主席,并为便利推进该会之工作起见,并法定加推地产业公会代表一人,为该会之委员。至如何进行税制不公允问题之研究，则定本星期五（十四日）举行第二次会议继续讨论。

——《工部局董事选举应根据地皮章程·日谋破坏历来选举制度·英认为溢出局方之权力》，《申报》1941年2月12日第7版。

3月2日，工部局总董凯自威已回沪。

昨日外传工部局总董凯自威现仍留菲，将搭庇亚士总统号于本月七日返沪。新声社记者昨特向负责方面探悉，此说绝对不确，凯氏已于前日上午搭怡和公司阜生轮由港返沪，昨日已照常赴怡和洋行办公。凯氏上次去港，实因被林雄吉击伤未愈易地赴港休养，在港约计两旬，枪伤告痊，精神健旺。但昨日凯氏曾否认一度由港赴马尼拉稍住，工部局董事会已定于本月五日（星期三）在工部局大厦召集会议，届时凯自威将亲自出席主持，对各项问题，将有所决定。

——《凯自威总董确已返沪》，《申报》1941年3月2日第9版。

4月7日，工部局开始节约电力。

工部局为谋节省电力起见，现已将工部局内之电梯节制使用，工部局大厦中、共有电梯四处，二在沿汉口路、一在沿江西路、一在福州路，此四处梯，已停止其三，仅福州路一处开放，但亦加以限制，只上下于二楼及四楼之间，非但不降至底层，且三楼亦不中停。

——《工部局节省电力·三电梯停驶》，《申报》1941年4月7日第7版。

5月1日，工部局选举新总董。

工部局发表公告云工部局一九四一年至一九四二年度临时董事会于一日下午四时半在工部局会议室举行首次会议。董事李德尔被推为总董，冈本一策被推为副总董。

——《工部局临时董事会·选出正副总董·各委员会人选亦拟定》，《申报》1941年5月3日第9版。

5月8日，部局公用事业委员会举行会议。

为各方瞩目之工部局公用事业委员会已于昨日下午四时三十分在工部局大厦一楼议事厅举行会议，各委员均出席，由米契尔氏任主席。对公共汽车电车公司所提拟增加百分之五十票价一案，及节电专门委员会之减电计划均提出报告，作详密讨论。至六时许，始告散会，会议内容，各委员目前尚不愿有所发表，但谓对各案均已有初步之决定，将提交行政当局核准，公布施行。闻行政当局已定下星期三召集会议，届时将决定公共事业委员会及其他各小组委员会所提出之各项报告。

加价申请下周决定

英文大美晚报云，顷悉工部局公用事业委员会和委员于下周初举行初次会议时，将决定是否准行公共租界四大公用事业公司加价。该四公司中已有两家申请相当加价，余两家亦拟调整现价，以应付高涨之开支。至于要求加价若干，未能确悉。唯众信英商电车与公共汽车两公司要求服现价增加什五，按工部局公用事业委员会新委员系阿乐满、卡立翰、刘世芳、米契尔、鲍威尔、堤孝、克隆矢岛、邵椒华与赵传鼎。

——《公用事业委员会昨开重要会议·公共汽车电车提议加价经详密研究作初步决定》，《申报》1941年5月9日第8版。

5月12日，华籍地主四人控诉工部局征收方单地税一案开庭。

华籍地主四人控诉工部局征收方单地税一案，领事法庭于昨日下午二时半，假工部局会议室举行最后一决之辩护庭，出庭者为法官英总领事乔治、美总领事洛克赫德、日总领事堀内、被告律师博良、原告律师刘世芳、王健，由英总领事乔治任首席法官。双方辩论达二小时之久，对洋泾浜地皮章程及费唐报告书中涉及方单地捐者，均有剧烈之辩论。唯何日判决，昨日尚未有庭谕，预料至迟在一星期后。

——《方单案昨最后辩护·两造辩论激烈》，《申报》1941年5月13日第8版。

7月15日，福新烟公司女工约百人请愿，围集工部局大厦。

福新烟公司女工约百人今日围集工部局大厦四周，表示反对其所得之待遇。经中央捕房巡捕驱散，未肇事故。查该纸烟厂工人要求加薪被拒绝，相率罢工者，迄今已三星期左右。闻此辈女工日得工资七角，无法维持生计。

——《福新女工请愿》，《申报》1941年7月15日第7版。

8月7日

据日文上海每日新闻记载,公共租界工部局公共事业委员会于五日下午四时半在工部局会议室开会,讨论上海电力公司要求实行限制电力三成案及用电超过限额追缴费用问题。鉴于该公司存煤数量日益减少,认为限制电力三成案,似可准予实施。至于超过限度之电力收费办法,决按普通用电三倍收费。

——《电力公司将再节电三成》,《申报》1941年8月7日第9版

8月21日

关于公共租界工部局拟征收营业税一案,工部局财政委员会曾于十八日下午四时半,在工部局会议室开会复议,闻对原案已有修正,将名称改为营业房捐特别附加税,并决定将此项修正案,提出工部局会议作最后决定。以此项税收实质上原为一种营业收益税,为求合法起见,故将改为房捐之一种,并加以明确规定。今后对于各种企业活动,以相当限制,务使无法逃避捐税。至于此项税捐内容,据调查大致如下,新税系根据营业房屋之估价额征收,分为两级:A级各种事务所、商店、工场、仓库、码头等一般营业房屋;B级各种交易所。A级税率按房屋估价额,满三千元者年征八分。B级税率按房屋估价满三千元者,年征一成五分,总额每年约可收入七百万元(其分数之方法与税率,与现时法租界所征收之营业税大致相似)。此案一俟工部局下月三日休假期满后,即可提出讨论。唯此税系初创,尚须经过种种手续,故其开征之期,或将延至明年一月起实行之。

——《营业税原案已修改·并入房捐征收》,《申报》1941年8月21日第9版。

9月22日

据日文报记载云,对公共租界工部局征收营业房屋特别房捐作最后决定之咨询委员会,刻已决定于本月二十二日下午四时半,在工部局会议室召开第一次会议,预定先由工部局总办兼总裁费利溥充任临时主席。

——《咨询委员会今开首次会议》,《申报》1941年9月22日第9版。

9月26日

公共租界工部局咨询委员会前为征收营业房屋特别房捐问题,曾于二十二日下午举行第一次会议,在原则上予以通过。前日(二十四日)下午四时半,该会又在工部局会议

室继续举行第二次会议讨论此事,并将工部局所提出征收方法及税率提付审议。第一案属于交易所等营业房屋,列为甲类。其它一般营业房屋、列为乙类。征税办法按类办理,第二案则为不分级类一律征税。当时对该两案讨论之结果,认为第一案区别级类,手续上必致感觉相当困难,不及第一案不分区别对于各种营业房屋一律征税为便利,故经决定取消甲乙两类之区别,照第二案实施。至于税率,亦经决定按房屋评价额征收特别房捐百分之八,并决定此项新税,定明年一月起实行。闻当讨论时,曾将分类收税及一律收税两项收入之比较,结果一律收税,仅较分价收税每年减少约一万三千元,故遂有上项决定。

——《营业房屋特别捐·定明年起开征·取消区别一律缴百分之八》,《申报》1941年9月26日第9版。

11月15日

进口商暨制造家协会主席柯赖,昨日下午二时十五分在工部局会议室招待全市新闻界,说明协会组织情形以及工作方针,并由工部局情报处转发书面文告如下:"在过去一星期内,关于组织一进口商与制造家之协会以协助工部局统计家用必需品之另售价格一层,报章曾竞载共事。工部局对于食米一项已采取严峻而最受欢迎之措施矣。现在期望该局以同样办法,推及其他大量物品,此为一艰巨之工作,该局至少在若干时期内,难望能处置各种次要物品。此类物品虽与一般外侨以及中等阶级华人之日常生活关系颇多,第以其种类之繁多,与夫性质之复杂,在事实上未许以应付米市之同样办法予以处理。该局所采取之各种办法,当与法租界当局合作实施。"

——《进口商协助平价·昨宣布进行方针·先从食物药品两项入手如有必要准备直接零售》,《申报》1941年11月15日第7版。

1942年

工部局大厦签发通行证办事处及其它东西北三区新办事处,对于离沪回乡华人之发给通行证申请书格式,自前日起填写事项更改,但因填写手续增繁,致签发上不无濡滞,特由办理是项签证之主持人,向工部局当局要求删繁改简,已经允准。自今日起各签证处,将上星期五所发新申请书废止,改发一种油印申请书,填写以每一人为单位,手续简便,至上星期五及六所已发申请书,均于今日收回另发换填。

——《工部局回乡通行证·申请书改格式》,《申报》1942年2月2日第4版。

2月7日

工部局情报处云，为积极疏散人口起见，特组织"华人疏散委员会"，现设办事处于福州路一八〇号工部局大厦三楼第二七七号写字间，已自昨日起开始办公。本埠各同乡会、各公团以及各业公会等等，凡欲代共同乡或会员集团请领回乡通行证、旅费半价券者，可向该委员会上述办事处洽领申请书式。至于个人请领通行证件，应照常向各签证办事处申请核发，无须前往该委员会办事处。

宁波旅沪同乡会为便利同乡回籍起见，特向工部局请领申请书，凡同乡回籍，均可到会索填表格，当由该会代领特别通行证，贫苦同乡并可代领半价船票证明书，该会已专设同乡回籍登记处，派定专员着手办理。

——《工部局积极疏散人口·组织疏散委员会·各团体可代领通行证》，《申报》1942年2月7日第5版。

3月7日

工部局米粮管理会昨日宣布，米号应于下星期一（即九日）上午向工部局大厦七〇三号米粮管理会领取卖单。是项卖单已经将拨派米号之苞米包数指定，故各米号领得卖单后，当日即应向米粮办事处付款。仰各米号一体周悉拨派苞米与各米号办法，凡每次派米二十五包者，派苞米二十包；派米二十包者，派苞米十五包。是项苞米，每包计重二百零四磅，折合市秤一百九十五斤，折合衡器计一石二斗二升弱，共售与米号价格，计一百四十六元七角六分。此项苞米，已由醴和洋行碾轧中，尽于本月十三日以前发交各米号。俾于十三日起普遍出售，每人限购一升半，计售国币一元七角，亦须排队编号。购得后手指并须浸染颜色，须下星期五始得再度购粜。是项苞米食法，希望平民搀和于食米中煮食，共性质等于食米，营养方面亦同于食米。

——《工部局宣布苞米发售办法·各米号应于周一付款先领卖单·每人限购一升半售洋一元七角》，《申报》1942年3月7日第4版。

4月3日

工部局自前日起颁发房屋转租执照以来，昨为第二日。二房东携同申请书前往工部局捐税股及各区分办事处领取者极形拥挤。

领照情形

据大通社记者探悉,工部局发给房屋转租执照,自前日起,在五〇六号捐税股办理以来,昨日一日间,居住中区之二房东,前往领取者人数颇众,特在捐税股对面自行车捐照窗口,另辟房屋转租执照临时发给处以资疏泄。

发照时间

工部局捐税股之发给执照时间,规定为上午九时至十二时,下午一时至四时。唯午后之发照时间,实际只发至三时为止,因三时以后须办理并账手续,同时各区分办事处之发照时间,亦为上午九时至十二时,下午一时至三时。因三时以后各分办事处应将全日发出执照张数连同执照费,送至捐税股并入总账也。

民发张数

据大通社记者探悉,工部局大厦捐税股,连同各区分办事处,第一日(即四月)发出房屋转租执照总数共计一千三百三十二张。昨日发出张数亦有一千数百张,是项执照之核发日期,至迟定于本月底截止,逾期不往领取,将受严厉惩处。至领得是项执照后,应连同清单表(须逐项填明)及资质执照牌,悬挂于屋内显明之处。

——《二房东执照发出二千余张·各区发出执照当日汇报·发照期限定本月底为止》,《申报》1942年4月3日第4版。

5月3日

工部局归乡特别通行证办事处出贴通告云"自五月一日起,旅费半价券停止发给,唯申请归乡特别通行证则仍照常"。该处并指定自五月一日起,继续发给归乡特别通行证之各区办事处地点如下:福州路一八〇号工部局大厦、工部局大厦操练所内、克能海路一九九号工部局北区小学、荆州路中承华童公学、山海关路四四五号育才公学、新加坡路二九号工部局公学、厦门路二〇六号、戈登路七五三号、马白路二十五号工部局华童公学、各旅沪同乡会及各社团同业公会等。前受工部局华人疏散会委托,办理签发回乡证者,自五月一日起继续办理发证,唯半价券则停止发给。第据大通社记者探悉,凡人数满二百人其归乡地点相同者,仍得申请半价乘车或乘轮,故各地人士,无留沪必要者可向同乡会登记。迨人数满二百人时,仍得享受半价旅费,减轻负担也。

——《旅费半价券停发·集团回乡仍可申请》,《申报》1942年5月3日第4版。

5月16日

　　工部局江西路大厦操练厅内之归乡特别通行证总办事处，自上星期开始发给临时通行证，嗣于本星期一，复又恢复发给归乡特别通行证。自混合发给以来，因申请领取两种通行证人数过众，拥挤不堪，故已于昨日起，只发归乡特别通行证一种，对于临时通行证暂停发给。该处发归乡特别通行证时间仍为上午八时至午后四时，星期六下午及星期日，仍照常接受申请发证。昨日前往该处申请人数仍非常拥挤，使该处只得揭布通告，希望领证人分别向各区分办事处申请，以资疏散该处之过分拥挤。

　　该处通告上所指示之发给领取归乡证地点，计有：工部局办公总处内第九十号办公室、工部局商团操场、克能海路一九九号工部局小学、胶州路及新加坡路工部局小学、马白路二五号戈登路附近华童公学、山海关路四四五号育才公学、荆州路四十二号聂中丞公学、戈登路七五三号麦根路附近工部局工务处储藏所、及厦门路二〇六号工部局工务处储藏所。

　　至以上各区除发归乡特别通行证外，对临时通行证亦可申请发给。故申请公众应向各分办事处领取，殊无集中于工部局大厦操练厅一处之必要。至工部局大厦三楼二七七号房间华人疏散会，对临时通行证之发给，仍在继续办理中。

　　——《归乡证申请拥挤·该处指示其它申请处所·疏散会续发临时通行证》，《申报》1942年5月16日第4版。

9月14日

　　汉口路工部局大厦分布发返乡证处于今日起开始恢复全日办公。按该处于本年入夏以来，即取消下午领证时间之规定，以署期还乡者较少之故，兹悉当局因时令已入初秋，预料申请还乡人数必当较多，故有恢复全日签证之必要。

　　——《归乡特别通行证今起全日签发》，《申报》1942年9月14日第4版。

11月7日

　　日文"大陆新报"载称，新任驻南京日大使馆公使堀内干城，昨晨赴工部局大厦，向工部局官员正式辞行。该局特派仪仗队在局厦入口处迎接，会见堀内之工部局官员，有总董冈崎、警务总巡渡正监及董事袁履登、葛乐泰等。

　　——《堀内公使辞行》，《申报》1942年11月7日第7版。

12月8日

工部局自设立物资统制部后,对于以前面粉食粮等各办事处,均经归并于该部统辖,设办公处于工部局大厦九十号室。自昨日起开始办理棉布(包括加工与白坯)绵纱等登记与移动事宜。自昨(七)日起至九日三天为发给登记证书日期、是项证书,计分三种:即(一)绵纱登记证书(二)白坯棉布登记证书(三)加工棉布登记证书。

——《物资统制部办理棉纱棉布登记》,《申报》1942年12月8日第4版。

1943年

1月19日

工部局职业介绍科目下亟盼海上各大小工厂充分合作,如需要相当人才时,径向该科登记要求推荐,俾使已向该科登记求职之技工,有获得职业之机会。该科抱定宁缺毋滥之原则,在为厂方物色人材时,必多方考虑,以最适宜者供工厂录用,但更希望各工厂本劳资互助合作之旨,对于录用工人之待遇,尽量改善。在厂方固可因此获得最可靠之劳力,在工人方面因生计安定,大可增加工作之热情与效率。职业介绍科虽以为大业人谋职为定旨,然深望通过此种关系,促成劳资双方之善意谅解与合作,进一步使工业生产奠定不拔之基础。

四百余人 登记求职

该科目自去年十二月二十一日开始办理先众技术人员登记以来,至今本月十四日止,前往登记要求介绍职业者共四五八名,工业技师者计机械七六(内女性一人)、土木五三、电机二九、化学八、纺织七、矿业一,机忙技工者计机械六三、锅炉四、电机二七、引擎一〇、木工五、泥石一、熔焊一、印刷一二、油漆三、裁缝二(内女性一人)、电报一〇、司机九、航海四、纺织六、搪瓷一、染织二、水电一、又其它一二四(内女性五人)。就登记者国籍言,中国三〇七(内五人系外国人缔化者)、俄国八三、犹太四四、美国八、意大利、葡萄牙及芬兰各二、匈牙利、波兰、罗马尼亚、挪威、伊朗及西班牙各一,无国籍者四。

工厂卅家 需要人材

工厂前往该科登记需要人材者计三十家,内中属机械另件者七、公用事业一、化学制药四、纺织六、饮食烟草二、印刷造纸六、科学用具一、其它工业三,所需工人合计一五一名,以纺织为最多,得七九;机械另件次之,得二三;再次为公用事业,得二〇；所需量一五一人中，经该科选择介绍者八二名，其中由工厂正式录用者一〇，在试用尚未决定者四九，本人不愿就职者七，未录用者一六。在上述求人工厂三十家中，华商者二十二家，日商七家，德商一家。

代征十种　技师技工

现该科受外界委托，代征下列各种技师及技工：① 土木工程教授，② 毛织工程师，③ 新近由大学机械科毕业之学生，④ 印刷及装订工人，⑤ 铅皮匠，⑥ 锅炉火夫，⑦ 车床工人，⑧ 铣床工人，⑨ 制钢模工人，⑩ 织造厂织工、裁工、缝工、烫工、暨摇纱等多人。凡失业技师及技工需谋职者，及各工厂征求人才者，请赴福州路一八〇号工部局大厦四楼三六二号该科办公室登记，求职者并须随缴二寸半身照二张。登记时间为每日上午九时至十二时，下午一时至四时，星期六下午及星期日停止办公。各项登记全属义务性质，概不收费。

——《工部局职业介绍科盼厂方优遇工人·力促劳资双方之善意合作·各工厂纷纷委托征求人才》，《申报》1942年12月8日第4版。

6月4日

上海特别市政府及公共租界工部局双方高级人员，昨日上午十时在工部局会议室，签订《沪西财务补充协议》；对于沪西区内各项行政事务之执行，作补充之决定。签字市府方面为赵秘书长，工部局方面为工部局总办小泽威一，参加签字仪式者，尚有工部局工务处长冈守，财务处长日昆野，卫生处长田代，及情报处长池田等。市财政局沪西办事处宫崎及平山等，仪式简单隆重。协定共二十六条，分公共卫生，公共工程，学务，火政，及救护车，及其它等五部。分中文日文英文三式，每式各两份，具有同等效力云。

解决其它行政困难

工部局情报处公告云：查按照前年十二月十日本局与上海特别市政府签订之沪西财务协议，所有该区内之税收事项，业经移交与市财政局沪西办事处办理，唯自实行以来，其它一切行政事务，迄未解决。因此两市政当局，对于该区各项行政事务之执行，时感困难，尤以关于公共卫生方面者为最。为解除前项困难起见，两市政当局，自本年二月以还，迭经召集会议，本充分合作与和洽之精神，共商解决办法。现在双方对于一切问题，已获有完全谅解，于三日（昨日）上午十时，在本局会议厅签订《补充协议》。

尽力保持沪西整洁

"关于沪西区之卫生状况,本局仍当一秉初衷,予以极大注意,并尽力与市府方面,谋所以保持良好整洁程度,此堪向市民告慰者,依据此项补充协议第八条之规定,本局在该区内当继续担任扫洒马路,疏通阴沟,清除垃圾以及督察草棚区域之卫生状况。同时按照该协议第九条之规定,市政府保证沪西区域内之卫生及清洁状况,当能保持现有之标准也。"

——《市府与工部局签订〈沪西财政补充协定〉,昨晨十时在工部局举行,协定分五部计二十六条》,《申报》1943年6月4日第4版。

1945年

钱市长及各局局长抵沪后,已积极开始筹备本市复员工作。兹据可靠方面传出消息,市政府将于日内同时接收伪市府及各局。至于市府以后办公地点,闻将仍在市中心区前市政府内,但在复员工作未完成前,为接近民众及工作方国便利起见,暂时在汉口路前工部局旧址内办公。一俟复员完成,一切恢复正常状态后,即迁返市中心区。又悉,市府所属各局,于办理接收后,将仍以伪市府各局址为临时办公处。钱市长暨吴副市长,并于昨晚在海格路范围召集各局局长及市府主要人员,举行会议,商讨接收及复员事宜。

——《市府积极筹备复员接收工作·定日内接收伪市府及各局》,《申报》1945年9月11日第2版。

1946年

1月21日,国民党上海市政府举行"国父纪念周"。白崇禧在市府作报告。

上海市政府二十一日晨举行国父纪念周。何副市长德奎等四百余人迎接,钱市长主持仪式。领导行礼后,介绍白副总长崇禧训话,略谓:"本人于民国十六年北伐时期,曾首先到达上海,当时上海尚有租界,地方治权操诸外人之手,凡我武装军人,概不能入租界,一切情形与今日迥异,而今日能在此间向钱市长领导之工作同人讲话,至为快慰。自抗战胜利以后,本人初次莅沪,看到地方秩序安定,治权完全统一,足证此一东方大都市,国人自能尽力整理,逐渐建设,前途实有无穷之希望。本人此次来沪,任务为检阅军队。关于军风纪问题,本人以为沪市军警宪应严密注意。无论中外军人如有越轨行为,均应随时纠正。钱市长兼任淞沪警备总司令，自有充分职权处理。且陆军总部已迁南京，亦可随时指示，务使在中外观瞻所系之上海，军警协力保卫人民之安全，维持地方秩序。"词毕，礼成。白副总长旋在市长办公室接见市政府各局长各处长，略有垂询。

——《白崇禧昨在市府报告》，《申报》1946年1月22日第4版。

2月10日，宋美龄代表蒋介石在市政府市长办公厅举行授勋典礼。

假使有人问起我胜利后本市仪式最隆重，情感最融洽的授勋典礼，那我得直接地告诉他，就是昨天蒋主席夫人宋美龄女士在市政府市长办公厅里所举行的代表蒋主席一幕授勋典礼，这种场面在陪都也许常会有，可是在沦陷了八年后的上海，还是破题儿第一遭。

典礼开始

午四点钟，钱市长那间精致的半圆形办公厅，蓦地热闹起来，十五分钟后，蒋夫人跟陈诚将军夫人谭祥女士翩然出现了。满室的视线，不自主地倾集到她们的身上来。蒋夫人穿着墨黑的长袖旗袍，嵌镶着宝蓝的花边，黑色的高跟鞋，堆满了一脸笑容。陈夫人穿了一袭绛红的旗袍，始终紧随着蒋夫人，这时魏德迈将军也赶到了，站立在蒋夫人的右边，授勋典礼正式开始。

宣读褒词

四位受奖的美军将官，一位是定今日回国的驻华美军空军总司令史特拉特梅耶将军，其余三位是美驻华空军司令部参谋长麦克纳准将，副参谋长伊文斯准将，和鲁特克准将。他们军服平正熨贴，左胸前已缀满了勋襟，抖擞起加倍的精神，齐整地排列站在蒋主席的肖像下，两旁树立着鲜明的党国旗，首先由黄仁霖将军用中英文宣读褒词，说史将军在中印缅战区空军司令和驻华空军总司令任内时，对击败敌人，中美空军的合作，中国空军的训练，都着有功勋，应授予大绶云麾勋章和空军河图勋章……麦克纳准将因为协助史将军亦着功勋，故赠与大绶云麾勋章和空军洛书勋章……伊文斯和鲁特克两准将，也因建有功勋，而得到了云麾勋章和空军干元勋章……此外前驻华美国第十四航空队司令史通少将，也有大绶勋章和空军勋章，因史通少将已经回国，这一份的奖章，将由魏德迈将军代领转交。

授勋情形

每张褒状读完后，就可以看到一位将军站到蒋夫人而前，百分之百的立正姿势，

蒋夫人亲自拿了勋章,缀带在受奖者的左襟上,又给夺上了大绶,这时候,摄影记者的镁光灯,闪照不停,镜箱的开关声,不绝于耳。蒋夫人握了握受奖者的手,说声"恭喜"。受奖者点头称谢,带着荣誉的笑脸,回到他的原位,一幅隆重而充满了色彩的镜头,短短的二十分钟里,宣告完成。昨天参加典礼的还有航委会主委周至柔,市长钱大钧,副市长何德奎,秘书长沈士华,警备司令部副司令李及兰,警察局长宣铁吾,战地服务团上海分团主任梅其驹等。

将领签名

典礼完毕,蒋夫人高擎着酒杯,向各受奖的将军贺喜,接着又跟魏德迈特军攀谈了十分钟,只看见她常时点头微笑,显得心绪非常愉快,得到奖的美军将领,先一刻严肃紧张的脸庞上,这时候都泛滥着轻快的笑纹,这笑纹包含着一种荣誉,一种快慰。记者争取道宝贵的一刹那。走向各将领的跟前,送上了声声贺词,请他一一为本报留下了纪念式的签名,他们毫不犹豫地签了。

蒋夫人谈

末了,记者逗着蒋夫人,请她讲几句话。她又笑了,她说:她这次到上海来,在胜利后还是第一次,上海本来是她的故乡,这次重踏上乡土,看到上海人,心里感到无限的兴奋和愉快。其它实在没什么可说的了。是的,蒋夫人跟上海阔别了八年,一旦归来,愉快程度的深切,竟致欲言无语,这愉快正象征着上海的未来,上海人不久就会体味到这愉快的温暖的。

——《美军将令卓著功勋·蒋夫人主持授勋·夫人表示重临政故乡深感愉快》,《申报》1946年2月11日第4版

5月20日,国民党上海新市长吴铁城到任。

昨天清早,江西路市政府门外就挤满了想看一看新市长丰采的民众。江海关的大钟传来九点钟的时候,民众们交头接耳地说:"来了!"

一辆黑色轿车轻快地开到,吴市长笑容满面地走下汽车,警察局的宣局长早在门口迎迓了,便引导了吴市长登上二楼,那时,钱市长也愉快地亲自出来迎接了。

九点零五分,就开始了新旧二位市长同时出席的纪念周。摄影记者忙着拍照,大家充满了兴奋的情绪,倾听着新市长第一次对上海三百多万民众的昭示。

九点三十分,纪念周完毕,钱市长将黄缎包裹的大印亲自交给新市长。十分钟后,

钱前市长向新市长告辞，从二楼一直到市府大门，密密排满了依依惜别的市府职员。吴市长亲自送到大门，在悠扬的音乐声中，钱前市长走上了汽车。

从汽车的窗口，钱前市长的手伸了出来，他向恭送他的许多僚属招着手，告别了八个月来辛勤工作的市政府，这是充满了惊涛骇浪的八个月！上海人是永远感谢他惨淡经营的努力的。吴市长回到了办公室，他开始批阅第一件公文，这是他接印视事布告的拟稿，他批上了一个"桢"字，想了一想，写下了"五·二十"。这大红的布告在十点廿五分贴了出来吸引了无数的市民。

接着，市长就在会客室接见各局长，十点十分，新任财政局长谷春帆由南京赶到晋谒。那时贺客盈门，市政府收到了九十四张贺客的名片，第一位赶到的是王晓籁。吴市长一一应接，极为忙碌，十点五十分，秘书长何德奎伴同市长，视察市府各办公室。十一点零五分，本报社长潘公展到市府致贺，新闻发布组朱处白赶到通报，市长立即停止视察，延见后并亲自送出，昨天这许多贺客中，市长亲自送出的，只潘氏一人。潘氏告辞后，市长仍继续视察各办公处，并欣然为记者在他的玉照上签名。正午，市长到迈尔西爱路十三层楼赴宴，下午三时再回到市府，召开了全沪人士瞩目的粮食紧急会议。

吴市长仍旧穿着那天飞沪时穿的那身灰色洋装，精神愉快，满面笑容。可是，他因为公事忙碌，这几天每夜只有四小时的睡眠！市长太太已经在关心他的健康了。

吴市长回到办公室后，市政府的茶房马上就逢人打听市长爱喝那一种茶。有人告诉他"清茶"后，一杯杯的清茶就川流不息地送上来了，主人喝清茶，客人自然就不妨也清茶。四只大势水瓶还嫌少，实在客人太多了。

——《迎新送旧别纪·门外僚属依依惜别·楼头佳宾连连道贺》，《申报》1946年5月21日第4版

6月17日
中国航空建设协会上海市分会迁移地址通告
本分会现由安福路二〇一号会址迁至汉口路上海市政府二楼120号办公，电话15349号转28号分机，特此通告，诸希公鉴。

——《中国航空建设协会上海市分会迁移地址通告》，《申报》1946年6月17日第4版

11月21日

查国民大会业于本月十五日正式开幕,本站自本月二十日起暂移上海市政府总务处办公(办公时间电话一八九七二办公时间以外电话一九二六六)。除电报南京国民大会筹备会案并分函各有关机关外,特此公告。

——《国民大会代表上海接待站公告国通字第三六号》,《申报》1946年11月21日第9版

11月22日

上海一地,总计有消防队七处,而以河南路口的最为完善。本市一切火警发生后,立即由火警控制室转达到各消防处。火警控制室在市政府大厦二层楼,有二个人日夜在那儿工作。他们每一分钟,每一秒钟,坐守在一五一八三号电话机前面,随时随刻准备为人们服役。他们所唯一期望的,是当不幸的人们,慌张地求助于消防队的时候,希望他们还能够保持最后的镇静,务必把失火的路名,及交叉路口,房屋号码等详细报告。假如失火地点是在公寓中,更须把那一层楼,几号房间等报告清楚。最理想的,是把建筑的种类,如楼房、平房、商店、厂家等分别陈报。这对于消防队的工作,如救火车辆的分配等,都有莫大的帮助。直接地可使火场早获抢救。

——《火警控制室》,《申报》1946年11月22日第5版

1947年

8月29日

为办理本市选举事宜,市政府大厦二楼二三五室特辟为选举事务所,业于昨日起开始办公。

——《本市简讯》,《申报》1947年8月29日第4版

1948年

2月27日,上海市救济特捐募集委员会在市政府会议室举行成立大会。

上海市救济特捐募集委员会,昨日下午三时,在市政府会议室举行成立大会。出席主任委员吴国桢,副主任委员潘公展,杜月笙,委员吴蕴初,奚玉书,徐寄顾,京云章,秦润卿,水祥云,王先青,吴开先等,共同商讨募集方法。据吴市长会后语记

者称:"救济特捐之执行甚属困难,本市人民财产向无确切调查,豪富标准亦难以订定,且中央迄无详细办法明示,故我只知指定对象后,请他们自动捐钱,不捐时派员催缴,若催缴后还是不理,我就不知道应该怎样办了"。

——《特捐募集会昨正式成立·豪富无标准执行感困难》,《申报》1948年2月28日第4版

3月15日,国民大会上海接待站成立,并在福州路200号市政府大厦办公。

查国民大会召开在即本站奉命于三月十五日成立,并于即日起假福州路二〇〇号市政府大厦开始办公(电话一四九四九)。除电报国民大会筹备委员会核备外,合行公告周知。

中华国卅七年三月十五日
兼主任欧阳遵铨

——《国民大会代表上海接待站公告接字第三号》,《申报》1948年3月17日第1版

6月27日,国民党上海市政府在大礼堂举行第六次月会,由工务局长赵祖康报告工务建设。

市政府于昨晨九时在大礼堂举行第六次月会,由工务局长赵祖康报告工务建设,略称:道路方面计项目工程十二项,全部将次第完成。其中关于养护路面工作,将配合电车行驶路线积极展开。沟渠工作已成立防潦工程委会,即付实施。恒丰路桥工程已完竣,乌镇路、翔殷路、西清桥及高桥浜等四桥,工程正积极开展。浚河工程计完成土方,达二十万余立方公尺。此外园场管理修建方面,日繁植树苗十四万六千株,花苗四十一万四千株,盆花苗二万二千二百余枝。

——《市政府六次月会赵祖康报告工务》,《申报》1948年6月28日第4版

附录4

中共中央电贺上海解放

(1949年5月30日)

贺电中写道：中国和亚洲最大的城市，中国最重要的工商业中心上海，已于二十七日解放，我人民解放军在此次作战中俘敌十余万众，纪律良好。上海各界人民积极与我军合作，使蒋匪破坏计划大部失败，全市秩序迅速恢复。中国共产党中央委员会特向上海前线人民解放军、上海的中国共产党地方组织和上海全市的人民致热烈的祝贺，向全国人民解放军和全国的人民致热烈祝贺。上海解放以后，上海的共产党员、工人和革命知识分子的首要任务，就是团结一致，与进步的产业界和一切爱国民主人士通力合作，克服困难，恢复生产，恢复城乡联系和内外贸易，并与反动势力的残余作继续斗争而取得胜利。我们相信，有长久革命传统和高度政治觉悟的上海人民，在全国人民的援助之下，一定能完成这个光荣的任务。

新上海万岁！

独立自由的新中国万岁！

为上海的解放而牺牲的烈士们永垂不朽！

中国共产党中央委员会
1949年5月30日

资料来源：《北平解放报》1949年5月31日。

附录 5

新任上海市长

(译自《密勒氏评论报》1949 年 6 月 4 日,第 114 卷第 1 期)

杨 琴 译、校

中共华东军区(上海—南京地区)司令员陈毅将军被任命为上海市市长、上海市军事管制委员会主席。

陈毅是中共资深领导人,曾成功带领部队从山东省穿过苏北,渡长江,抵达南京、上海。他出身于四川一户富裕的地主家庭,曾在法国勤工俭学,主修化学。而陈毅与其他一般知识分子的相似之处也仅止于此,他随后就投身于革命工作。

1919 年,为抗议日本提出的臭名昭著的"十九条",中国学生发起了五四运动,陈毅便是其中的一名积极分子。他与周恩来等人于当年到欧洲,此时正值一战后法国等欧洲国家出现革命潮流,这让他看清了自己的方向。1921 年,陈毅、周恩来和一小群中国学生在海外开展了爱国运动。1925 年国共合作破裂后,陈毅回国开始从事政治工作,起先在四川军阀杨森军中,随后作为国民党代表,在叶挺带领的第二十五师第七十三团中开展活动。陈毅与叶挺在当时结下的战友情谊一直持续到了最后,直至 1946 年 4 月叶挺在一次坠机事故中丧生。

1927 年蒋介石在上海逮捕共产党人、工人与学生,破坏统一战线。陈毅作为指挥员之一,积极筹划,将共产党的剩余力量组建成了一支能与国民党相抗衡的队伍。他与叶挺、贺龙一道,参加了广州起义,在汕头遭遇失败后,他与王尔琢一同集聚了共产党的剩余力量。

在国民党的压力下,朱德取道赣南,撤退到湖南。他的部队,包括陈毅的人马在内,仅有两千人。他们南下湘南,到井冈山与毛泽东的部队会合,组成中国工农红军第四军,陈毅任政治部主任。

整个二十世纪三十年代,抗击国民党的游击斗争迅速发展,又在东南省份建立起中国苏维埃政权。新四军进入福建省,在西北山区建立了根据地。陈毅留在后方,组织当地的游击队(其中一些在蒋介石发动"第一次围剿"后编入了朱德与彭德怀的部队)在农村地区发起土地改革,最早向农民介绍封建主义的前因后果及消亡方式。

蒋介石"围剿"期间,陈毅一直留在江西。长征开始后,他负责掩护红军撤退,并继续开展过去五年来的游击活动。也就是在这时,他的首任妻子被国民党杀害。

当激愤的民众最终迫使国民党向日本宣战时,陈毅将部队(已是新四军的一部分)转移到了苏南。在叶挺的总指挥下,新四军以苏浙皖三省交界的山区为掩护,向日军发动持续的进攻。

新四军已深深融入到民众生活,它组建了自己的医疗队,有着"中国最完善的随军医疗机构",来访的医疗专家这样评价。新四军还"发动村民"——根据地的男女老幼都在地方保卫中担当一定的职责。又建成了工厂,制造自己的装备、地雷、手榴弹和枪支。在火药极为有限、国民党不给予任何援助的条件下,顽强地打击日军。

1941年,陈毅被任命为新四军代理军长。面对共产党影响力的增强与全国各地民主风气的复苏,国民党日渐紧张和提防,人人称道的抗日统一战线因此破裂。国民党打击并企图瓦解新四军,逮捕了新四军总司令叶挺。

但蒋的企图没有得逞,陈毅接替了叶挺的职务,1944年,在几乎跋涉了半个中国的一次旅途后,陈毅抵达延安。他在报告中说:"最近我们的力量正在不断壮大,我们的常备军距离上海仅60里,距南京20里,距汉口30里。我们的游击队正在这些城市附近活动,几乎与郊区首尾相应。我们设在城里的组织也已摆出强大的阵势,严阵以待……"(Gunther Stein,*The Challenge of Red China*《红色中国的挑战》)

抗战结束后,蒋与毛泽东达成"双十协定",新四军撤退至山东南部。随着国共谈判的破裂,陈毅重返战场,在1946年叶挺死于坠机事故之后,继任新四军司令。

接下来是最近的情况,新四军在山东遭遇短暂挫折,随即在1948年发动了大反攻,直至最终人民解放军在上海夺取了胜利。

读到这里,你也许会认为,陈毅所有这些经历必然造就他纯粹的军事性格。但是,陈毅从来都不是一个军事主义者。他从事过大量政治工作,其中包括朱德第十军党代表一职;1945年后,他担任中共中央委员。陈毅有着卓越的干部阅历,且饶有趣味的是,他还是一个棋迷、一个诗人。

资料来源:选自马学强、王海良主编:《〈密勒氏评论报〉总目与研究》,上海辞书出版社2015年版,第1196—1197页。

陈毅出任新任上海市长，接管顺利进行

（译自《密勒氏评论报》1949年6月4日，第114期第1期）

杨 琴 译、校

上海的失守，让中国成为世界关注的焦点。世界各地的人们都带着极大的兴趣，想看看中国共产党下一步会怎么走，看其是否能够管理这座世界第四大的城市。不过他们很快就会看到答案。现在，共产党已迅速接管了国民党在上海的政府机构及附属工业、财政机构，并保证其有序、有效地运转，这证明中国共产党有能力管理大型城市。

到目前为止，中国共产党一直是扎根农村地区，对于管理大型城市仅有三个月的实践经验，考虑到这些情况，中共对上海的成功接管和管理更显得不同寻常。占领天津和北平是在今年一月，而中共中央采取重大决策，号召将工作重心从农村转移到城市，也只是在去年二月。

上海是中国的工商业中枢，也是一个国际贸易港口。管理好这样一座城市一直是头等重大的工作。在国民党当政时期吴国桢任上海市长时，美国的商人、记者大多认为他管理的上海是个烂摊子。因此，共产党的顺利接管是个良好的开端。

当然，对共产党的能力下定论还为时尚早，但他们取得的初步成功已经让人觉得"至少当下还不错"。

人民解放军进入上海的头几天，城市中就呈现出节日的气氛。街头可以看到成群的学生和工人跳着秧歌，唱着革命歌曲。十几岁的青年男女们高喊着口号，直至嗓音沙哑，这种情景颇为感人。

历史巨变

在市政府全体职员大会上的一次激动人心的讲话中，兼任军事管制委员会主席、上海市长的陈毅将军指出，这次变革是一次历史的巨变，无论在深度还是广度上都史无前例。中国历史上有过多次革命，但都无非是从一种奴役状态过渡到另一种奴役状态。然而，他指出，当下这场革命却史无前例，因为"这场革命是一场人民的革命，

纯粹为了人民"。

人们已普遍感到，共产党占领上海将会带来深远的影响。原因很明显，一方面，上海是中国经济结构的基石，也是蒋介石领导下失去民心的国民党政权得以维持战争的财政保障。此外，早在中华民国建立之初，列强在上海就有着很大的影响。即便是在列强放弃在华特权、取消租界，直到抗日战争胜利、法国撤出后仍然如此。中共一直把上海视为帝国主义在华的首要据点。所以，上海由共产党来管辖，也在中国与列强的关系上开启了一个新的时代。上海的变革，从世界各国关系的角度看，也是一次历史巨变。

与革命者的贸易

随着中国局势的迅速发展，主要大国开始郑重考虑与共产主义中国开展贸易活动的可能性。美国、英国尤其热衷于此。中国经济协作署负责人罗杰·莱珀曼（Roger Lapham）曾在东京表示，种种迹象表明中国共产党希望和外界保持接触和贸易，美国商行能否继续开展贸易，取决于当下的形势。他提到，"只要私人企业愿意和共产主义中国做生意，我认为（中国）政府绝不会加以阻挠，仅仅取决于私人企业如何把握自己的交易机会"。

五月三十日，美联社华盛顿的一篇报道透露，美国政府正转而采取与共产主义中国开展贸易的政策。据传，美国国务院正在拟定一项类似控制对东欧共产主义国家经济往来的贸易管制政策，来处理与中国的贸易关系。这项政策主要基于两个前提：

1. 中国从美国购入物品，需使用现金或货物。不允许美国援助物资进入共产主义区域；

2. 凡属禁止与俄国及其欧洲盟友交易的军用物资，也不允许流入共产主义中国。

除了建立在这两项条款之上的贸易政策，国务院也在积极研究中国的局势，及其对美国在远东整体外交政策的影响。

此外，据美联社揭露，美国正考虑承认中国共产党政府。报道称："这将涉及美国承认的问题，尽管最后的决定尚未出台，但所有迹象都显示，美国政府最终将会承认（中国的）新政权，并与其建立外交关系。在天津、北平和南京等重要城市，美国外交家已和当地共产党当局建立了联络。"

尽管如此，普遍的看法是，（美国）承认新中国政权可能要等到中共夺取广州，建立起全国的统一政府之后。

苏联召回公使

据报道，苏联驻华大使罗申（N. V. Roschin）已于五月三十日离开广州，前往莫斯科参加"商议"。罗申将军是跟随国民党从南京撤往广州的唯一一名大使。

广州的形势据说也颇不明朗。何应钦辞去行政院院长的辞呈已得到李宗仁的首肯。据报道，国民党中央常务委员会委员已建议由国民党元老、蒋介石的亲信陈诚[①]接替何应钦的职务，但尚未得到李宗仁的许可。

也有传闻认为，原山西省省长阎锡山即将作为李宗仁的特派大使，前往美国寻求财政、军事援助。前不久，阎与另外四名国民党高层官员去了台湾，要求蒋介石赶赴广州指挥国家事务。

资料来源：选自马学强、王海良主编：《〈密勒氏报〉总目与研究》，上海辞书出版社2015年版，第1198—1199页。

[①] 原文为 Chu Cheng，疑有误。——译者注

附录6
图片索引

导　　读

图0-1，　上海工部局大楼旧址（或称"老市府大厦"），摄于2018年8月5日
图0-2，　上海工部局乐队老照片
图0-3，　《费唐法官研究上海公共租界情形报告书》（第一卷），工部局华文处译述，1931年版
图0-4，　《上海公共租界工部局公报》（英文版）
图0-5，　《上海公共租界工部局年报》（1931年）
图0-6，　清嘉庆《上海县志》"乡保区图"
图0-7，　清光绪二十一年（1895年）《江苏全省舆图》中的"上海县图"，标示"老闸"
图0-8，　清同治《上海县志》"浦西乡保区图"
图0-9，　清咸丰五年（1855年）黄浦江畔（外滩）"洋行分布图"
图0-10，　清光绪十年（1884年）《上海城厢租界全图》
图0-11，　《上海城厢租界全图》（局部图）
图0-12，　清光绪二十八年（1902年）《上海通商内外舆图》
图0-13，　《上海通商内外舆图》（局部图），图中标注"英工部局"、"英捕房"
图0-14，　1917、1918年间《上海英租界分图》
图0-15，　《上海英租界分图》（局部图），图中有"工部局及总巡捕房"
图0-16，　1937年《上海市区域现状图》（局部图），标注"英工部局"
图0-17，　1941年《最新大上海地图》（局部图），公共租界中标注有"工部局"
图0-18，　国民党上海市政府所在街区图，选自《上海市行号路图录》（上册）"第二图"，1947年版

图0-19， 国民党上海市政府所在街区图，选自《袖珍上海里弄分区精图》"第四图"，
国兴舆地社1946年版

图0-20， 金城银行上海总行

图0-21， 1950年《最新上海市街图》

图0-22， 1950年《最新上海市街图》（市政府周边局部图）

图0-23， 1953年《上海分区街道图》

图0-24， 1953年《上海分区街道图》（局部图）

图0-25， 上海市人委驻地，1960年《上海市市区交通图》（局部图）

图0-26， 1975年《上海市市区交通图》

图0-27， 《上海地图·大城区详图》（局部）

图0-28， 工部局老大楼现状，雪后的场景，摄于2018年1月26日

图0-29， 工部局老大楼，摄于2018年4月26日

第 一 章

图1-1， 20世纪初的外滩公园

图1-2， 1890年《上海英租界地籍图》

图1-3， 1900年工部局董事合影

图1-4， 附近的街区：江西路教堂落成典礼

图1-5， 中央巡捕房和救火站

图1-6， 英册道契一千零二号（英文）

图1-7， 英册道契一千零二号（中文）

图1-8， 1908年的工部局董事会合影，其中"4"为伯基尔

图1-9， 1912年工部局大楼委员会报告

图1-10， 上海公共租界工部局巡捕合影

图1-11， 1913年上海工部局大楼委员会报告（*Shanghai Municipal Council Report of The Municipal Buildings Committee*）

图1-12， 工部局大楼设计方案1

图1-13， 工部局大楼设计方案2

附 录

图 1-14， 工部局大楼设计方案 3

图 1-15， 工部局大楼设计方案 4

图 1-16， 1926 年工部局发行的公债

图 1-17， 1913 年报告中特纳的署名

图 1-18， 上海公共租界工部局总办处工程师与工作人员合影

图 1-19， 特纳设计的工部局西童女子学校

图 1-20， 工部局大楼立面设计图

图 1-21， 1916 年 12 月 16 日《字林西报》刊登特纳结婚的消息

图 1-22， 1914 年 3 月 22 日《申报》报道"纳捐西人常年大会记"

图 1-23， 谢秉衡

图 1-24， 时任工部局工务处处长哈伯（C. Harpur）

图 1-25， 工部局大楼建设工地 1

图 1-26， 工部局大楼建设工地 2

图 1-27， 1915 年 2 月 11 日《大陆报》刊登的裕昌泰中标新闻

图 1-28， 操练厅剖面图及主楼背立面图

图 1-29， 1914 年 3 月 30 日《申报》报道"工部局添建房屋之布置"

图 1-30， 1918 年 1 月 9 日《时报》报道"新建商团操练厅之试操"

图 1-31， 20 世纪初耶松造船厂内景图

图 1-32， 1915—1916 年间大楼的建造情况

图 1-33， 1916 年 6 月 22 日《工部局公报》刊登的工部局加热系统招标公告

图 1-34， 1914 年 2 月 17 日《字林西报》第 10 版中关于工部局大楼建设的新闻

图 1-35， 上海公共租界工部局总办（R. J. Jhorbwru）

图 1-36， 建造中的工部局大楼（1918 年）

图 1-37， 塔楼设计图 1

图 1-38， 塔楼设计图 2

图 1-39， 工部局大楼局部

图 1-40， 工部局提供电力供给上海居民区厨房用电

图 1-41， 汉口路、江西路处工部局大楼

第 二 章

图2-1，　　上海工部局大楼，选自 *Far Eastern Commercial and Industrial Activity*
图2-2，　　初建成的工部局大楼
图2-3，　　1922年10月6日《申报》报道"工部局宴请华顾问"
图2-4，　　1922年10月26日《申报》报道"工部局新屋将正式开幕"
图2-5，　　1922年11月16日《申报》报道"工部局今日举行新屋落成礼"
图2-6，　　1922年11月17日《申报》报道"纪工部局新屋之落成礼"
图2-7，　　时任工部局总董的西姆士（H. G. Simms）
图2-8，　　工部局一战阵亡雇员纪念碑
图2-9，　　工部局徽章
图2-10，　工部局大楼福州路外立面设计图
图2-11，　工部局大楼汉口路外立面设计图
图2-12，《国闻周报》中的工部局大楼一部（1926年第3期）
图2-13，　工部局乐队演出剧照
图2-14，　上海公共租界工部局总办处大楼
图2-15，　工部局大楼首层办公室分布图
图2-16，　工部局大楼一层办公室分布图
图2-17，　工部局工务处华人职员工作照
图2-18，　上海公共租界工部局卫生处为市民注射预防传染病的疫苗
图2-19，　曾任工部局总董、总裁职位的费信惇
图2-20，　曾任工部局总办的爱德华
图2-21，　1922年11月10日《申报》报道"德哲学家安斯坦博士将过沪"
图2-22，《东方杂志》第19卷第24号发表专刊"爱因斯坦号"
图2-23，　1922年11月14日《大陆报》刊登关于爱因斯坦来沪的报道
图2-24，　1923年1月1日《申报》报道"欢迎爱因斯坦博士"
图2-25，　1923年1月3日《民国日报》报道"恩斯坦博士二次过沪记"
图2-26，　爱因斯坦下船抵沪
图2-27，　爱因斯坦在做演讲

附 录

图 2-28，   费唐大法官
图 2-29，   上海工部局大楼老照片
图 2-30，   费唐法官在上海（1931 年）
图 2-31，   《费唐法官研究上海公共租界情形报告书》（第 1 卷）中的记载（节选）
图 2-32，   《东方杂志》刊发的霞飞将军、霞飞将军夫人图片
图 2-33，   《申报》上关于霞飞将军访问上海的报道
图 2-34，   1922 年霞飞将军在上海
图 2-35，   饶家驹
图 2-36，   饶家驹与万国商团军官合照（前排右一为饶家驹）
图 2-37，   在上海参加救济的饶家驹神父与他的同事们

第 三 章

图 3-1，   1937 年的上海外滩
图 3-2，   阿而飞烈（Brooke-Smith, Alfred），1920—1921 年任上海工部局总董
图 3-3，   伯基尔（Albert William Burkill）
图 3-4，   《密勒氏评论报》主编鲍威尔（Jone Benjamin Powell）
图 3-5，   樊克令（Cornell Sidney Franklin）
图 3-6，   上海的美国乡村总会
图 3-7，   凯自威（William Johnston Keswick）
图 3-8，   凯自威在被狙击前向纳税外侨发表演说
图 3-9，   虞洽卿
图 3-10，   虞洽卿与他的家人（右一为虞洽卿）
图 3-11，   刘鸿生，选自 Leaders of Commerce, Industry and Thought in China (Shanghai)
图 3-12，   陈鹤琴
图 3-13，   1922 年 12 月 15 日《申报》报道"团练处俱乐部新屋将开幕"
图 3-14，   施是儿·好立第（Holliday, Cecil），1906 年起为上海工部局总董，兼任上海义勇队（万国商团）司令
图 3-15，   1902 年万国商团在南京路接受检阅

图 3-16， 查礼氏·麦克莱·平（Charles Macleod Bain），1919年后任职于上海工部局，上海义勇队预备队员

图 3-17， 上海万国商团的中华队

图 3-18， 1939年4月30日《申报》报道"警务处检阅特别巡捕"

图 3-19， 上海万国商团中华队之二十年

图 3-20， 1941年12月太平洋战争爆发后，日军通过苏州河桥进入公共租界

图 3-21， 工部局总办费利溥，《中华（上海）》，1940年第85期，第8页

图 3-22， 樱木俊一，1920年起任上海工部局董事，选自 Leaders of Commerce, Industry and Thought in China (Shanghai)

图 3-23， 1939年4月5日《申报》报道工部局董事会选举情况

图 3-24， 1941年纳税人会议开会场景

图 3-25， 正从工部局大楼运物的日本自动车（说明：图片背后附日文"正从工部局前往上海市政府的自动车"，标注时间为1940年8月15日，李东鹏提供）

图 3-26， 时任工部局总董的冈崎胜男

图 3-27， 上海公共租界工部局年报（1942年）

图 3-28， 《东方杂志》第28卷第18号刊发"上海法租界会审公廨之收回"的一组图片

第 四 章

图 4-1， 伪上海市大道政府旗帜

图 4-2， 日军占领公共租界

图 4-3， 日军占领上海英商汇丰银行及外滩一带英美产业，汇丰银行大楼上挂起了日本旗

图 4-4， 袁履登

图 4-5， 1943年8月1日《申报》发表"庆祝国府接收租界特辑"

图 4-6， 1943年8月2日《申报》报道工部局接收仪式

图 4-7， 日本《写真周报》第286号载"工部局总董冈崎在工部局董事会会议室向陈公博交还租界"

图 4-8， 日本《写真周报》第286号载"汪伪警察、陆军、保安队和日本陆军在政府前

合影"

图4-9，   1948年《上海市街图》标注该地为"市政府"
图4-10， 中国政府在跑马厅接收上海地区日军
图4-11， 押解日本战犯（1945年8月）
图4-12， 抗战胜利后的上海市政府
图4-13， 吴国桢走进市府大楼
图4-14， 吴国桢在市长办公室
图4-15， 国民党上海市政府大楼功能分布图，选自1947年刊印《上海市行号路图录》上册第二图
图4-16， 国民党上海市政府
图4-17， 1948年出版的《上海统览》
图4-18， 《上海统览》中关于"上海市政府"的记载（节选）
图4-19， 《上海统览》中关于上海市政府的机构系统
图4-20， 白崇禧
图4-21， 1946年2月11日《申报》报道"蒋夫人主持授勋"
图4-22， 1946年第165—166期《联合画报》报道"蒋主席莅沪"
图4-23， 蒋介石、宋美龄在上海市府大楼阳台，选自1946年第44期《文汇报画刊》
图4-24， 1949年3月，赵祖康、茅以升、侯德榜、恽震等六人赴南京向李宗仁递请愿书（左二为赵祖康）

第 五 章

图5-1，   1949年5月25日上午，国民党上海市政府大楼插上白旗
图5-2，   《人民日报》1949年5月30日第1版刊登《祝上海解放》
图5-3，   1949年5月25日上午，九江路、江西中路口悬挂的"欢迎人民解放军解放上海"横幅
图5-4，   上海市军管会成立公告，1949年5月27日
图5-5，   由陈毅、粟裕签署，中国人民解放军上海市军事管制委员会发出的任命书
图5-6，   上海市军事管制委员会发布的有关经济政策的布告

图 5-7， 上海市军管会军事接收委员会军事部"接管工作总结报告"（1949年6月14日，上海市档案馆藏）

图 5-8， 上海市军管会和人民政府六七两月的工作报告（《文汇报》1949年8月7日第3版）

图 5-9， 上海市人民政府市长陈毅任命书

图 5-10， 上海市人民政府首次启用的印章

图 5-11， 上海市人民政府首次启用的牌匾

图 5-12， 上海市人民政府

图 5-13， 1949年6月17日上海市人民政府召开的第一次政务会议记录，地址市府会议室

图 5-14， 《文汇报》1949年8月19日公布"本市人民政府命令委任市政府各局处负责人员"

图 5-15， 上海市政府大厦上升起五星红旗（江西中路215号，1949年10月2日）

图 5-16， 陈毅市长为上海解放一周年纪念的题词（1950年）

图 5-17， 现存陈毅市长为上海解放一周年纪念的题字碑

图 5-18， 纪录片《人民的上海》中陈毅前往市政府截图（图片来源：上海音像资料馆）

图 5-19， 纪录片《人民的上海》截图（图片来源：上海音像资料馆）

图 5-20， 1950年1月27日，华东军政委员会在上海成立

图 5-21， 1950年2月3日召开上海市工人代表大会

图 5-22， 为追悼斯大林，上海市人民政府大楼下半旗致哀

图 5-23， 上海市人民政府副市长盛丕华任命书

图 5-24， 上海市人民政府委员赵祖康任命书

图 5-25， 老市政府大楼市长办公室内陈列陈毅签发的上海市人民政府文件

图 5-26， 《解放日报》1956年5月1日刊登上海市军管会、市人民委员会迁址通告1

图 5-27， 《解放日报》1956年5月1日刊登上海市军管会、市人民委员会迁址通告2

第 六 章

图 6-1， 工部局老大楼（老市府大厦）航拍图，摄于2018年4月26日

附 录

图6-2， 江西中路215号老上海市政府入门处，摄于2016年5月20日
图6-3， 1989年9月25日，工部局大楼以优秀近代建筑列入"上海市文物保护单位"
图6-4， 江西中路187号门口，摄于2016年5月20日
图6-5， 江西中路189号上海市府大厦公费医疗门诊部，摄于2016年5月20日
图6-6， 汉口路193号、201号车辆进出口大门，摄于2016年5月20日
图6-7， 被烧毁的礼堂仅存之南内立面，摄于2016年5月20日
图6-8， 汉口路193号上海市民政局人民群众来信来访接待室等，摄于2016年5月20日
图6-9， 老市府大厦内留存的一些局办标牌，摄于2016年5月20日
图6-10， 上海市药材有限公司曾在此办公，摄于2018年12月3日
图6-11， 大楼内的一份迁址公告（2012年5月19日）
图6-12， 上海市历史博物馆一度在该大楼里办公，摄于2016年5月20日
图6-13， 江西中路187号车辆进出门铁门（局部），基本保持原样，摄于2016年5月20日
图6-14， 建筑内仍保存大量原始物件，摄于2016年5月20日
图6-15， 建筑内保存原样的电气地插，摄于2016年5月20日
图6-16， 建筑内的一些办公室仍保持原貌
图6-17， 大楼内景，摄于2018年12月3日
图6-18， 工部局大楼里的原物件，摄于2018年12月3日
图6-19， 楼梯间，摄于2018年12月3日
图6-20， 工部局老大楼现状，摄于2018年4月26日
图6-21， 2014年4月，黄浦区人民政府和上海地产集团签订《黄浦区160街坊保护性开发合作协议》
图6-22， 上海市文物局《〈关于对市级文物保护单位原公共租界工部局大楼开展保护修缮工作的申请〉的批复》1
图6-23， 上海市文物局《〈关于对市级文物保护单位原公共租界工部局大楼开展保护修缮工作的申请〉的批复》2
图6-24， 老市府院内红楼，摄于2016年5月20日
图6-25， 工部局老大楼（老市府大厦）鸟瞰图，摄于2016年8月31日
图6-26， 老大楼雪景，摄于2018年1月25日
图6-27， 大楼改造设计效果图，上海外滩老建筑投资发展有限公司提供

附录7

主要参考文献

一、志书、档案、资料集等

民国《上海县续志》，吴馨等修，姚文枬等纂，民国七年（1918年）南园刻本。

民国《上海县志》，姚文枬、秦锡田等纂，民国二十五年（1936年）排印本。

《上海工运志》，《上海工运志》编纂委员会编，上海社会科学院出版社1997年版。

《上海民政志》，《上海民政志》编纂委员会编，上海社会科学院出版社2000年版。

《上海旧政权建置志》，《上海旧政权建置志》编纂委员会编，上海社会科学院出版社2001年版。

《上海租界志》，《上海租界志》编纂委员会编，上海社会科学院出版社2001年版。

《上海人民政府志》，《上海人民政府志》编纂委员会编，上海社会科学院出版社2004年版。

《上海名建筑志》，上海市地方志办公室编著，上海社会科学院出版社2005年版。

《上海指南》，商务印书馆编译所编纂，商务印书馆1922年版。

《上海指南》，商务印书馆编译所编纂，商务印书馆1926年版。

《上海指南》，林震编纂，商务印书馆1930年版。

《上海小蓝本》（*The Little Blue Book of Shanghai*），1931年版。

《上海重要人名录》（简称《上海人名录》），许晚成编，上海龙文书店1941年版。

《袖珍上海里弄分区精图》，葛石卿等编纂绘制，国光舆地社1946年版，作者书社发行。

《上海市行号路图录》（上册），鲍士英测绘，顾怀冰等编辑，上海福利营业股份公司编印，1949年版。

《上海市行号路图录》（下册），鲍士英测绘，顾怀冰等编辑，上海福利营业股份公司编印，1949年版。

《上海研究资料续编》，上海通社编，上海中华书局1936年版。

《上海统览》，上海统览编纂社编，1948年刊印。

《近代来华外国人名辞典》，中国社会科学院近代史研究所翻译室编，中国社会科学出版社1981年版。

《五卅运动史料》第二卷，上海社会科学院历史研究所编，上海人民出版社1986年版。

《"九·一八"—"一·二八"上海军民抗日运动史料》，上海社会科学院历史研究所编，上海社会科学院出版社1986年版。

《上海轶事大观》，陈伯熙编著，"民国史料笔记丛刊"，上海书店出版社2000年版。

《海外上海研究书目（1845—2005）》，印永清、胡小菁主编，上海辞书出版社2009年版。

《上海公共租界工部局年报》1930—1941年（从1930年起，按年出版华文年报，根据英文年报摘要翻译，1934年后为全译本，此前均为英文版），上海社会科学院图书馆藏。

《上海公共租界工部局年报》（摘译），上海市建设委员会档案室藏。

《上海公共租界工部局大厦委员会会议录》，上海市档案馆档案，档案号U1-1-169。

《工部局董事会会议录》（全二十八册），上海市档案馆编译，上海古籍出版社2001年版。

《上海解放档案文献图集》，《上海解放档案文献图集》编辑委员会编，中国档案出版社2009年版。

上海市政府相关档案，上海市档案馆藏，档案卷宗号详见各征引内容。

《人民的上海》（1950年），纪录片，上海音像资料馆藏。

二、报刊杂志

《申报》

《民国日报》

《东方杂志》

《人民日报》

《解放日报》

《文汇报》

《新民晚报》

"上海公共租界会审公堂与工部局大楼之一部照片",《国闻周报》1926年第3卷第20期。

"上海公共租界工部局石厦之一角(在福州路汉口路间)照片",《国闻周报》1928年第5卷第15期。

"华人代表加入上海工部局"(中英文对照),《英语周刊》1928年第653期。

"公共租界工部局陈列室照片",《道路月刊》1931年第35期第1号。

三、相关论著

《日伪上海市政府》,上海市档案馆编,档案出版社1986年版。

《上海近代建筑史稿》,陈从周、章明主编,上海市民用建筑设计院编著,三联书店上海分店1988年版。

《上海近代城市建筑》,王绍周编著,江苏科技出版社1989年版。

《近代上海城市研究》,张仲礼主编,上海人民出版社1990年版。

《陈毅在上海》,中共上海市委党史研究室编,中共党史出版社1992年版。

《西学东渐与晚清社会》,熊月之著,上海人民出版社1994年版。

《上海通史》,熊月之主编,上海人民出版社1999年版。

《上海近代建筑风格》,郑时龄著,上海教育出版社1999版。

《上海的外国人(1842—1949)》,熊月之、马学强、晏可佳选编,上海古籍出版社2003年版。

《异质文化交织下的上海都市生活》,熊月之著,上海辞书出版社2008年版。

《上海百年建筑史(1840—1949)》(第二版),伍江著,同济大学出版社2008年版。

《我在中国二十五年》,[美]鲍威尔著,邢建榕、薛明扬、徐跃译,上海书店出版社2010年版。

《上海的法国文化地图》,马学强、曹胜梅著,上海锦绣文章出版社2010年版。

《饶家驹安全区:战时上海的难民》,[美]阮玛霞著,白华山译,江苏人民出版社2011年版。

《皇家亚洲文会北华支会会刊》(1858—1948),上海图书馆编,上海科学技术文献出版社2013年版。

《〈密勒氏评论报〉总目与研究》，马学强、王海良主编，上海辞书出版社2015年版。

四、部分外语文献

North-China Herald（《字林西报》）

The China Weekly Review（《密勒氏评论报》）

Four Mothths of War（《字林西报画册·中日战争四个月》），1946.

Report of The Annual Meeting and Special Meeting of Ratepayers（1900—1941），上海市档案馆档案，上海公共租界西人纳税人年会、特别会议及选举工部局董事与地产委员的材料，档案号：U1-1-825至U1-1-875。

Annual Report of The Shanghai Municipal Council（上海公共租界工部局年报），上海市档案馆档案，档案号：U1-1-917至U1-1-972。

Far Eastern Commercial and Industrial Activity—1924. Compiled by E. J. Burgoyne, Edited by F. S. Ramplin. The Commercial Encyclopedia Co. (London, Shanghai, Hongkong, Singapore), 1924.

Leaders of Commerce, Industry and Thought in China (Shanghai), Compiled by S. Ezekiel, Published by Geo. T. Lioyd, Shanghai, 1924.

Peter Hibbard: *All About Shanghai and Environs: The 1934—1935 Standard Guide Book*, China Economic Review Publishing for Earnshaw Books, 2008.

Le Journal de Shanghai（法文《上海日报》）

后 记

三年前，我们与上海外滩老建筑投资发展有限公司合作，专门成立"上海工部局大楼旧址历史考证与专项研究"课题小组。在这期间，我们就相关中外文档案、历史图片与音像资料、重大历史事件中的"上海工部局"、城市更新中的重要人文遗产等专题举行了多次研讨会。

上海公共租界工部局大楼旧址，位于今黄浦区河南中路、汉口路、福州路、江西中路之间。20世纪初上海工部局筹建新大楼，后经英国皇家建筑师学会审查修改方案。1914年动工，由华商裕昌泰营造厂承建。因第一次世界大战爆发，大楼建造工程进展缓慢。战后又多次修改设计方案，1922年11月新大楼竣工。此后，工部局的一些重要机构陆续迁入。1943年被汪伪政权占领。抗战胜利后，上海市国民党政府入驻该大楼。1949年5月上海解放，在此举行新旧政府交接仪式，后成为上海市人民政府的办公场所。1955年起由市劳动局、民政局、卫生局、市政工程局等单位使用。1989年9月25日作为优秀近代建筑列为上海市文物保护单位。工部局大楼旧址，经历百年变迁，因其所具有的建筑独特性、环境与功能多样性、遗产连续性等价值而备受关注，尤其重要的是，蕴藏着上海这座城市特殊的记忆，值得深入探究。

"上海工部局大楼旧址历史考证与专项研究"课题，主要以近代上海工部局大楼为研究对象，涉及两部分内容：一是围绕工部局大楼本身的变迁，包括该大楼的筹备、规划、建造及其使用情况；二是与该大楼相关的史迹考察，即发生在这幢大楼里的重要人与事，结合上海工部局演变与上海城市发展展开。作为课题的阶段性成果，"上海工部局老大楼大事记"于2016年6月完稿。2018年6月，这部题目为《从工部局大楼到上海市人民政府大厦：一幢大楼与一座城市的变迁》书稿也完成了。

本书稿由文字和图片两部分组成，撰写中采取以图带文，以文释图的形式，图文并茂。书稿主要由马学强、李东鹏、彭晓亮等撰写，具体分工如下：导读，马学强；第一章，李东鹏；第二章，李东鹏、马学强；第三章，马学强、李东鹏；第四章，马学强、李东鹏；第五章，马学强、彭晓亮；第六章，彭晓亮、马学强、龚浩、尹敏等，本章部分资料由上海外滩老建筑投资发展有限公司提供。附录部分，由马学强、龚浩、李东鹏、彭晓亮、胡端等搜集整理。本书由马学强、朱亦锋任主编，李东鹏、梁春生任副主编。鲍世望先生担任本书图片的主要拍摄工作，几年来，他根据课题组的要求，往返于各个研究机构与收藏部门翻拍历史图片，并多次前往工部局大楼旧址拍摄现场照片。上海社会科学院历史研究所的叶舟副研究员、王健副研究员等对书稿清样进行了校阅。

本书撰写与图片搜集的过程中，得到了国家图书馆、中国第二历史档案馆、上海图书馆、上海市档案馆、上海市城市建设档案馆、上海音像资料馆、上海社会科学院图书馆、上海社会科学院历史所图书资料室等单位的大力协助与支持，在此深表谢意。

马学强
2018年8月20日于上海社会科学院

图书在版编目（CIP）数据

从工部局大楼到上海市人民政府大厦：一幢大楼与一座城市的变迁 / 马学强, 朱亦锋主编 .— 上海：上海社会科学院出版社, 2019
 ISBN 978-7-5520-2618-4

Ⅰ.①从… Ⅱ.①马… ②朱… Ⅲ.①城市史—研究—上海—近代 Ⅳ.①K295.1

中国版本图书馆CIP数据核字（2019）第003139号

从工部局大楼到上海市人民政府大厦
一幢大楼与一座城市的变迁

主　　编：	马学强　朱亦锋
责任编辑：	蓝　天
封面设计：	黄婧昉
出版发行：	上海社会科学院出版社 　上海顺昌路622号　邮编200025 　　电话总机021－63315947　销售热线021－53063735 　　https://cbs.sass.org.cn　E-mail: sassp@sassp.cn
排　　版：	南京展望文化发展有限公司
印　　刷：	上海万卷印刷股份有限公司
开　　本：	889毫米×1194毫米　1/16
印　　张：	17.75
字　　数：	298千
版　　次：	2019年4月第1版　2025年4月第2次印刷

ISBN 978-7-5520-2618-4/K·498　　　　　定价：118.00元

版权所有　翻印必究